高等院校应用型人才培养"十四五"规划旅游管理类系列教材

湖 北 师 范 大 学 规 划 教 材

湖北省社会实践一流课程"导游模拟实训"配套教材；

湖北省虚拟仿真一流课程"基于研学旅行的黄石特色工业旅游虚拟仿真"配套教材；

湖北师范大学课程思政示范课"导游模拟实训"项目研究成果

U0641740

导游 黄石

Guide Huangshi

主 编◎王 军 杨 庆 周钰华

副主编◎黄 菁 卫 来

华中科技大学出版社

http://press.hust.edu.cn

中国·武汉

内 容 提 要

本书紧扣《"十四五"普通高等教育本科国家级规划教材建设实施方案》要求,立足黄石文旅产业发展需求,构建区域特色应用型本科教材。全书以"基础—技能—服务"为框架,系统构建"初识黄石""乐游黄石""寻味黄石""栖居黄石""畅行黄石""趣购黄石""非遗黄石""精选线路"八大核心模块。以项目导向模式强化职业能力培养,结合大冶铜绿山古铜矿遗址等典型案例,提升导游讲解、线路设计等核心技能。教材以立德树人为核心,融入矿冶文化、非遗技艺等地域特色元素,构建"教学—实践—产业"闭环体系。校企协同优化内容设计,强化服务标准化与个性化兼顾能力,为黄石创建国家历史文化名城、工业旅游目的地提供人才支撑,彰显教育链与产业链融合的教材价值。

图书在版编目(CIP)数据

导游黄石 / 王军,杨庆,周钰华主编. -- 武汉 : 华中科技大学出版社,2025.6. -- (高等院校应用型人才培养"十四五"规划旅游管理类系列教材). -- ISBN 978-7-5772-2041-3

Ⅰ. K928.963.3

中国国家版本馆 CIP 数据核字第 20252QZ664 号

导游黄石
Daoyou Huangshi

王　军　杨　庆　周钰华　主编

策划编辑:王　乾

责任编辑:洪美员

封面设计:原色设计

责任校对:李　弋

责任监印:曾　婷

出版发行:华中科技大学出版社(中国·武汉)　　　电话:(027)81321913
　　　　　武汉市东湖新技术开发区华工科技园　　　邮编:430223

录　　排:孙雅丽

印　　刷:武汉市洪林印务有限公司

开　　本:787mm×1092mm　1/16

印　　张:16.25

字　　数:344千字

版　　次:2025年6月第1版第1次印刷

定　　价:59.80元

总序
ZONGXU

党的十九届五中全会确立了到2035年建成文化强国的远景目标,明确提出发展文化事业和文化产业。"十四五"期间,我国将继续推进文旅融合,实施创新发展,不断推动文化和旅游发展迈上新台阶。2019年和2021年先后颁布的《国家职业教育改革实施方案》《关于深化本科教育教学改革全面提高人才培养质量的意见》《本科层次职业教育专业设置管理办法(试行)》,强调进一步推动高等教育应用型人才培养模式改革,对接产业需求,服务经济社会发展。

基于此,建设高水平的旅游管理专业应用型人才培养教材,将助力旅游高等教育结构优化,促进旅游专业应用型人才的能力培养与素质提升,进而为中国旅游业在"十四五"期间深化文旅融合、持续迈向高质量发展提供有力支撑。

华中科技大学出版社一向以服务高校教学、科研为己任,重视高品质专业教材出版。"十三五"期间,在教育部高等学校旅游管理类专业教学指导委员会和全国高校应用型本科旅游院校联盟的大力支持和指导下,在全国范围内特邀中组部国家"万人计划"教学名师、近百所应用型院校旅游管理专业学科带头人、一线骨干"双师双能型"教师,以及旅游业界精英等担任顾问和编者,组织编纂出版"高等院校应用型人才培养'十三五'规划旅游管理类系列教材"。该系列教材自出版发行以来,被全国近百所开设旅游管理类专业的院校选用,并多次再版。

为积极响应"十四五"期间我国文旅行业发展及旅游高等教育发展的新趋势,"高等院校应用型人才培养'十四五'规划旅游管理类系列教材"应运而生。本套教材依据文旅行业最新发展和学术研究最新进展,立足旅游管理应用型人才培养特征进行整体规划,对高水平的"十三五"规划教材进行修订、丰富、再版,同时开发出一批教学紧缺、业界急需的教材。本套教材在以下三个方面做出了创新：

一是紧扣旅游学科特色，创新教材编写理念。本套教材基于旅游高等教育发展新形势，结合新版旅游管理专业人才培养方案，遵循应用型人才培养的内在逻辑，在编写团队、编写内容与编写体例上充分彰显旅游管理应用型专业的学科优势，有利于全面提升旅游管理专业学生的实践能力与创新能力。

二是遵循理实并重原则，构建多元化知识结构。在产教融合思想的指导下，坚持以案例为引领，同步案例与知识链接贯穿全书，增设学习目标、实训项目、本章小结、关键概念、案例解析、实训操练和相关链接等个性化模块。

三是依托资源服务平台，打造新形态立体教材。华中科技大学出版社紧抓"互联网十"时代教育需求，自主研发并上线的华中出版资源服务平台，可为本套教材作立体化教学配套服务，既为教师教学提供便捷，提供教学计划书、教学课件、习题库、案例库、参考答案、教学视频等系列配套教学资源，又为教学管理提供便捷，构建课程开发、习题管理、学生评论、班级管理等于一体的教学生态链，真正打造了线上线下、课内课外的新形态立体化互动教材。

本编委会力求通过出版一套兼具理论与实践、传承与创新、基础与前沿的精品教材，为我国加快实现旅游高等教育内涵式发展、建成世界旅游强国贡献一份力量，并诚挚邀请更多致力于中国旅游高等教育的专家学者加入我们！

华中科技大学出版社

　　黄石，这座镶嵌在长江之滨的璀璨明珠，以千年矿冶文明为骨，以山水诗画为韵，以人间烟火为魂，始终以包容的姿态向世界诉说着历史与未来的交响。值此湖北师范大学历史文化学院编写的《导游黄石》教材付梓之际，我谨代表黄石市旅游协会，向全体编写团队致以诚挚的祝贺与感谢。这部教材的问世，不仅是黄石文旅事业发展的一件盛事，更是对城市文脉传承的一次深情回望与创新探索。

　　翻开《导游黄石》，字里行间流淌着黄石人对这片土地的赤诚热爱。从"乐游黄石"的山水画卷，到"寻味黄石"的舌尖记忆；从"非遗黄石"的匠心传承，到"精选线路"的妙趣横生，编者以学者的严谨、导游的视角、游子的情怀，将黄石的灵魂层层剖解。铜绿山古铜矿遗址的青铜之光、西塞山前的桃花流水、磁湖岸边的烟波浩渺，不再是孤立的地理坐标，而是串联起城市精神的文化密码。读者既能触摸千年的矿冶文明肌理，亦能品味劲酒、港饼中沉淀的岁月滋味；既能感受"西塞神舟会"非遗技艺的磅礴生命力，也能在诗画黄石的诗词吟咏中感受文人墨客的情怀。这种多维度的叙事，让黄石的文化旅游全貌跃然纸上。

　　黄石的魅力，在于历史与当下的交融共生。作为中国近代工业的摇篮，我们既有责任守护"青铜故里"的历史厚重感，更需以开放的姿态拥抱文旅融合的新浪潮。《导游黄石》的独特价值，正在于它架起了学术研究与产业实践的桥梁。书中对交通网络的系统梳理、对特色民宿的精准推介、对文创产品的创意解读，无不体现"以文塑旅、以旅彰文"的深刻洞察。这种兼具理论高度与实践温度的编写理念，恰与黄石创建国家历史文化名城的战略目标深度契合。

　　期待这本教材成为万千文旅从业者的"黄石百科"。当导游手持此书，他们讲述的不仅是景点数据，更是文明演进的故事；当游客翻阅此卷，他们体验的不仅是山水风光,更是文化浸润的旅程。希望湖北师范大学历史文化学院以此为契机,持续深化产学研合作,为黄石培养更多"懂历史、会讲解、有情怀"的文旅人才,让黄石故事传得更远、更动听。

　　千年前,我们的先民在此点燃青铜文明的火种;千年后,让我们以这部教材为新的火把,照亮黄石文旅事业的星辰大海。愿每一位读者都能在字里行间,遇见黄石最美的模样。

黄石市旅游协会会长

2025 年 2 月 12 日于黄石

前言
QIANYAN

2023年11月，教育部办公厅印发的《"十四五"普通高等教育本科国家级规划教材建设实施方案》明确指出，本科教材建设应坚持价值引领，将立德树人融入其中；以需求为导向，紧密贴合社会与市场需求；注重分类发展，根据专业特点和培养目标制定相应策略；强调守正创新，融入新理念、新技术和新成果。在这一精神指导下，我们编写了《导游黄石》这一部地方特色浓郁的教材。教材以黄石旅游景点为对象，立足黄石实际情况，挖掘黄石特色文旅资源，融入产业需求，以培养适配人才，推动地方高等教育与文旅产业人才需求的有效对接，进而促进地方经济高质量发展。

《黄石市文化和旅游发展"十四五"规划》（以下简称《规划》）明确提出了黄石文旅的总体目标：到2035年，打造成为国家文化产业和旅游产业融合发展示范区、世界级工业遗址旅游目的地。本书正是为适应黄石文旅产业发展需求而开发的区域特色教材，旨在提高黄石旅游教育与文旅产业的契合度，精准服务黄石文旅产业。本书是湖北省社会实践一流课程"导游模拟实训"和湖北省虚拟仿真实验教学一流课程"基于研学旅行的黄石特色工业旅游虚拟仿真实验"的配套教材，是湖北师范大学课程思政示范课"导游模拟实训"项目的研究成果，也是湖北师范大学校级规划教材，它具有以下特色。

一是始终贯穿立德树人的理念。立德树人是教育的根本任务，也是编写本教材的宗旨所在。黄石历史底蕴和红色文化都很深厚，蕴含着生动的德育元素，从古代矿冶文明的辉煌到近现代工业重镇的崛起，黄石的发展历程彰显了先辈们坚韧不拔的意志和勤劳智慧的品质，这些历史故事能让读者在学习知识的同时，激发民族自豪感和文化自信心，大冶的工匠精神、阳新的红色基因、黄石市区的人文魅力，都能潜移默化地厚植读者的家国情怀。

二是全力聚焦职业能力的培养。本书紧密围绕旅游专业学生和从业者的职业能力与素质要求编写,极具实战价值。书中对各类旅游景区的编写注重导游带团能力的培养,涵盖线路规划、景点亮点提炼、讲解技巧、游客互动等内容,确保学习者能够快速适应岗位需求,提供优质服务。

三是精心指导导游业务的实践要领。本书各项目与任务紧密围绕游客在黄石的食、住、行、游、购、娱方面的体验展开。在"寻味黄石"板块,深入挖掘黄石特色美食的制作工艺和文化渊源,读者通过学习可直接用于策划美食旅游线路、推荐特色美食,提升餐饮文化传播能力;在"栖居黄石"板块,通过实地考察各类住宿场所,帮助学习者根据游客需求精准推荐,掌握预订协调技能;在"畅行黄石"板块,详细梳理交通线路,培养学习者行程规划和票务安排能力;在"趣购黄石"板块,介绍特色土产品和特色旅游纪念品,提升学习者引导游客消费的能力,增加旅游购物附加值。这种项目驱动式的编写方式,使教材内容与职业场景紧密结合,学习者能够学以致用,快速融入职场。

四是突出地方的文化魅力。黄石独特的矿冶文化、生态资源和民俗风情是其文旅产业的特色标识。从大冶铜绿山的古铜矿遗址到现代工业遗址改造的公园,展现了黄石的工业发展脉络;东方山的禅意、仙岛湖的秀水,呈现出独特的山水景观;阳新的红色文化、大冶的民俗节庆,传承着地域精神。通过深入挖掘这些特色,展示黄石的魅力,既能让本地居民深入了解黄石、热爱黄石,激发他们建设黄石、服务黄石的热情,也能吸引更多外地游客前来旅游,推动地方文旅产业发展。

五是紧扣企业的发展需求。文旅企业在新时代面临着新的机遇和挑战,急需专业人才推动产业升级。编者走访了黄石多家旅行社、酒店、景区等文旅企业,了解其用人需求和行业痛点,并据此优化教材内容。例如,在旅游线路设计方面,结合企业热门产品,创新推出传统与特色相结合的线路,为企业产品研发提供思路;在"非遗黄石"板块,融入非遗文创与企业合作案例,拓宽学习者对文旅融合商业模式的认知;在"栖居黄石""寻味黄石"等板块,注重培养学习者服务标准化与个性化兼顾的意识,满足企业提升服务质量的需求,为黄石文旅企业的可持续发展提供人才支持。

六是融合数字化新体验。顺应数字化时代发展潮流,本教材充分利用数字化技术,在各项目与任务关键知识点、景区介绍、案例展示等内容旁设置专属二维码。学习者和相关从业者只需轻松扫码,即可获取丰富的拓展知识,如黄石历史文化的深度解读、景区导览图展示、最新的文旅行业资讯等。这不仅打破了传统纸质教材的内容局限,为学习者提供了更立体、多元的学习体验,还能实时更新信息,确保知识的时效性,让教材内容紧跟文旅产业数字化发展步伐,更好地满足教学与行业实践的需求。

七是助力社会科学普及。本书将黄石矿冶历史、红色精神、民俗风情等融入知识点,以通俗讲解、示例导游词呈现的方式,成为公众了解黄石文旅资源的科普载体。本地居民可借此探寻家乡文化根脉,外地游客能初识黄石魅力,通过对历史渊源、文化内涵、产业发展的解读,增进对地方社会文化的认知,推动黄石文旅知识大众化传播,提升区域文化影响力。

本教材可作为本科、高职、中职院校旅游管理类专业的教学用书,也适用于旅游从业人员作为学习资料或工具书使用,同时还能为游客提供旅游攻略参考。

本教材的编写汇聚了多方力量,主编由湖北师范大学王军副教授、杨庆老师以及黄石文远旅行社有限公司常务副总经理周钰华担任;副主编由湖北壹玖零柒文化产业发展有限公司开发运行部部长黄菁与市场运营部主管卫来担任。

在具体编写分工上,王军承担了项目一、项目五、项目七的编写任务;黄菁、卫来、周钰华与王军共同协作完成了项目二;杨庆和王军共同撰写了项目三、项目六;王军指导刘桂桃完成项目四的写作;周钰华和王军负责项目八的写作。湖北简米广告传媒有限公司总经理罗剑刚负责设计了教材吉祥物"石头"和"石榴",以及景区线路导览图等。

在本教材的编写过程中,承蒙众多领导、专家以及行业企业的悉心指导与大力支持。黄石市文化和旅游局局长肖婷、副局长李名有、副局长屈雷,黄石市旅游协会会长杜元红,湖北师范大学副校长兼教务处处长胡艳军教授,湖北师范大学历史文化学院院长蔡明伦教授、原院长张泰山教授、原副院长李建刚教授,以及仙岛湖生态旅游风景区管理处党委书记、主任,同时兼任王英镇党委书记的孔祥鹏,仙岛湖生态旅游风景区管理处党委委员、副主任何贤锴,阳新县龙港镇原人大主席柯美胜,阳新县文化和旅游局党组书记、局长胡文省,阳新县文化和旅游局党组成员、副局长王贤广,阳新县旅游发展中心主任李霖,其他县(市、区)文化和旅游局、黄石市图书馆,以及黄石市各A级旅游景区、A级旅行社、精品民宿(含豪华酒店)、大冶市大野人之家等行业企业的专家,均为本书提出了宝贵的意见和建议。

此外,湖北师范大学教务处对本教材的出版给予了大力支持。湖北师范大学旅游管理与服务教育专业学生刘畅、刘一璇、周旋、孙亚晨、席晶晶、胡杆新、廖晓炜、高恒垚、杨雨晗积极参与了资料收集工作,为本书的编写提供了有力的帮助。

在此,我们怀着诚挚的感激之情,向所有为本书付出心血的专家、学者、信息提供者以及参与其中的每一个人致以最衷心的感谢!

由于编者实践经验和知识水平有限,编写时间较为仓促,书中难免存在疏漏之处,恳请读者提出宝贵意见,以便后续修改完善。

编者

2025 年 2 月 16 日

Note

《导游黄石》

文旅推荐官"石头"
自我介绍

大家好！我是"石头"。

嘿，各位小伙伴们！我是"石头"，是活力爆棚的小燕子导游！我呀，每天都在黄石这片超有魅力的土地上快乐"飞翔"，黄石的各个县（市）区，还有那热闹非凡的文旅产业，到处都有我的足迹。

当我们开启"乐游黄石"的奇妙旅程，不管是去探秘工业旅游景区里的大冶铜绿山国家考古遗址公园，揭开它神秘的过往，还是沉浸在山岳旅游景区黄石东方山的秀丽风光里；不管是在水体旅游景区黄石磁湖，感受那波光粼粼的美妙，还是在红色旅游景区湘鄂赣边区鄂东南革命烈士陵园，缅怀先烈的英勇事迹；不管是去体验乡村旅游景区大冶上冯村的淳朴民风，还是在旅游度假区阳新仙岛湖尽情放松身心……我都能变身成你们的专属"小喇叭"，把每一处的精彩都绘声绘色地讲给你们听。

在"寻味黄石"环节，我能精准地告诉你，哪里能吃到最地道的特色菜肴和小吃；说到"栖居黄石"，豪华酒店和精品民宿的独特之处，我可是门儿清；"畅行黄石"就更不用说啦，公路、铁路、航线的情况，我都了如指掌；"趣购黄石"时，黄石特色土产品和特色旅游纪念品有啥门道，我都清楚得很；"非遗黄石"呢，传统艺术、民俗、技艺文化的魅力，我都能给你好好解读一番。最后，在"精选线路"的时候，传统与特色旅游线路随你挑，我将陪你领略不一样的黄石！快跟上我的脚步，一起开启这场超赞的奇妙之旅吧！

《导游黄石》
文旅推荐官"石榴"
自我介绍

大家好！我是"石榴"。

"石榴"
自我介绍
▼

哈喽，亲爱的小伙伴们！我是俏皮可爱的小燕子"石榴"，在《导游黄石》的奇妙世界里，我可是超会活跃气氛，带你轻松解锁各项精彩任务的小精灵。

当你翻开这本书，准备了解黄石概况，探索各县（市）区的独特之处时，我会蹦蹦跳跳地出现，为你开启这场知识与趣味交融的探索之旅。在"乐游黄石"的各项任务中，不管你是即将踏入工业旅游景区，准备攀登风光秀丽的山岳旅游景区，还是奔赴水体、红色、乡村旅游景区及旅游度假区，我都会满怀热情地提前迎接你，向你分享那些有趣的小知识，让你带着最期待的心情去体验。

到了"寻味黄石""栖居黄石""畅行黄石""趣购黄石"环节，以及探索"非遗黄石"、规划"精选线路"时，我都会在任务开启前闪亮登场，用独特的方式，把一个个任务变得妙趣横生，让你迫不及待地想要深入了解黄石的方方面面。

准备好和我一起，从全新视角发现黄石的无限美好了吗？让我们即刻出发！

目录
MULU

项目五　畅行黄石　　　　167

项目六　趣购黄石　　　　181

Note

项目一
初 识 黄 石

项目导读

　　在2025年黄石"新春第一会"上,市委书记郤英才着重强调要在文化创新发展上提质增效。在2月19日湖北日报市州委书记访谈中,对于"黄石在全省支点建设大局中如何发挥自身特色和优势"这一问题,郤书记表示,将立足黄石实际,发挥六大优势,推进六个打造。其中,发挥文旅融合优势,加快打造生态文旅宜居城是关键一环,要深入挖掘黄石矿冶文化、红色文化、长江文化等底蕴,推动文旅商体深度融合,加快建成武汉都市圈周末休闲旅游目的地。

　　黄石,这座地处鄂东南的城市,有着"青铜故里""钢铁摇篮""水泥故乡""服装新城"等诸多美誉。对于初来乍到的旅游者而言,迫切需要了解黄石的历史文化、地形地貌、经济结构、旅游资源、土特产、风俗习惯、城市定位等基本情况。黄石概况介绍既可以在导游致欢迎词后详细讲解,也可以在导游带领游客观赏沿途风景时巧妙穿插。本项目主要从黄石概况、黄石各县(市)区情况、黄石文旅产业三个方面,带领大家全方位认识黄石。

学习目标

【知识目标】

1. 了解黄石的区位与面积、地形地貌、人口与行政区划等基本情况。

2. 了解黄石各县(市)区的基本概况和旅游资源。

3. 掌握黄石的人文历史和文旅产业发展态势。

【能力目标】

1. 能够为游客讲解黄石概况、人文历史、自然地理等相关知识。

2. 能够向游客介绍黄石文旅产业的基本概况以及发展态势。

【素养目标】

1. 热爱黄石,具有家国情怀和文化传承意识。

2. 服务黄石,致力于黄石旅游业发展,具备全心全意为游客提供优质服务的主动意识与热忱信念。

思维导图

```
                    ┌─ 黄石概况 ──┬─ 黄石概述
                    │             ├─ 黄石人文历史
                    │             └─ 黄石自然地理
                    │
                    │                        ┌─ 黄石港区
                    │                        ├─ 西塞山区
                    │                        ├─ 下陆区
   初识黄石 ────────┼─ 黄石各县（市）区情况 ┼─ 铁山区
                    │                        ├─ 大冶市
                    │                        └─ 阳新县
                    │
                    └─ 黄石文旅产业 ──┬─ 黄石文旅产业发展现状
                                      └─ 黄石文旅产业发展趋势
```

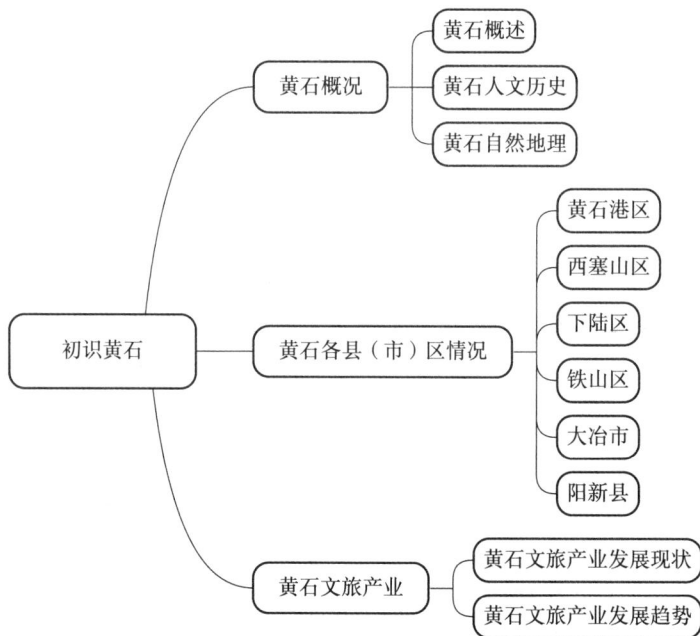

任务一　黄石概况

任务导入

　　2024年5月17日，全国旅游发展大会在北京召开，习近平总书记对旅游工作作出重要指示：改革开放特别是党的十八大以来，我国旅游发展步入快车道，形成全球最大国内旅游市场，成为国际旅游最大客源国和主要目的地。旅游业从小到大、由弱渐强，日益成为新兴的战略性支柱产业，以及具有显著时代特征的民生产业、幸福产业，成功走出了一条独具特色的中国旅游发展之路。他还强调，要以新时代中国特色社会主义思想为指导，完整、准确、全面贯彻新发展理念，坚持守正创新、提质增效、融合发展，统筹政府与市场、供给与需求、保护与开发、国内与国际、发展与安全，着力完善现代旅游业体系，加快建设旅游强国，让旅游业更好地服务美好生活、促进经济发展、构筑精神家园、展示中国形象、增进文明互鉴。

假设地陪导游"石头"即将接待一个从江苏前来黄石考察旅游投资项目的团队，那么地陪导游"石头"应当怎样巧妙地结合习近平总书记重要讲话精神，以及黄石丰富的旅游资源，向团队成员全面且富有吸引力地推介黄石呢？

任务探究

一、黄石概述

黄石，地处湖北省东南部、长江中游南岸，距省会武汉仅70千米，地理位置优越。"黄石"其名最早源于北魏郦道元《水经注》中"江之右岸有黄石山，水迳其北，即黄石矶也"的记载；《湖北通志》明确指出黄石因"石色皆黄"而得名。黄石于1950年8月建市，是湖北省继武汉市之后的首个地级城市。

黄石是中国青铜文化的重要发祥地，矿冶文明可追溯至3000多年前（据新的考古调查成果，其铜矿开采历史有望溯源到5000年以前），先民在此开启炉冶，引领当时先进生产力。据说曾侯乙编钟用料取自黄石，三国时期孙权在此铸兵器，隋朝杨广铸钱币，北宋岳飞锻造"大冶之剑"。清末，湖广总督张之洞创办了大冶铁矿、汉阳铁厂等一批近代工业企业，1908年大冶铁矿成为亚洲最大、中国最早的钢铁联合企业——汉冶萍煤铁厂矿股份有限公司（简称汉冶萍公司）的重要组成部分，华中地区最早的铁路、水泥厂、电厂和煤矿也在此诞生，黄石成为"中国近代工业摇篮"。同时，黄石还是红色热土，是红三军团诞生地、湘鄂赣革命根据地核心区域，是王平将军、黄骅烈士的故乡。如今，主要由铜绿山古铜矿遗址、汉冶萍煤铁厂矿旧址、华新水泥厂旧址和大冶铁矿东露天采场旧址（"四大工业遗址"）组成的黄石矿冶工业遗产，被列入《中国世界文化遗产预备名单》。

自然风光方面，黄石景致迷人。仙岛湖风景区湖水碧波荡漾，仙岛散布，两岸青山对峙，溶洞幽深。天空之城拥有吉尼斯世界纪录最大单体玻璃平台——天空之镜玻璃观景平台，可以俯瞰云海山峦、千岛风光，是"网红打卡地"。西塞山景色雄浑，山上北望阁、桃花亭等景点，让人感受历史沧桑，正如刘禹锡《西塞山怀古》所绘。东方山风景区由三大主峰构成，底蕴深厚，古有"八景"，虽部分景观难寻旧貌，但其传说仍吸引游客。黄石国家矿山公园内，亚洲最大的硬岩复垦林——360多万平方米刺槐林（2020年数据），见证了"石头上种树"的绿色奇迹。

在城市发展上，黄石市现辖大冶市、阳新县，以及黄石港区、西塞山区、下陆区、铁山区四个城区，拥有黄石经济技术开发区（国家级经济技术开发区）、大冶湖高新技术产业开发区（国家级高新技术产业开发区）和黄石国家农业科技园区（国家级农业科技示范园区），总面积达4583平方千米，总人口约280万（2024年7月数据）。黄石作为鄂东南水陆交通枢纽，有70千米长江黄金水道岸线，是长江中游深水良港，106国道、大广高速等公路贯穿,武九铁路、武九客专交会。凭借交通和产业优势,黄石成为湖北省有重要影响的区域性经济中心、我国中部重要老工业基地和沿江开放城市,被定位为长江中游城市群区域性中心城市、先进制造业基地和长江经济带重要支点。黄石工业文明底蕴深厚,享有"青铜故里""钢铁摇篮""水泥故乡""服装新城""保健酒之都"等美誉。大冶有色金属公司、劲牌公司等企业表现突出,因广阔的发展空间、充足的人力保障、低廉的要素成本、广泛的市场辐射和深厚的文化底蕴等优势,成为投资者青睐之地。

黄石,这座承载着历史与文化、自然风光与现代发展的城市,正以昂扬的姿态,迈向更加辉煌的未来。

黄石市行政区划统计表如表1-1所示。

表1-1　黄石市行政区划统计表

县(市)区	数量/个				街道、乡镇
	街道	乡镇	居委会	村委会	
黄石港区	4	—	33	—	街道:沈家营、黄石港、胜阳港、花湖
西塞山区	5	1	32	15	街道:八泉、黄思湾、澄月、牧羊湖、章山 镇:河口
下陆区	4	—	37	—	街道:新下陆、老下陆、东方山、团城山
铁山区	1	—	14	—	街道:铁山
阳新县	—	16	43	417	镇:兴国、富池、黄颡口、韦源口、太子、大王、陶港、白沙、浮屠、三溪、龙港、洋港、排市、木港、枫林、王英
大冶市	5	11	69	356	街道:东岳路、东风路、金湖、罗家桥、金山 镇:金牛、保安、灵乡、金山店、还地桥、殷祖、刘仁八、陈贵、大箕铺、汪仁 乡:茗山
合计	19	28	228	788	

来源:2024年10月25日,黄石市人民政府网。

二、黄石人文历史

(一)黄石历史沿革

1.先秦至西汉

黄石市地属三苗,夏、商时属荆州之域,西周时称"鄂",为鄂侯领地。周夷王时,楚王熊渠攻杨粤至鄂,封其中子熊红为鄂王,市地为楚国鄂王辖地。春秋战国时期属楚、秦。秦昭襄王二十九年(前278年),当时市地在南郡境内。汉高祖六年(前201年),市地在鄂县境内。

2. 三国时期

魏黄初二年(221年),孙权改鄂为武昌,并割鄂之南建阳新县,市地在武昌郡之武昌(今鄂州)、阳新两县之间的下雉县境内。魏黄初四年(223年),孙权将郡治迁至夏口,又改武昌郡为江夏郡,市地在江夏郡之武昌、阳新县境内。西晋太康元年(280年),改江夏郡为武昌郡,市地在武昌、鄂县、阳新三县境内,不久武昌与鄂县合并,市地在武昌、阳新两县境内。

3. 东晋至南北朝

东晋元帝建武元年(317年)江州移至武昌,至孝武帝太元九年(384年)始移浔阳。安帝义熙八年(412年),下雉县并入阳新县,市地在武昌、阳新两县境内。南朝宋孝建元年(454年),改阳新为富川,不久又改富川为永兴,市地在武昌、永兴两县境内。梁置西陵县于此,后废。隋开皇九年(589年),改阳新为富川,不久改富川为永兴,市地在武昌、永兴两县境内。

4. 唐朝至宋朝

市地在鄂州武昌、永兴两县境内。唐末,市地在吴国境内。唐哀帝天祐二年(905年),吴国设立青山场院,进行采矿、冶炼。五代十国时期,市地在鄂州武昌县、永兴县境内,先后属吴、南唐。南唐保大十一年(953年),南唐始建大冶县,市地隶属于鄂州大冶县。宋太平兴国二年(977年),升永兴县为永兴军,次年改永兴军为兴国军,大冶县先后属永兴军与兴国军。

5. 元朝至清朝

元世祖至元十四年(1277年),升兴国军为兴国路,隶属于江西行省,元至元三十年(1293年),兴国路划归湖广行省,市地隶属兴国路大冶县。明洪武元年(1368年),朱元璋改兴国路为兴国府,洪武九年(1376年),将兴国府降为兴国州,市地先后隶属兴国府和兴国州大冶县。明朝开国不久,朱元璋在黄石现今所辖的大冶和阳新设置兴国冶,大冶地区的铁山成为兴国冶的铁矿石基地。清康熙三年(1664年),市地属武昌府大冶县。清雍正元年至十三年(1723—1735年),分湖广行省,设置湖北省,市地隶属湖北省武昌府大冶县。

6. 中华民国

1927年,大冶县是中国共产党领导的湘鄂赣革命根据地的一部分。1930年成立大冶县苏维埃政府,先后隶属于湖北省鄂东革命委员会、湘鄂赣省苏维埃政府鄂东办事处、湘鄂赣省鄂东南苏维埃政府。1932年,市地属湖北省第二专署大冶县,1938年改属第一专署。1938年大冶沦陷,日军在大冶建立伪政权,并建"石黄示范区"。1942年,中国共产党领导的新四军五师14旅,在大冶、阳新、鄂城等地先后建立大鄂政务委员会、鄂大政务委员会、阳大政务委员会，统属于鄂南政务委员会。1945年日本投降，国民党大冶县政府复置石灰窑和黄石港两镇，隶属大冶县。1948年将石灰窑和黄石港两镇合并为石黄镇，隶属于大冶县。

7. 中华人民共和国

1949年5月，中国人民解放军解放石黄镇。1950年，湖北省人民政府请求将石黄工矿区改组为市，定名"黄石市"。1950年，正式建立省辖黄石市。之后黄石市行政区划不断调整，如1952年大冶县划归黄冈管辖；1959年，大冶县从黄冈划出改属黄石市，同年12月撤销大冶县建制并入黄石市。1962年，恢复大冶县建制，仍属黄石市；1979年，设立黄石港、石灰窑、下陆、铁山4个县级市辖区；1994年，大冶撤县建市，由黄石市代管；1995年，大冶市河口镇划归黄石市石灰窑区管辖；1996年，阳新县划归黄石市。

（二）黄石历史遗产

黄石自古便是物华天宝、人文荟萃之地，恰似一颗在历史长河中熠熠生辉的明珠。这里人类生活史近30万年，矿冶开发走过3000多年的历程，近代开放史逾100年，建市也已有70余载。在漫长岁月里，黄石文化在多元文化的交融碰撞中不断发展，形成了独具特色的文化体系。

近30万年前，黄石本土文化在古老的石龙头文化中萌芽。石龙头旧石器时代遗址出土的石器组合，反映出当时人类的生产生活方式，为湖北东部乃至长江中下游地区探寻早期人类化石提供了新思路，也为研究该地区第四纪地质和地貌发育史提供了珍贵的时代对比素材，堪称黄石文化长河的源头。

早在3000多年前，黄石先民便开启了矿冶征程。铜绿山古铜矿遗址出土了大量采矿、冶炼工具以及古代矿井、炼炉等遗迹，生动地还原了古代矿冶工艺流程。其年代久远、生产周期长、规模宏大、技术高超且保存完好，无疑是黄石最具标志性的文化象征。

时光流转至近现代，大冶铁矿作为中国第一家用机器开采的大型露天铁矿，大冶钢厂作为中国近代较早的钢铁联合企业，华新水泥厂被誉为"中国水泥工业的摇篮"——它们代表的工业文化铭刻着中国近现代工业化起步阶段的水平，见证了那段工业荣光，在中国工业发展进程中具有里程碑意义。

在宗教文化方面，广法禅寺历史悠久，寺内保存着众多珍贵佛教文物和古建筑；弘化禅寺高僧辈出，在佛教界地位尊崇。二者所代表的禅宗文化，恰似澄澈清泉，在鄂东南乃至长江中游地区源远流长、影响深远，成为当地民众心灵的宁静港湾。

黄石"半城山色半城湖"的独特风光，吸引了江淹、何逊、李白等众多文人墨客。他们在此寄情山水，留下大量脍炙人口的诗篇。例如，刘禹锡的《西塞山怀古》："王濬楼船下益州，金陵王气黯然收。千寻铁锁沉江底，一片降幡出石头。人世几回伤往事，山形依旧枕寒流。今逢四海为家日，故垒萧萧芦荻秋。"这首诗以雄浑的笔触描绘了西塞山的历史沧桑，为黄石的山水文化添上浓墨重彩的一笔。

此外，入选《人类非物质文化遗产代表作名录》的"西塞神舟会"，是黄石盛大庄重的民俗活动,承载着民众的祈愿,蕴含着丰富的民间信仰与传统习俗。国家级非物质文化遗产阳新采茶戏以独特唱腔和活泼表演展现了当地的风土人情;大冶尹解元石雕工艺精湛、造型多样,尽显黄石传统雕刻技艺的高超水准。这些丰富的文化遗产共同构筑起黄石文化的浩瀚星空。

三、黄石自然地理

（一）地理位置

黄石市位于湖北省东南部、长江中游南岸。其东北濒临长江,与黄冈市隔江相望;北与鄂州市鄂城区接壤;西依武汉市江夏区和鄂州市梁子湖区;西南与咸宁市咸安区、通山县毗邻;东南则与江西省九江市武宁县、瑞昌市交界。

（二）地形地貌

黄石市地处幕阜山系北侧的江南丘陵带,地形主要由山地、丘陵和平原组成。市区东北濒临长江,北临长江与黄冈市相望,南以幕阜山脉余脉为依托。磁湖、大冶湖、保安湖分布于境内,平原、低山、岗丘交错,形成"南高北低东西平,依山抱湖临江津"的地貌格局。山地由石灰岩构成,平地属于第四纪冲积层,土层深厚肥沃。受这种地形地貌影响,黄石的生态环境丰富多样,为多种动植物提供了适宜的栖息环境。同时,在农业生产方面也呈现出多样化特点,山地适宜林业发展,平原有利于农耕。

（三）气候特征

黄石属亚热带大陆性季风气候,四季分明,雨量充沛。春季气候多变,气温逐渐回升,春雨较为充沛;夏季气温较高,炎热潮湿,暴雨和雷阵雨天气频繁;秋季气候凉爽宜人,温度适中,是旅游的黄金季节;冬季气温较低,较为寒冷,偶有雨雪天气。年平均气温16—18 ℃,年平均降水量1300—1400毫米。充足的光照、适宜的温度以及丰富的降水,为黄石的农业生产以及动植物的生长创造了良好的气候条件。

（四）水系分布

黄石境内水系发达,长江自西向东流经黄石市北部边界,为黄石提供了充足的水资源和便利的水上交通条件。此外,黄石水系由大冶湖、梁子湖、富水三个水系以及十余条河流和若干小湖泊构成,纵横交错,宛如蛛网棋枰,既有利于水产养殖,又有利于水上交通,形成了"三山六水一分田"的秀丽自然景观。

大冶湖是黄石市最大的湖泊,流域面积达2000多平方千米。全市大小河港有408条,其中长度在5000米以上的河港有142条;有大中小型水库285座,其中大型水库2座(阳新王英水库、富水水库)。丰富的水系不仅为黄石的农业灌溉和工业用水提供了充足的用水保障,还在城市景观塑造方面发挥了重要作用。众多湖泊和河流及其景观景点不仅成为市民休闲娱乐的好去处,同时也孕育了独特的水文化。

他山之石
▼

黄石市概况导游词

Note

任务二　黄石各县（市）区情况

任务导入

　　导游作为连接游客与黄石文旅资源的桥梁，肩负着重要使命。那么，如何精准把握黄石各县（市）区的特色，以及怎样将这些丰富精彩的内容巧妙地融入导游讲解之中，从而为游客提供深度、全面且极具吸引力的导游服务呢？

任务探究

一、黄石港区

　　黄石港区作为黄石市的中心城区，地理位置优越，东临长江，西依磁湖，南接西塞山区，北与鄂州相邻。其面积50.6平方千米，常住人口23.05万人，辖花湖、黄石港、沈家营、胜阳港4个街道以及1个管理区（江北管理区），共计33个社区居委会。

　　2024年，黄石港区地区生产总值达271.2亿元，同比增长3.7%；服务业增加值为229.76亿元，同比增长5%；社会消费品零售总额186.08亿元，同比增长4.7%。

　　黄石港区是全域临空新城，也是黄石市的东大门，处于武鄂黄黄都市圈的中心节点，位于光谷科创大走廊东端。黄石港交通十分便捷，2座跨江大桥、1条高铁、5条高速穿城而过，居民出行极为便利：5分钟可上高速，10分钟可上高铁，40分钟可达武汉。黄石港区距鄂州花湖机场仅8千米，是机场周边功能相对完备的成熟城区。目前，已规划建设临空商务产业园、临空智造产业园、临空科创产业园，吸引了商贸商务、交通物流、人力资源、金融信息、数字平台等临空产业集聚。其中，湖北鄂东人力资源服务产业园获评全省现代服务业集聚区称号。

　　黄石港区还是鄂东消费中心。作为黄石市的商贸中心，第三产业占GDP比重超过80%。辖区内市场主体数量众多，达6.24万户，拥有万达、沃尔玛、中商百货等大型商超30个，有万达嘉华、金花、空港华美达、空港尚善居等宾馆酒店165家（其中星级酒店2家），还有武汉路、"钟楼烟火"等特色街区10余条。摩尔城街区成功创建省级夜间消费集聚区，形成了胜阳港、万达、华新三大商圈，消费影响力辐射鄂州、黄冈。

　　在科教医养方面，黄石港堪称高地。这里有省级科创园1个、省级重点实验室3

个、专家院士工作站1个、省级研发平台33家、高新技术企业55家、科技型中小企业359家、人力资源产业园2个(其中省级1个)。教育资源丰富,有高等院校(大学)1所、中小学17所,是基础教育国家级优秀教学成果推广应用示范区、义务教育发展基本均衡示范区。医疗资源同样雄厚,有三级医院5家、二级医院10家、一级医院3家、基层医疗卫生机构121家,医疗服务辐射鄂东地区。养老服务也十分完善,有专业医养机构2家、民办社会化养老机构2家,社区康养中心实现全覆盖,是全国养老服务社会化示范区。此外,全区有各类标准化体育场地778处,堪称"健康运动之城"。

黄石港区还是山水园林城区,依山傍水、襟江带湖。万里长江穿境而过,磁湖、青山湖、青港湖相互映衬,大众山、凤凰山、盘龙山遥相呼应,磁湖风景区、大众山森林公园、华新1907文化公园、朝阳阁、小红楼等自然、人文景观点缀其间,吸引了众多文人墨客流连、驻足于此。全区有城市公园4个、口袋公园18个,森林覆盖率达15.72%,水域覆盖率达20.42%,空气优良天数超80%,素有"半城山色半城湖"的美称。①

二、西塞山区

西塞山区是黄石文明的重要发祥地。区内的石龙头旧石器遗址距今28.4万年,是黄石地区迄今发现最早的古人类活动遗迹,见证了远古时期人类在此地的繁衍生息。河口镇道士洑村传承了2500多年的端午节俗"西塞神舟会",是目前黄石地区唯一入选联合国教科文组织《人类非物质文化遗产代表作名录》的项目。西塞的先祖们在此艰苦奋斗,古矿冶文化、青铜文化等从这里起源,融入中华文明,成为其重要组成部分,为后世留下了深厚的文化底蕴。

西塞山区是中国近代民族工业发祥地之一,享有"钢铁摇篮""水泥故里""煤炭之乡"的美誉。这里坐落着百年老企业——大冶特殊钢有限公司(前身为中国近代第一家钢铁联合企业汉冶萍公司大冶钢铁厂),其所在的西塞山区特钢产业基地是湖北省17个、黄石市2个国家火炬特色产业基地之一。全球规模最大的铬盐生产企业——湖北振华化学股份有限公司(2016年9月在上交所上市)也扎根于此。此外,全市首家省级产业技术研究院——黄石科创模具技术研究院(2021年成功申报湖北省科技成果转化中试研究基地)以及华中地区最早的水泥厂——华新水泥股份公司(前身为华记湖北水泥厂)也都位于西塞山区。雄厚的工业基础为区域发展提供了强大动力。

西塞山区是黄石工业基础最雄厚、发展潜力最充足的主力城区,公、铁、水、空"四港"兼备,亿吨良港、高速公路、城际高铁、输港铁路、跨江大桥贯穿全境,交通优势明显。国家级黄石经开区、国家级大冶湖高新区、省级新港物流工业园区环绕周边,同时享受中部地区崛起、长江中游城市群、武汉城市圈同城化发展、全国城市更新试点等多重战略机遇。加之雄厚的产业基础和优质的人才红利,使其成为黄石发展的核心区

---

① 以上数据及相关资料源自黄石港区人民政府网(2025年3月)。

Note

域,有望续写辉煌。

此地自2001年正式更名为西塞山区以来,先后获得"全国科技进步城区""全国社区建设示范区""全国计生优质服务先进区""全国社会治安综合治理先进集体""全省创建和谐社区先进城区""全省双拥模范区""全省平安城区""全省综合治理先进城区""全国综治'长安杯'""国家森林体验基地""全国中小学校责任督学挂牌督导创新县(市)区""中国西塞山端午神舟文化之乡""中国西塞山端午节俗传承基地""全国法治县(市、区)创建活动先进单位"等多项国家、省级荣誉,彰显了其在多领域的卓越发展成果。

西塞山区地理位置得天独厚,宛如黄石市东部一颗熠熠生辉的明珠。它东与阳新县韦源口镇相连,西止白塔岩与下陆区及团城山开发区接壤,南依黄荆山与大冶市汪仁镇相连,北临长江与黄冈市的浠水县、蕲春县隔江相望,西北与黄石港区紧密相依。区域东西绵延22.9千米,南北跨度9.945千米,总面积达112.47平方千米,是黄石市规模较大且极具影响力的中心城区之一。目前,西塞山区下辖1个省级工业园区——河口镇,以及黄思湾、八泉、澄月、牧羊湖、章山5个街道和1个镇,辖区内有31个城市社区、10个村(含1个村改居社区),城乡发展各具特色。

"十四五"期间,西塞山区制定了宏伟的发展战略,全力构建以特钢为龙头,电子信息、医药化工、临港总部为重点,总部经济、块状经济等产业为支撑的"1+3+N"特色产业体系。立志创建全国特钢产业基地、全国科技创新百强区、全面融入武汉城市圈同城化发展示范区、全省优化营商环境先行区、全国老旧小区改造示范区、全省都市城郊型乡村振兴样板区,加快推进繁荣宜居和谐的现代化特钢之城建设。在未来的发展道路上,西塞山区将凭借自身优势,积极创新进取,朝着目标稳步迈进,书写更加辉煌的篇章。①

三、下陆区

下陆区东接黄石港区、西塞山区,西连铁山区,南邻大冶市,北毗鄂州市汀祖镇。作为全市政治、金融、文化、信息中心及重要交通枢纽,下陆区地位举足轻重。全区东西长约13.5千米,南北宽约5.09千米,地处北纬30°09′—30°13′、东经114°56′—115°03′。

辖区内,下陆大道、发展大道、快速路、冶建路、铜花路、大泉路、杭州西路等道路纵横交错,黄新、浠大省道、106国道、大广高速下陆段穿城而过,构建起密集的陆路交通网络。铁路方面,西经武大线与京广线对接,南经武九线融入华东路网,形成了四通八达的交通大网,使其享有"黄金走廊"之美誉。这样的交通条件,不仅加强了区内联系,更极大地便利了本区与外界的人员往来。物资流通和信息交互,为区域经济发展筑牢根基。此外,下陆区辖有1个国家4A级旅游景区(东方山风景区)、1个省级经济开发区

---

① 以上数据及相关资料源自西塞山区人民政府网（2025年3月）。

（长乐山工业园区）、4个街道（团城山街道、东方山街道、新下陆街道、老下陆街道），全区共37个居委会，区划面积68平方千米，总人口21.5万人。

下陆区历史文化源远流长。秦汉时期，下陆隶属于南郡，当时这里是重要的军事与商贸要地，为南郡的稳定与发展提供了有力支撑。北魏时，下陆成为西陵县郊，见证了当时区域行政格局的变化。唐代，下陆属鄂州武昌，随着经济重心的南移，这里的农业和手工业逐渐发展起来，人口也日益增多。宋、元、明、清时期，下陆归属于大冶县的东乡、北乡，先后被称作"永丰乡""四会乡"，至民国时期变为大冶县的申五乡、长乐乡。中华人民共和国成立后，下陆的行政归属持续演变，从大冶工矿特区的属乡，逐步成为黄石市第二区。1979年，正式定名为下陆区，开启了全新的发展篇章。

关于下陆之名的由来，《大冶县志》及地方族谱记载，唐代德宗建中元年（780年），陆贽（唐代著名政治家）之弟陆迥（字宗伯高）曾任磁州刺史，晚年致仕后迁居至兴国路（今湖北阳新、大冶一带），其家族定居于东方山西南麓。陆氏子孙在此繁衍生息，逐渐形成聚落。因陆姓人口众多，民间流传"东方山下一片绿（陆）"的俗语，后以谐音"下陆"代指该区域，"下陆"之名自此诞生，并沿用至今。

丰富的矿产资源是大自然赋予下陆区的宝贵财富。目前，已探明的矿种达11种，涵盖金矿、铁矿、煤矿、铅锌矿、硫铁矿、白云石矿、花岗石矿、石膏矿、粘土矿以及天青石矿等。其中，天青石矿储量在全国范围内位居第二，这一显著优势使其极具开发潜力；石灰石矿储量亦丰，目前仍在有序开采之中，源源不断地为工业生产输送着重要的原材料，有力地推动了区域工业的发展。

下陆区经济实力强劲，大中型企业星罗棋布。现有规模以上工业企业69家，高新技术企业33家，已然构建起以冶金、纺织服装、铜钢延伸加工、机械制造等为主导的产业格局。这里诞生了大冶有色金属公司、美尔雅服饰、青岛啤酒等一批在国内享有盛誉的品牌。其中，铜冶炼及深加工产业集群被列为湖北省重点成长型产业集群，其年销售收入已突破1000亿元，标志着千亿元铜产业集群正逐步成型。多年来，下陆区的工业增加值、工业总产值、工业利润、工业税收四项指标始终稳居全市第一方阵，彰显出其在黄石市工业领域的重要地位和强大的发展活力。

下陆区在山水风光与旅游资源方面，宛如世外桃源，散发着独特魅力。城西北方向，屹立着素有"三楚第一山"美誉的东方山。此山得名于西汉文学家、太中大夫东方朔曾在此寓居，自古以来便以佛事鼎盛闻名于世。东方山树木葱茏，古木参天，气候宜人，四季景致各异。"东方揽胜""灵泉卓锡""铁牛懒卧"等古八景，历经岁月洗礼，依旧韵味悠长，吸引着无数游客前来游览。尤为引人注目的是，东方山脉上错落分布着大小寺庙22座，共同构成了湖北省规模最大的佛教寺庙群。其中，古刹弘化禅寺香火绵延千年，从未断绝，传承着深厚的佛教文化。在东方山风景区揽胜垴之巅，矗立着气势恢宏的东昌阁。东昌阁占地面积约22000平方米，塔高108米。其8层的360度观景平台，被称为"黄石城市小阳台"。登上东昌阁远眺，鄂东南的旖旎风光尽收眼底，夕阳西下之时，景色更是美不胜收，已然成为黄石市熠熠生辉的标志性建筑。作为国家4A级旅游景区,东方山风景区的基础设施极为完善。蜿蜒的盘山公路,方便游客驾车直达景区;宽敞的停车场,解决了自驾游客的停车难题。此外,宾馆、医疗、游乐等配套设施也一应俱全,为游客提供全方位的优质服务,使其成为人们避暑、休闲、度假的理想之所。

磁湖位于黄石市区,部分水域与下陆区相邻,面积达10平方千米,比著名的杭州西湖还要广阔,在全国市区内湖中堪称翘楚。磁湖得名于湖边盛产的磁铁,不仅自然风光旖旎,还蕴含着深厚的历史文化底蕴。北宋时期,苏轼谪居黄州时,其弟苏辙由广陵乘船前往黄州,行至黄石江面,突遇狂风阻拦,无奈之下由胜阳港入湖避风。苏轼得知后,即刻寄诗相迎,苏辙也以诗回赠,兄弟二人的酬唱佳话为磁湖增添了一抹浪漫的色彩。湖中有一座小山,据记载,山上原建有清风阁、木樨亭等建筑,历经岁月变迁,如今已不复存在,但曾经的繁华仍可从史料中窥见一斑。山麓处有一块巨石,名为"苏公石",当年苏轼、苏辙兄弟酬唱的诗刻至今仍留存于石上,成为磁湖历史文化的见证。磁湖景区内,山形峻峭挺拔,水域纵横交错,山水相依,相互映衬,构成了一幅美不胜收的画卷。主要景点包括"睡美人"、鲇鱼墩、澄月岛、逸趣园、映趣园、野趣园等,每个景点都各具特色,吸引着众多游客前来观赏游玩。1997年,磁湖风景区经省政府批准,正式被定为省级风景区。

当下,下陆区正凭借自身雄厚的产业基础、独特的区位优势和丰富的资源禀赋,全力推进循环经济圈、现代服务业经济圈、旅游经济圈的协调发展。同时,加快工业、旅游、生态、商务、幸福"五大新区"的协同建设,积极打造临空临港经济先行区。展望未来,下陆区将坚定不移地朝着黄石首善城区、湖北循环经济样板区、全国老工业基地改造示范区、世界健康文化旅游区的宏伟目标迈进,精心雕琢"四张名片",使其愈发熠熠生辉。在经济发展的道路上,下陆区将始终秉持绿色发展理念,致力于实现经济与生态的和谐共生,为区域的可持续发展打下坚实的基础。[①]

四、铁山区

铁山区于1979年成立,素有"千年铁镇""江南聚宝盆"等美誉。2019年4月,铁山区与黄石经济技术开发区实施一体化发展改革,命名为"开发区·铁山区"(简称铁山区)。开发区·铁山区地处湖北省东南部、黄石区域中心位置,东接长江港口,尽享水运之便;西接武汉光谷,深受高新技术产业辐射;北靠鄂州花湖机场,航空交通优势凸显;南拥大冶湖,生态景观资源丰富,是黄石中心城区、大冶、阳新、新港实现全域一体化发展的核心枢纽。现辖6个镇(街),面积470平方千米,总人口23万人,是国家新型工业化示范基地、海峡两岸产业合作区、国家产业转型升级示范园区、中国电子电路产业创新发展示范园区。

---

① 以上数据及相关资料源自下陆区人民政府网(2024年4月)。

开发区·铁山区产业发展成绩卓著。成功获批国家新型工业化示范基地、海峡两岸产业合作区、国家级创业中心、国家产业转型升级示范园区,是中国三大印刷线路板产业聚集区之一、中部重要的消费电子终端制造基地。依据赛迪顾问发布的《2024年中国园区经济高质量发展研究报告》,黄石经济技术开发区在全国高质量发展园区百强中位居第85位,实现三年三进位。

经过多年精心培育,开发区·铁山区现已形成电子信息、高端装备制造、生命健康、新材料四大产业集群。其中,电子信息产业发展势头尤为迅猛,成功吸引了沪士、定颖、欣益兴、广合、闻泰、联新等一批头部企业入驻,形成从电子元器件、新型显示、半导体、激光到消费电子终端的完整光电子信息产业链,与武汉"光芯屏端网"产业形成相互配套、协同发展的良好格局。目前,共聚集光电子信息企业104家,其中,全球百强企业6家,全国百强企业16家,产值规模近300亿元。

开发区·铁山区地形地貌丰富多样,处于长江冲积平原向幕阜山的过渡地带,位于父子山与黄荆山之间。地貌以平原、丘陵、岗地为主,兼有山地和湿地;地势北高南低、东西平坦,最高峰为父子山鹰嘴崖。气候属典型的亚热带大陆性季风气候,冬冷夏热、四季分明,光照充足,雨量充沛,水系发达,河湖库塘众多,大冶湖是重要水域。其中,大冶湖北岸水系源于黄荆山,南岸水系源于父子山,铁山街道地表水经城区流入大冶湖,呈现出依山抱湖、城水相间的景观风貌。森林覆盖率达23.66%,拥有众多古树名木,铁山古刹千年古银杏相传为东晋著名的高僧法显云游铁山时所栽。

文化遗产方面,铁山街道大冶铁矿东露天采场旧址是近现代重要史迹及代表性建筑(省级文物保护单位);大王镇李清塔(省级文物保护单位)和太子镇老街李氏宗祠(省级文物保护单位)两座清代古建筑,承载着深厚的历史文化底蕴。同时,非物质文化遗产极为丰富,汪仁镇王贵武龙灯拥有300多年历史,入选第五批《国家级非物质文化遗产名录及其扩展项目名录》;太子豆腐制作技艺传承千年;"接大王"民俗活动在富河北岸多地流传,是当地民俗生活的重要组成部分。

旅游资源独特且丰富。黄石国家矿山公园位于铁山街道,是中国首座国家矿山公园,和长城、故宫一起入选七年级地理教材,园内景点众多,"矿冶大峡谷"落差444米,被誉为"亚洲第一天坑",建有亚洲最大硬岩复垦生态基地,每年举办槐花旅游节,入选中国赏花旅游线路图。熊家境登山健身步道是国家级体育旅游精品线路,父子山国家登山健身步道获评"中国最具人文气质的国家级登山步道"。此外,黄石奥体中心、黄石园博园、黄石矿博园、黄石科技城等城市标识坐落于此,承担着体育赛事、文化旅游、产品交易、科技成果转化等重要功能。

目前,开发区·铁山区正充分发挥区位优势突出、产业支撑强劲、创新资源密集、功能环境一流、体制机制灵活"五大优势",发扬争先争优的奋进精神、攻坚攻难的担当精神、敢闯敢试的创新精神、善作善成的实干精神、坚持坚韧的斗争精神"五种精神",突出强化中心工作、强化改革创新、强化项目建设、强化功能配套、强化担当作为"五个强化",努力实现经济总量新突破、内生动力新突破、发展后劲新突破、新区建设新突破、能力水平新突破"五个新突破",加快打造全国产业转型示范区、国家级光电子信息产业基地、武汉都市圈改革创新试验区、市域一体化发展的核心。①

五、大冶市

大冶,这座素有"百里黄金地,江南聚宝盆"美誉的城市,地处鄂东南、长江中游南岸,拥有着无可比拟的独特魅力。它有着3000多年的采冶史和1000多年的建县史。宋乾德五年(967年)建县,因境内矿产丰富、采冶业发达而取"大兴炉冶"之意,定名为"大冶"。1994年,大冶撤县建市,先后被列为全国首批资源枯竭城市、湖北省城乡一体化试点市。

大冶市面积1566平方千米,下辖11个乡镇、5个城区街道、1个国家级高新区和1个国有农场,总人口86.24万人。

从地理区位来看,大冶位于湖北省东南部,南靠武汉市江夏区、咸宁市咸安区,西北与鄂州市梁子湖区接壤。在当前区域发展的大格局下,大冶积极融入武汉都市圈同城化发展,已与武汉多个城区建立产业合作对接机制,共建产业园区。在光谷科技创新大走廊建设中,大冶重点布局了智能制造、新材料等战略性新兴产业,引进了多个高端科技项目。在湖北国际物流核心枢纽建设方面,大冶凭借距离鄂州花湖机场仅30千米的优势,大力发展临空产业,建设了临空物流园,吸引了众多物流企业入驻。在黄石环大冶湖一体化发展中,大冶积极参与大冶湖生态治理,同时推动大冶湖周边的文旅产业融合发展,是武汉城市圈冶金建材走廊的关键支撑节点。

交通方面更是优势显著,已构建起四通八达的立体交通网络。武九城际铁路开通后,大冶与武汉、九江的时空距离大幅缩短,通勤仅需半小时。武九铁路黄石二级火车客、货运站位于大冶高新区核心区,与铁路运输网络无缝对接。同时,大冶距武汉天河国际机场仅100千米,约1小时车程;距鄂州花湖机场仅30千米,为商务往来、旅游出行等提供高效航空选择。而距国家一类开放口岸黄石新港水运码头仅15千米的优势,极大地便利了货物进出口与水上运输,该码头2024年货物吞吐量首次突破1亿吨,达到10338.74万吨,创下历史新高,成功迈入中国内河亿吨大港行列,全方位支撑起大冶在区域经济发展中的物流与客流运转。

大冶的矿产资源丰富。已发现矿种多达65个,其中探明资源储量的有42种,构建起极为丰富的矿产资源体系。能源矿产方面,煤炭资源虽仅一种,却在区域能源结构中占据重要地位;有色金属及贵金属矿产涵盖12种,金、铜等金属矿产储量可观;非金属矿产更是多达29种,为建筑、化工等行业提供了丰富的原材料。在黄石市的资源版图中,大冶的矿产资源占据举足轻重的地位,保有矿石储量达2317万吨,占黄石市总矿石储量的39.6%。其中,铜矿占比高达63%,铁矿占79%,资源优势显著。全市除了东

---

① 以上数据及相关资料源自铁山区人民政府网(2025年1月)。

风农场管理区,各乡各镇均有矿产资源分布,形成了广泛且相对集中的矿产开发格局。目前,大冶拥有109家矿山企业,其中大型企业6家,以大冶有色金属公司、湖北三鑫金铜股份有限公司等为代表,它们凭借先进的开采技术与庞大的生产规模,引领行业发展;中小型企业103家,遍布大冶各地,矿业的蓬勃发展,源源不断地为大冶的经济发展注入强劲动力。

大冶,作为一座拥有深厚历史底蕴的千年古县,其1000多年的建县史,见证了大冶在政治、经济、文化等方面的发展与变迁;3000多年的采冶史,不仅是一部对地下资源深度挖掘与利用的历史,更是一部大冶先民智慧与创造力的进化史。在文化领域,大冶拥有诸多耀眼的名片,是当之无愧的中国青铜文化发祥地、中国龙狮之乡、中国诗词之乡、中国石雕之乡以及中国楹联文化城市。每年大冶都会举办龙狮文化节,吸引众多国内外队伍参与竞技和表演;诗词文化氛围浓厚,成立了多个诗词协会,定期举办诗词创作大赛和吟诵活动;石雕技艺传承有序,大冶石雕作品多次在全国工艺美术展览中获奖。

在非物质文化遗产保护与传承方面,大冶成果斐然。现有31项非遗项目、39位非遗代表性传承人,共同守护着大冶的文化根脉。其中,国家级非遗项目1项,省级非遗项目6项,每一项非遗都承载着大冶独特的文化记忆与民俗风情。旅游资源亦是大冶的一大亮点,拥有4家国家4A级旅游景区:铜绿山国家考古遗址公园,宛如一座穿越时空的历史博物馆,生动展现着古代青铜采冶的辉煌;小雷山以其奇特的自然景观吸引着无数游客前来打卡;龙凤山、沼山古村桃乡则以秀美的田园风光和浓郁的乡村文化,成为都市人向往的休闲胜地。此外,还有多家国家3A级旅游景区。楚天香谷芳香文化博览园,以芬芳馥郁的花海与独特的芳香文化吸引游客;鄂王城生态文化园,重现古老的王城文化,让游客领略历史的厚重。作为湖北省十大文物市之一,大冶境内文物古迹星罗棋布,国家重点文物保护单位4处,省级文物保护单位13处和市级文物保护单位56处,这些文物古迹见证了大冶不同历史时期的发展。金湖街办上冯村、保安镇沼山村刘通湾等多个村落,被公布为中国传统村落,古色古香的建筑、淳朴的民风民俗,成为大冶历史文化的活化石。

回顾历史,大冶创造了诸多令世人瞩目的辉煌成就。3000多年前,中国先民在这片土地上开启了采矿炼铜的伟大征程,铸就了辉煌灿烂的青铜文明。铜绿山古铜矿遗址,作为这一文明的杰出代表,被誉为"世界第九大奇迹"。它不仅被列入国家考古遗址公园项目和《中国世界文化遗产预备名单》,还获得"持续开采时间最长的古铜矿"吉尼斯世界纪录。铜绿山四方塘遗址入选"2015年度中国十大考古发现",更为大冶的青铜文化增添了浓墨重彩的一笔。

晚清时期,湖广总督张之洞在大冶创办了大冶铁矿,由此拉开了中国近代钢铁工业的大幕,大冶踏上了工业发展的快车道。中华人民共和国成立后,国家在大冶境内大力兴办20多家大中型厂矿企业,专注于金、铜、铁矿石的采挖与加工,使得大冶迅速崛起为我国重要的原材料工业基地之一。

大冶还是闻名遐迩的"中国保健酒之乡"。全国知名企业劲牌公司坐落于大冶大冶湖高新区内,作为大冶本土成长起来的企业,劲牌凭借对品质的执着追求和不断创新的精神,已成为中国乃至世界保健酒行业的龙头企业。其经典广告语"常饮劲酒,精神抖擞""劲酒虽好,可不要贪杯哟"更是家喻户晓。

同时,大冶享有"中国古建之乡"的美誉。大冶古建历史源远流长,工艺精湛绝伦。中国历史博物馆、人民大会堂等众多知名建筑工程,都凝聚着大冶能工巧匠的心血与智慧。在全国园林古建市场中,大冶凭借独特的技艺和优质的工程,占据了超过50%的市场份额。

步入现代社会,大冶在经济、文化、生态等领域全面发力,取得了令人瞩目的发展成果。在经济领域,大冶展现出强劲的发展势头,是全国县域经济基本竞争力"百强"县(市)。2012年,在第十二届全国县域经济基本竞争力评价中,大冶在湖北率先跻身全国"百强"县(市)行列,排名第97位;2017年,首次闯入赛迪全国县域经济"百强",排名第82位;在全国小康"百强"县(市)排名中,大冶更是实现了五年五进位的飞跃,2024年已攀升至第55位,彰显出强大的经济发展韧性与潜力。

在荣誉称号方面,大冶收获满满。2017年,经中国地名文化遗产保护专家委员会鉴定,大冶被确认为中国地名文化遗产千年古县,成为湖北省首家获此殊荣的县(市)。此外,大冶还荣膺国家园林城市、全国文明城市、全国工业百强县(市)、全国休闲农业与乡村旅游示范县(市)等称号。在湖北省内,大冶还是旅游强市、森林城市、最佳金融信用县(市)。这些荣誉不仅是对大冶过往发展的高度认可,更是激励大冶在未来发展道路上不断奋勇前行的强大动力,全方位展示了大冶的综合实力与无限的发展潜力。[①]

六、阳新县

阳新县,地处鄂东南,与江西接壤,素有"荆楚门户"的美誉,是一座融合了悠久历史、丰富文化与独特地理优势的魅力之城。阳新县面积2780平方千米,辖22个镇场区,全县户籍人口111.79万人,常住人口90.16万人。

阳新县历史源远流长,可追溯至隋唐时期,当时为荆扬之域。此后历经虞、夏、商,均属荆州;西周时是鄂王辖地;春秋归楚;秦属南郡。公元前201年(汉高祖六年),分南郡始置下雉县,属江夏郡,此后县名历经多次更迭。宋、元、明、清时期,先后称兴国军、路、府、州。1912年废州设县,1914年定名阳新县,沿用至今。1949年5月16日,中国人民解放军第四野战军解放阳新,建立人民政权,隶属大冶专区;1952年6月改属黄冈专区;1965年7月改属咸宁地区;1997年1月1日起划归黄石市管辖。

阳新人文底蕴深厚,历代人才辈出。晋代有名士孟嘉,以豁达风度和出众才学闻名;宋代文学家王质,其文学作品在当时颇具影响力;明代"后七子"之一吴国伦,诗文

---

① 以上数据及相关资料源自大冶市人民政府网(2024年6月)。

风格独特,推动了后世文学发展;清代有太平天国状元刘继盛;民国时期,辛亥革命元勋曹亚伯为推翻封建统治作出重要贡献。近代,彭德怀、王震、何长工等老一辈无产阶级革命家在此生活、战斗,这片土地还诞生了王平、伍修权等20多位共和国将军,20余万革命先烈为解放事业英勇献身。"小小阳新,万众一心,要粮有粮,要兵有兵"的革命气势威震湘鄂赣,阳新因此成为全国著名的"烈士县"。阳新民间文化极具楚风遗韵,拥有国家级非物质文化遗产代表性项目2项,如阳新采茶戏,以独特唱腔和表演形式展现当地民俗风情;阳新布贴,色彩鲜艳、造型质朴,体现民间艺人精湛技艺和丰富想象力。此外,还有省级非物质文化遗产代表性项目4项,市级非物质文化遗产代表性项目10项,县级非物质文化遗产代表性项目38项。

在自然环境方面,阳新县属亚热带季风气候,光热资源丰富,降水丰沛,四季分明,日照充足,无霜期长。因多东南风,气候湿润,冬寒期短,水热条件优越。多年平均气温17.2 ℃,1月平均气温4.5 ℃,7月平均气温29 ℃。其属低山丘陵地区,处于幕阜山向长江冲积平原过渡地带,呈现"五山两丘三平原"的自然地理格局特征。西北、西南、东南部多低山,且向东、中部倾斜,构成不完整山间盆地。东北部临长江,有狭长小平原与中小湖泊,富水自西向东横贯县境,自梅潭以下,两岸湖泊星罗棋布,岗地坡度平缓,分布在山丘与河流湖泊之间。全县最高点为七峰山南岩岭,最低点为富水南城潭河床。境内石灰岩广布,岩溶地貌发育,溶蚀洼地、溶洞、落水洞较为常见。

阳新钟灵毓秀,风景秀丽,森林覆盖率近40%,自然生态环境优美,自古以"稼穑殷盛、物阜民丰"著称,是中国油茶之乡、全省产粮大县、林业大县和水产大县。这里留存着苏东坡、岳飞、甘宁、海瑞等历史名人遗迹,保存有鄂东南地区规模最大、保存最完好的明清时期传统村落、古牌坊等60多处。拥有国家级湿地公园莲花湖,湖水清澈,湿地生态系统丰富多样,是众多候鸟的栖息地;荆楚第一奇湖仙岛湖,湖中有1002个岛屿,星罗棋布,自然风光旖旎,是国家4A级旅游景区;省级湿地保护区网湖,生态资源丰富,对维护区域生态平衡意义重大;省级森林公园七峰山,森林茂密,山峰奇峻,是休闲旅游的好去处;国家级烈士纪念设施保护单位、全国红色旅游经典景区、全国爱国主义教育基地——湘鄂赣边区鄂东南革命烈士陵园,庄严肃穆,铭记着革命先烈的丰功伟绩;曾号称"小莫斯科"的全国重点文物保护单位——龙港革命旧址群,见证了那段波澜壮阔的革命历史。阳新还发布了全域旅游地图、采摘地图、美食地图,为游客提供全面的旅游信息,正争创湖北旅游强县。

阳新区位优越,交通便捷。处于武汉"1+8"城市圈和长江经济带中游南岸,长江黄金水道过境45千米,为水上运输提供便利;106国道、316国道横贯东西,武九铁路、武九客专纵穿南北,大广、杭瑞、黄咸、麻阳、武南(在建)五条高速在境内纵横交会,形成了密集的陆路交通网络。棋盘洲、武穴两座长江大桥建成通行,进一步加强了与周边地区的联系。"亿吨大港、百万标箱"的新港口岸正式开关并获批"全国多式联运示范港区",阳新公铁水综合交通运输体系基本形成,内联外射、通江达海、联通世界的枢纽地位日益突出。

Note

在经济发展上,阳新享受国家脱贫攻坚、创新驱动、"互联网+"及国贫县企业上市直通车等多重政策机遇。当地出台了支持外地企业到阳新发展的优惠政策,开通绿色通道,吸引众多企业前来投资创业。经济开发区、滨江工业园、新港(物流)工业园区发展势头良好,深圳盐田港、宝武钢铁、华新水泥、远大医药、劲牌公司等一批国内外知名企业纷纷落户。其产业以有色金属、非金属矿产资源、农副产品深加工、装备制造、高新技术为主。第一产业主导产业包括种植业、畜牧业、水产业等;第二产业形成了纺织服装、电子信息、皮革制品等支柱产业;第三产业以电子商务、旅游业等产业为主。今日阳新,厚积薄发,气场强大,大开放、大开发、大发展的态势强劲,正全力奋进全国县域经济百强县。[①]

任务三　黄石文旅产业

任务导入

在当今时代,文旅产业蓬勃发展,在各地经济与文化建设中占据着举足轻重的地位。黄石积极响应这一发展潮流,大力推动文旅产业发展。

政府通过资金补贴、金融支持、落实普惠政策等手段助力文旅产业复苏。与此同时,黄石深度融入武汉城市圈,在区域合作方面成果显著。黄石文旅资源丰富,且持续进行挖掘和提升,品牌影响力逐步扩大。

展望未来,黄石在文旅产业布局上构建了"一心引领、一环串联、六区支撑、九点协同"的独特空间结构。"一心引领"是以华侨城项目为龙头,以奥体中心、黄石矿博园为两翼,辐射大冶湖和父子山,建设中央文体旅示范中心,发挥强大的带动效应;"一环串联"依托239省道、356省道、203省道和351国道组成的四条绿道网络,打造"四色公路景观廊道",将市内各景点串联起来,增强旅游的连贯性;"六区支撑"包括汉冶萍•华新工业史诗文博区、东方山•矿山公园国家5A级旅游景区、仙岛湖国家旅游度假区、"黄石之巅"龙峰景区、长江右岸民俗风情旅游区、保安湖生态文化旅游区,从工业文化、自然风光、度假休闲、民俗风情、生态文化等多个维度,为游客提供丰富多元的旅游体验;"九点协同"则是通过大力实施"九个一批"工程,涵盖文旅综合体、夜游消费集聚区、乡村旅游样板带等多个领域,丰富文旅业态,满足游客多样化需

---

① 以上数据及相关资料源自阳新县人民政府网（2024年5月）。

求,全面提升黄石全域旅游发展水平。

此外,黄石旅游产品不断向多样化拓展,旅游服务全方位优化提升,交通网络依托综合立体交通网持续优化,文旅深度融合也取得了长足进步,涵盖文化进景区、文化场所旅游化、工业与旅游融合、体育与旅游融合以及旅游品牌营销等多个维度。

作为导游,深入透彻地了解黄石的文旅特色与发展趋向,是在带团过程中出色地向游客推介这座魅力之城的关键。那么,究竟应该如何系统地去了解呢?

任务探究

一、黄石文旅产业发展现状

黄石文旅产业发展现状呈现出积极向好、不断提升的态势,呈现出以下特点。

(一)政策扶持推动产业复苏与发展

1.资金补贴与奖励

政府为文旅企业提供了多方面的资金支持。例如,向旅行社发放困难补助及稳岗补贴,暂退、缓交保证金,以此减轻企业的资金压力;对主动引进市外团队来黄石旅游的旅行社以及表现优秀的A级旅游景区给予奖补,激励企业积极拓展业务。

2.金融措施支持

积极协同有关部门用好用足财政金融政策,助力文旅企业申请贷款贴息、低息贷款等,为文旅项目的建设和企业的运营提供有力的金融支撑。例如,推动黄石园博园提档升级改造项目签订专项贷款协议,帮助多家文旅企业获得低息贷款等。

3.普惠政策落实

协调文旅企业延期办理到期经营审批手续,降低或免缴文旅企业网络接入费用,指导企业用好用足国家普惠性减税降费政策和文旅专项扶持政策。同时,协助中小微企业和个体工商户申报减免房租,降低企业的运营成本。

(二)积极融入武汉城市圈,加强区域合作

1.明确发展定位

作为武汉城市圈副中心城市,黄石将"长江黄金国际旅游带上的节点城市""武汉城市圈文化产业聚集区"作为文旅事业和产业发展的重要定位与目标,持续加强与武汉及城市圈其他城市的联系与合作。

2. 推进重点项目建设

黄石凭借区位优势和良好基础,吸引了武汉城市圈的投资主体,一批重点文旅项目开工建设。如卓尔(黄石)文化旅游城项目、东方山风景区提档升级项目、东港古建文化馆及其配套设施项目等,这些项目的建设将为黄石文旅产业的发展增添新动力。

3. 加强市场联动

黄石的部分景区签约"武汉城市圈全域旅游e卡通"("腾旅e卡通")、"湖北旅游年卡"等,既方便了武汉城市圈游客的出行,也提升了黄石景区的知名度与游客量。同时,"黄石旅游年卡"还纳入了圈内其他城市的部分景区,为黄石游客提供了更多选择。

4. 打造乡村旅游"后花园"

黄石充分发挥区位优势,大力发展乡村旅游。从初级农庄到主题公园,从乡村游1.0版发展到4.0版,涌现出一批特色鲜明的乡村旅游景区、农家乐、生态农庄经营点。各类乡村旅游主题节会接连举办,使其成为武汉城市圈游客周末休闲的热门目的地。

(三)文旅资源丰富且不断挖掘提升

1. 自然景观独特

拥有磁湖、仙岛湖、东方山、西塞山、滴水涯等自然景观。磁湖风景秀丽,周边景点众多;仙岛湖岛屿星罗棋布,景色迷人;东方山是省级森林公园和国家4A级旅游景区,森林覆盖率高,生态环境优美;西塞山历史文化底蕴深厚,自然风光壮美;滴水涯瀑布景观壮观,经开发后成为新的旅游热点。

2. 历史文化底蕴深厚

黄石是中国青铜文化的发祥地之一,铜绿山古铜矿遗址是我国保存最完好、最完整,采掘时间最早、冶炼水平最高、规模最大的古铜矿遗址,具有极高的历史文化价值。此外,黄石还有丰富的诗词文化、红色文化等,为文旅产业的发展提供了丰富的文化内涵。

3. 不断创新开发

重点对华新1907文化公园工业遗址进行保护性开发,打造工业遗址公园,展现黄石工业发展的历史脉络和厚重的工业文化;创新开发未苏湾等新的文旅项目,凭借其秀美的自然风光和丰富的历史文化底蕴吸引游客。

(四)文旅品牌影响力逐渐扩大

1. 节庆赛事活动丰富

黄石市举办了地矿科普大会、文旅嘉年华、槐花节、油菜花节、樱花节、桃花节、荷花节、茶花节等各类节庆活动,以及亚洲桨板锦标赛、环中国国际公路自行车赛、"一带一路"黄石国际青少年乒乓球邀请赛、中国足球协会女子足球超级联赛、中国滑板公开赛(黄石站)、黄石半程马拉松等体育赛事,这些节庆活动与体育赛事提升了黄石的知名度和影响力。

2.宣传推介力度加大

积极参加长江文化旅游博览会、中国(武汉)文化旅游博览会等宣传推介活动,精准开展旅游宣传推介,擦亮"最美工业城、晶彩在黄石"品牌,提升城市文旅知名度和影响力。

二、黄石文旅产业发展趋势

在国家大力推进文旅产业融合发展、积极落实区域协调发展等政策的大背景下,黄石市文旅产业紧密结合本地实际,深入贯彻国家战略。黄石文旅产业以党的二十大精神为指引,构建了"一心引领、一环串联、六区支撑、九点协同"的空间格局。黄石地方政策聚焦于文旅产业的全方位升级,从旅游产品多样化开发到旅游服务的全方位提升等多方面发力。在这样的综合引领下,黄石市文旅产业呈现出如下发展趋势。

(一)空间结构与体系构建

黄石文旅产业注重优化空间结构,深化供给侧结构性改革,积极响应构建新发展格局的要求,旨在构建现代化旅游业体系,全力打造鄂东旅游中心城市。其旅游空间结构形成"一心引领、一环串联、六区支撑、九点协同"的格局,各区域明确功能定位,充分体现了区域协调发展的理念。正如习近平总书记强调的"推动区域协调发展战略、区域重大战略、主体功能区战略等深度融合",各个区域打造不同特色的旅游新区、示范区、集聚区等,实现优势互补、协同共进。

(二)旅游产品多样化开发

1.名山旅游与景区升级

以西塞山、黄荆山和东方山为依托,黄石深入挖掘山体文化,大力推动相关景区的一体化发展以及资源整合,这是对"绿水青山就是金山银山"理念的生动实践。通过将自然资源与旅游开发相结合,创建高等级旅游景区,不仅保护了生态环境,还实现了生态价值向经济价值的转化。同时,以山水资源为基点,通过创建高等级旅游景区来整合旅游资源、优化产品结构,并推进多个景区的升级与复核检查工作,顺应了高质量发展的要求,致力于为游客提供更优质的旅游体验。

2.特色旅游拓展

(1)滨江旅游:推动长江邮轮港建设,整治沿岸风貌,挖掘文化,打造特色项目,活化旧厂房和老码头。这既体现了对长江文化的传承与保护,又推动了长江经济带的文旅融合发展,契合习近平总书记提出的"共抓大保护、不搞大开发"理念,在保护中发展,在发展中保护。

（2）红色旅游：弘扬革命文化，推动红色文化与休闲农业协同发展，创新景区转型模式，打造多元红色旅游产品与区域。传承与弘扬红色基因，落实习近平总书记"把红色资源利用好、把红色传统发扬好、把红色基因传承好"的要求，通过文旅融合，让红色文化在新时代焕发出新的活力。

（3）城市休闲旅游：依托公园城市建设，推动城市公园提档升级，打造休闲街区。这体现了以人民为中心的发展思想，旨在满足人民对美好生活的向往，打造宜居宜游的城市环境。

（4）乡村旅游：依托乡镇建设田园综合体、特色民宿、农家乐、旅游样板带、旅游度假区、农业科技园区、古村落旅游聚集区等，开展旅游活动，开发旅游文化品牌，并助力乡村人才振兴。积极响应乡村振兴战略，通过发展乡村旅游，推动乡村产业兴旺、生态宜居、乡风文明、治理有效、生活富裕。

（5）自驾游：沿多条道路配套基础设施，布局相关项目，提高自驾游服务能力与产品供给。适应现代旅游多样化、个性化的需求，为游客提供更加便捷、自由的旅游方式。

（三）旅游服务全方位提升

1. 导游服务提升

实施导游持证上岗计划，开展培训、举办大赛、规范市场，建立合理薪酬制度，鼓励志愿讲解，有助于提高导游的专业素质和服务水平，为游客提供更优质的导游服务，凸显了对旅游服务质量的高度重视。

2. 旅游设施完善

完善景区游客中心、环卫设施、标识系统、便民和人性化服务设施，推进智慧景区建设，给游客提供更加舒适、便捷、智能的旅游环境，符合现代旅游发展的趋势。

3. 旅游餐饮开发

围绕本地特色开发美食，培育餐饮名店和特色美食街，开展美食评选活动，规范餐饮服务标准并检查安全卫生质量，既传承和弘扬了地方饮食文化，又满足了游客对美食的需求，同时保障了游客的饮食安全。

4. 旅游商品创新

举办文创设计大赛和商品交易活动，开发特色购物场所，推动旅游消费线上线下一体化，打造旅游商品IP，有助于推动文旅产业的融合发展，激发文化创新活力，促进旅游消费升级。

5. 住宿业态优化

推动住宿结构优化，实现服务质量标准化、品质化、品牌化，支持多种住宿接待设施建设，满足了不同游客的住宿需求，提高了旅游住宿的整体质量。

Note

6. 定制旅游产品

推出多种定制化旅游产品、特色旅游线路、景区联票机制,充分体现了以市场需求为导向的服务理念,为游客提供个性化的旅游服务。

(四)旅游交通网络优化

依托综合立体交通网完善旅游交通布局,推进旅游公路、专线、码头建设,构建集散体系,升级标识导览系统,推广新能源公共旅游交通,建设智能充电桩,推进旅游交通设施数字化与智能化改造,打造智慧出行平台。通过构建高效、便捷、绿色、智能的旅游交通网络,为游客提供更加优质的出行体验,切实展现了交通强国战略在文旅领域的实际运用。

(五)文旅深度融合创新

1. 文化进景区

深入实践文旅融合,将文化内涵融入旅游产品,提升旅游的文化品位和吸引力,实现以文塑旅、以旅彰文。挖掘文化底蕴融入景区,实施文学可视化项目,景区景观提升计划,打造诗画乡村和自驾风景带,推进产品融合,实施服务品质软提升计划。

2. 文化场所旅游化

推进文化场所旅游化改造,以旅游反哺文化事业,探索非遗与旅游融合发展路径,改造历史文化街区。实现了文化与旅游的良性互动,通过旅游激活文化产业和文化事业,让文化在旅游中"活"起来。

3. 工业与旅游融合

习近平总书记提出"让收藏在博物馆里的文物、陈列在广阔大地上的遗产、书写在古籍里的文字都活起来"的理念,这需要对工业遗产进行创造性转化和创新性发展。黄石市明确以工业文化、矿冶文化为核心,利用遗址遗迹打造多种工业旅游项目,形成工业文化旅游廊道,打造工业研学品牌,建设会展中心和商务旅游集聚区,推进创意示范园建设。

4. 体育与旅游融合

推动"乒乓名城""休闲体育""竞赛表演"与旅游融合,打造多种休闲体育旅游集聚区、运动小镇、赛事旅游基地,大力推动体育与旅游的融合发展,为游客打造更加丰富多彩、独具魅力的旅游体验。

5. 旅游品牌营销

以品牌意识和开放合作的理念为指引,黄石通过推动文旅融合品牌化发展,塑造城市旅游宣传口号,创新宣传推广机制,加强与多平台合作,统筹市内资源推出特色游线,加大城市间文旅交流合作,参与国内外文化交流平台,以乒乓为媒介促进入境旅游发展,有效提升了文旅产业的知名度和影响力。

他山之石
▼

《文旅部"十四五"文化和旅游发展规划》解读

Note

项目考核

导游讲解评价表

评价项目与内容			分值	实得分
礼仪礼貌(5分)		衣着打扮端庄整齐,言行举止大方得体,符合导游人员礼仪礼貌规范	5分	
迎接游客(5分)		佩戴导游证,在景区(点)入口处、车站等显要位置候客并主动确认游客,清点人数,提醒相关事项,带领游客进入景区	5分	
操作内容 景点讲解(80分)	致欢迎词	"五语";真诚、热情、大方开朗、幽默、自然	5分	
	语言技巧	基本语言发音优美,语速得当	6分	
		讲解有深度,重点突出,层次分明	15分	
		信息发布清晰、准确,具有规范性	10分	
		安全提示清晰、准确,亲切热情,提示委婉,富有情感	5分	
		融洽游客关系,态度真诚,耐心风趣,尊重理解游客	5分	
	服务技巧	熟悉并能正确运用服务规范	7分	
		掌握导游服务技能,导游服务程序正确完整	10分	
		思维反应敏捷,情绪控制稳定	5分	
		考虑问题周到,具有及时处理突发事件和特殊情况的能力	7分	
	致欢送词	"五语";真诚、感激、自然	5分	
总结工作(10分)		物品归还、工作总结	10分	
评语				
总分				

项目
拓展

在线答题
▼
项目一

项目任务

任务1:以小组为单位,收集黄石市各县(市)区旅游资料,撰写黄石概况导游词,并进行模拟讲解。

任务2:分组合作,以黄石的一个特色旅游产品(如滨江旅游、红色旅游等)为主题,设计一份详细的导游词。要求导游词涵盖该旅游产品的特色亮点、文化内涵、相关历史背景等内容,并结合实际导游带团场景,思考如何在讲解过程中与游客进行有效互动,以提升游客的旅游体验和对黄石文旅的认知度。

任务3:以小组为单位,深入研究黄石文旅产业发展现状与趋势,制作一份详细的黄石文旅产业发展宣传手册,要求手册内容涵盖其发展的各个方面,重点突出政策导向、文化传承与创新、绿色发展等元素在其中的体现,并分析这些元素如何促进文旅产业的可持续发展,最后在班级内进行展示与交流。

项目二
乐 游 黄 石

项目导读

　　黄石市坐拥"半城山色半城湖",自然环境良好、文化底蕴深厚,有着"山水园林市"之称,同时它工业文明厚重,工业遗产丰富,是"最美工业城"。黄石市旅游资源丰富,配套设施完善,服务能力强,拥有工业遗产、山水人文、诗画乡村、红色历史、旅游度假区等多样化的旅游资源。本项目介绍了黄石市主要的人文和自然景观,包括大冶铜绿山国家考古遗址公园、湘鄂赣边区鄂东南革命烈士陵园、大冶龙凤山、华侨城恐龙奇域等人文景观以及黄石东方山、黄石西塞山、阳新仙岛湖、黄石磁湖等自然景观。

学习目标

【知识目标】

1. 了解黄石市旅游资源的整体概况。

2. 熟悉黄石市各个景区的游览线路、景点介绍和景区概况。

3. 掌握黄石国家矿山公园、华新1907文化公园、黄石西塞山、阳新百洞峡、黄石磁湖、阳新龙港老街(红军街)、大冶龙凤山、华侨城恐龙奇域等代表性旅游资源的示例导游词。

【能力目标】

1. 能够为游客讲解黄石市旅游资源的分类情况和地域分布概况。

2. 能够为游客讲解黄石市各个旅游景区的整体概况、特色、历史文化及其背后的故事。

3. 能够根据示例导游词举一反三、融会贯通,为游客完整地讲解黄石市各个景区的导游词。

【素养目标】

1. 热爱黄石文化,具有文化传承意识。主动弘扬黄石市工业遗产中所蕴含的自强不息的精神和红色历史遗迹中所彰显的坚定不屈的信仰。

2. 深刻领会习近平总书记"以文塑旅、以旅彰文,推动文化和旅游融合发展"的重要指示精神,准确把握黄石市旅游资源的文化内涵,讲好黄石故事。

3.具备旅游服务意识,培养专业责任心和自豪感。

思维导图

```
                          ┌─ 工业旅游景区 ──┬─ 景区介绍
                          │                └─ 示例导游词
                          │
                          ├─ 山岳旅游景区 ──┬─ 景区介绍
                          │                └─ 示例导游词
                          │
                          ├─ 水体旅游景区 ──┬─ 景区介绍
          乐游黄石 ───────┤                └─ 示例导游词
                          │
                          ├─ 红色旅游景区 ──┬─ 景区介绍
                          │                └─ 示例导游词
                          │
                          ├─ 乡村旅游景区 ──┬─ 景区介绍
                          │                └─ 示例导游词
                          │
                          └─ 旅游度假区 ──┬─ 旅游度假区介绍
                                          └─ 示例导游词
```

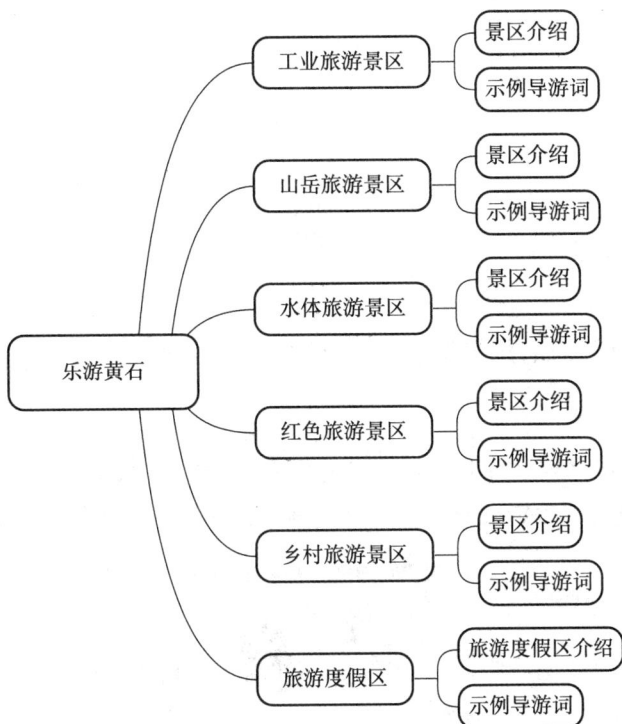

任务一　工业旅游景区

任务导入

　　黄石因矿设厂、因厂建市,诞生了大冶铁矿、华新水泥厂、大冶钢厂等近代知名的重工业企业,被誉为"中国近代工业摇篮",工业文明底蕴深厚。习近平总书记指出:"文化是城市的灵魂。城市历史文化遗存是前人智慧的积淀,是城市内涵、品质、特色的重要标志。要妥善处理好保护和发展的关系,注重延续城市历史文脉。"黄石工业厂矿薪火相传,铜绿山古铜矿遗址、大冶

Note

铁矿、华新水泥厂旧址等工业遗产旧址蝶变为黄石市工业旅游的重要景点，既保护和传承了城市历史文脉，又结合时代变化发展成了新的功能空间，成为黄石城市文化的重要组成部分。

黄石工业遗产是近代中国工业化进程的物质和精神实证，通过对这些工业遗产的深入学习，能更好地掌握黄石历史文化中的独特一面，同时也更深刻领悟这些文化遗产的丰富内涵和独特价值，更加坚定文化自信。现在，就让我们进入黄石的工业历史长河，带着好奇与探索之心，开启一场精彩的探索之旅吧！

任务探究

一、景区介绍

（一）大冶铜绿山国家考古遗址公园

1. 游览路线

游客中心—遗址博物馆（新馆）—"铜山有宝"厅—"找矿有方"厅—"采矿有道"厅—"炼铜有术"厅—"青铜有源"厅—春秋采矿遗址（老馆）（见图2-1、图2-2）。

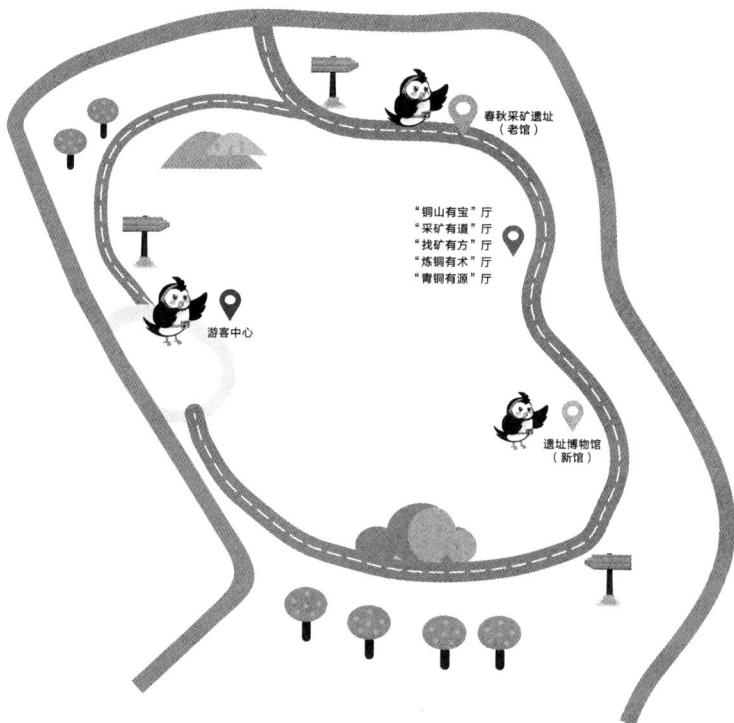

图2-1　大冶铜绿山国家考古遗址公园游览线路图

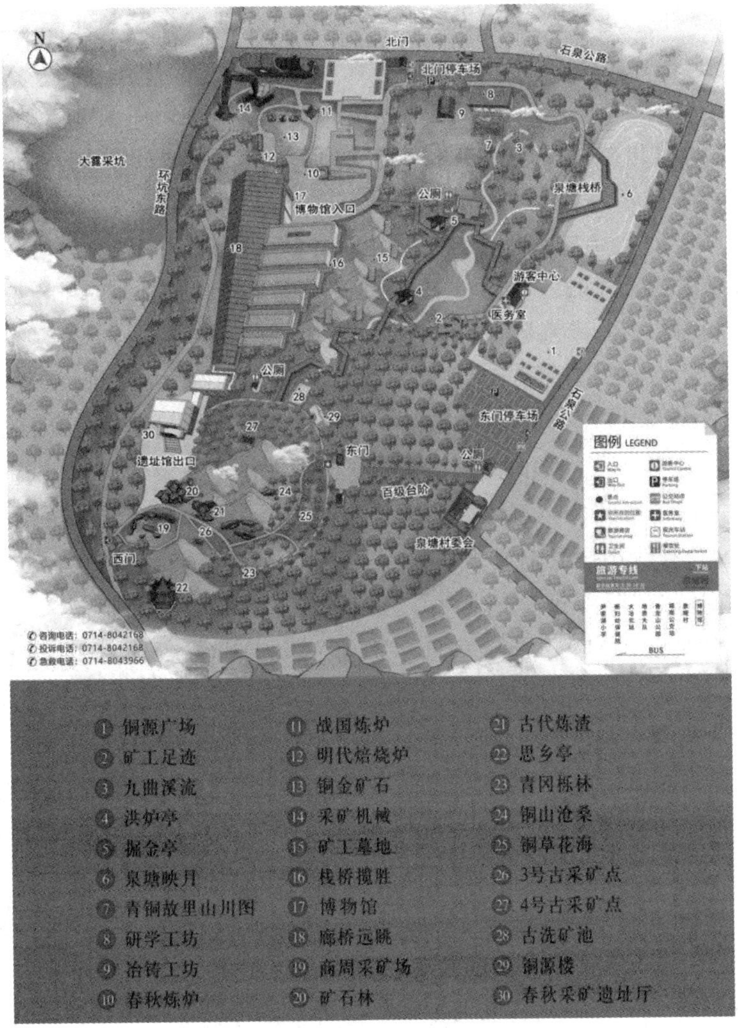

N
北门
石泉公路
北门停车场
大露采坑
环坑东路
博物馆入口
公厕
泉塘栈桥
游客中心
医务室
石泉公路
东门停车场
东门
百级台阶
泉塘村委会
遗址馆出口
西门
图例 LEGEND
旅游专线
BUS
咨询电话：0714-8042168
投诉电话：0714-8042168
急救电话：0714-8043966
1 铜源广场
2 矿工足迹
3 九曲溪流
4 洪炉亭
5 掘金亭
6 泉塘映月
7 青铜故里山川图
8 研学工坊
9 冶铸工坊
10 春秋炼炉
11 战国炼炉
12 明代焙烧炉
13 铜金矿石
14 采矿机械
15 矿工墓地
16 栈桥揽胜
17 博物馆
18 廊桥远眺
19 商周采矿场
20 矿石林
21 古代炼渣
22 思乡亭
23 青冈栎林
24 铜山沧桑
25 铜草花海
26 3号古采矿点
27 4号古采矿点
28 古洗矿池
29 铜源楼
30 春秋采矿遗址厅

图 2-2　大冶铜绿山国家考古遗址公园游览示意图

2. 景点介绍

大冶铜绿山国家考古遗址公园（又名铜绿山古铜矿遗址博物馆），是国家4A级旅游景区，位于大冶市金湖街办泉塘村，是1984年设立的文物系统国有博物馆，也是我国目前发现采冶延续时间最长、采冶规模最大、采冶链最完整、采冶技术最高、保存最完整的古代矿冶遗址，采掘年代最早可追溯到3000多年前。自1973年以来，铜绿山古铜矿遗址历经两轮考古发掘，先后发现古代露天采矿坑7个，地下采区18个，古代采矿竖（盲）井231个，平（斜）巷100多条，并出土大批铜斧、铜锛、铁斧、铁锤等工具。该遗址已被列为全国重点文物保护单位，入选中国“百年百大考古发现”。

2023年6月，铜绿山古铜矿遗址博物馆新馆开馆，新馆与老馆连为一体，通过采矿冶炼遗址、出土实物、文图史料、声光电技术等，全面展示该遗址50年来的发掘成果。2022年国家文物局信息显示，该馆现有藏品近万件。

古铜矿遗址的发现和发掘,初步回答了中国青铜时代铜是怎样开采、冶炼这一重要历史课题,为研究中国矿冶技术发展史提供了一批珍贵的实物资料。它有力地说明,中国古代采冶技术有一套独立发展的体系。铜绿山古铜矿遗址内涵十分丰富,除了遗址博物馆内展出的,在保护区内尚有古矿遗存,可供今后发掘研究。

1)遗址博物馆(新馆)

2023年6月,铜绿山古铜矿遗址博物馆对外试运营。新馆建筑面积1.2万平方米,将主体建筑以矿道形式融入山体形态之中,开设多个特色展厅,馆藏文物近1万件,陈列精选展品703件(套),珍贵影像420余幅。

室外展示区域超14万平方米,包含铜源广场、矿工足迹、战国炼炉、明代焙烧炉、采矿机械、铜草花海等20余个景点,全面呈现我国青铜文化的起源和发展历程。

(1)"铜山有宝"厅:"铜山有宝"厅是铜绿山古铜矿遗址博物馆的一个重要展厅,展示了铜绿山古铜矿遗址的丰富历史和文化价值。这个展厅通过丰富的考古资料向游客呈现了铜绿山作为中国青铜文化奇迹、中国矿冶考古奇迹的历史背景和重要性。

(2)"找矿有方"厅:"找矿有方"厅主要介绍古代寻找矿藏的方法和技巧。这个展厅通过展示各种工具和模型,向游客展示古代矿工如何通过观察地形、分析岩石、使用简单的探测设备等方法来寻找矿藏。

(3)"采矿有道"厅:"采矿有道"厅主要展示了古代采矿的技术和方法。通过展示古代矿井的相关知识,科普了古代如何寻找矿藏和进行采矿。展览内容包括各种美丽的矿石展示、遗址的发掘过程介绍、古代采矿技术的讲解等。通过这些展示,观众可以深入了解古代采矿的技术和方法,感受古代人民的智慧和勤劳。

(4)"炼铜有术"厅:"炼铜有术"厅通过生动的展陈形式,向世人呈现了铜绿山作为中国青铜文化奇迹、中国矿冶考古奇迹的历史文化价值。该展厅内有模拟的古代矿道,内外呼应,逐层上升,融入古老的铜矿山中。游客可以近距离观察到数千年地质风化作用及现代机械采矿挤压略变形的采矿井巷遗迹,仿佛穿越回3000多年前的地下采矿场景。

(5)"青铜有源"厅:"青铜有源"厅展示了铜绿山古铜矿遗址的考古发掘过程和重要发现。博物馆内设有入口大厅、展览区、互动体验区等,通过实物展示、模型复原和多媒体互动等方式,生动再现了古代采矿和冶炼的场景。该博物馆不仅是对历史的回顾,更是对青铜文化的传承和弘扬,吸引了大量游客和学者前来参观和学习。

2)春秋采矿遗址(老馆)

天地一洪炉,九州共胜迹。铜绿山古铜矿遗址被列为全国重点文物保护单位,两次被列入《中国世界文化遗产预备名单》,被评为中国20世纪100项考古大发现,被授予"持续开采时间最长的古铜矿遗址"吉尼斯世界纪录。

为什么称为"铜绿山"?《大冶县志》记载:"铜绿山山顶高平,巨石对峙,每骤雨过时,有铜绿如雪花小豆点缀土石之上,故名。"铜绿,是铜矿经氧化后形成翠绿色美丽花纹,状如孔雀的羽毛,故又名"孔雀石",我国古代称为"绿青""石绿"。

　　铜绿山古铜矿遗址是如何发现的？据说长久以来，铜绿山周围到处都是炼铜的炉渣，面积达14万平方米，最厚处3米多，铜渣总量至少有50万吨。这些来历不明的铜渣任凭风吹雨淋、日晒夜露，春去秋来，无人问津。后来来了一支地质勘探队，一堆堆铜渣引起了他们的注意。1973年，大冶有色金属公司铜绿山矿在露天生产剥离中，电铲掘进到离地表40多米深的矿井时，发现大量古坑木，以及多件铜斧，于是便将一把重达3.5千克的铜斧邮寄至中国历史博物馆，并函告了这里的情况，请他们做鉴定。由此拉开了对铜绿山古铜矿遗址考古发掘的序幕。

　　在此后的十几年考古发掘中，在2平方千米范围内，发现了大量古矿井、古炼炉，一个历经商代晚期、西周、春秋、战国，一直延续到西汉，持续采冶时间长达1000余年的巨大古铜矿遗址终于揭开神秘面纱，举世震惊。

　　该馆是中国第一座反映古代矿冶科技史的专门性博物馆，1984年建成开放，再现迄今为止中国最久远、规模最大、保存最完整的古代铜矿采掘现场。博物馆展览大厅长36米，宽30米，高14米。400平方米的考古发掘现场内，清晰地展示了春秋时期运用木制榫接方框支架维护的竖井70个，平巷66条，盲井、斜井各1个。它们纵横交错，层层迭压，再现了当时开拓井巷、采掘矿石的情况。排水巷道和木制水口蜿蜒其间，一件件出土的工具依然放置在当时使用的地方。大厅四周墙裙上复原的地质剖面，与遗址现场浑然一体，加强了大厅的现场感。设置在大厅南侧的辅助陈列室，运用出土文物、矿石标本、照片、图表、模型等反映了遗址的地质地貌、发掘经过、年代测定、采冶结合等状况，并陈列有出土器物。此外，大厅外东南向约20米深的地下，还保护有西周至春秋时期面积达2000平方米的采矿遗存。

　　采用木支护结构井巷进行地下开采，是铜绿山矿区古代开采技术的显著特点。其开采深度一般在30—40米，有的深达60余米，已低于当地潜水位20余米。此外，在采矿方法、矿井提升、通风、排水以及工具制作等方面也有不少创造。采冶结合是铜绿山古铜矿的又一特点，春秋早期即已采用鼓风炉炼铜。遗址内遗存的古代炼渣均呈薄片状，流动性能良好，冶炼温度控制在1200 ℃左右，渣样分析显示，渣型合理，渣含铜大多低于0.7％，粗铜纯度已达94％，表明铜绿山古代冶炼技术已达到较高水平。

　　铜绿山古铜矿遗址是中国发现并科学考古发掘的第一个古矿冶遗址，它的发现，填补了我国考古史、冶炼史的空白。许多专家学者参观后，将铜绿山古铜矿遗址誉为"世界第九大奇迹"（秦始皇陵为世界第八大奇迹）、世界文化遗产瑰宝，可与中国长城、埃及金字塔相媲美。该遗址不仅是中国青铜文化的重要发源地之一，还展示了古代采冶技术的先进性。

（二）黄石矿物晶体奇石文化博览园

1.游览路线

　　游客中心—"石头的故事"国家级博物馆联展—"一带一路"国际宝石矿物精品展—"晶彩世界"刘光华博士矿物科普馆（见图2-3、图2-4）。

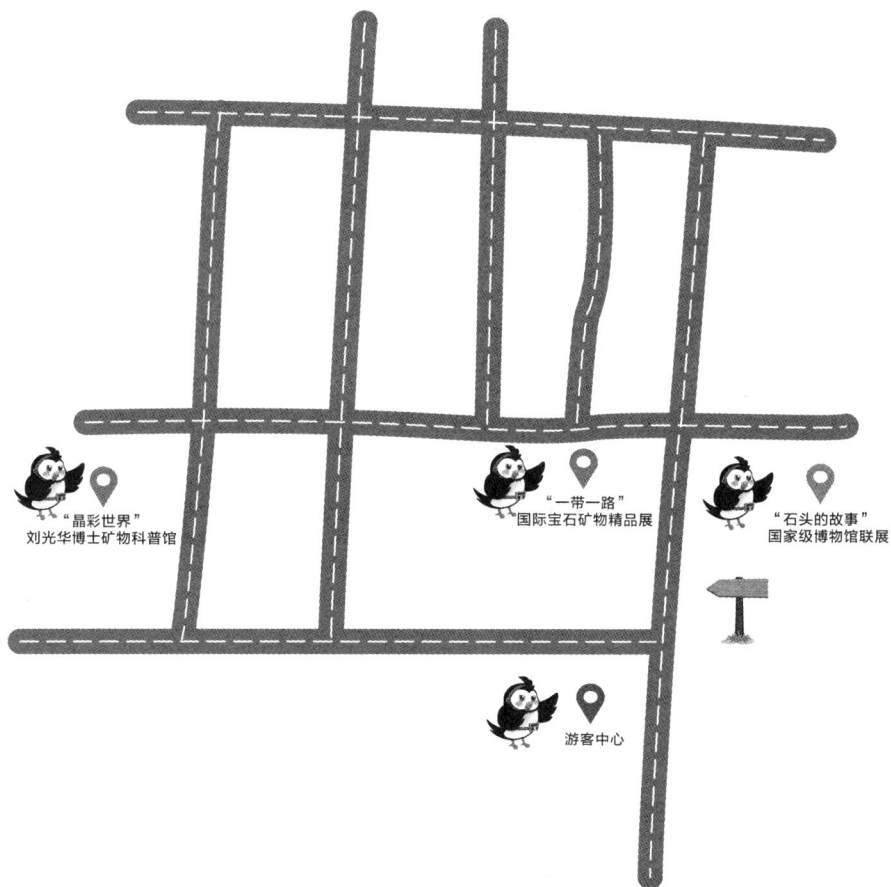

图 2-3　黄石矿物晶体奇石文化博览园游览线路图

图 2-4　黄石矿物晶体奇石文化博览园游览示意图

2.景点介绍

黄石矿物晶体奇石文化博览园(简称"黄石矿博园")位于黄石市大冶湖新区的核

心区域,南邻黄石华侨城游乐园及大冶湖,东接湖北(黄石)地质博物馆,北靠黄石奥林匹克体育中心。黄石矿博园占地面积100亩,建筑面积10万平方米,于2016年9月建成开放,是以"矿物晶体奇石文化"为主题的国家3A级旅游景区,也是华中地区最大的矿物晶体奇石宝玉石展示鉴赏交易市场、华中地区唯一的一个以地学为主题的科普教育基地。当前园区共有20余栋建筑,分南、北两个区域。其中,南区为国际矿物精品销售、展示馆,以及地学科普校外课堂、文创商品销售展示馆等;北区为矿物晶体交易区,由国内外优秀矿商石商入驻经营。

黄石矿博园已经成为集中展示黄石矿冶文化、矿物晶体和奇石等资源、地质科普的对外窗口,被命名为全国科普教育基地、国家中小学生研学实践教育基地。黄石市政府在黄石矿博园每年举办影响力远播海外的地矿科普大会,高高扛起地矿科普大旗,黄石"中国科普胜地,世界地矿名城"的名声不胫而走,"中国最美工业城市"成为黄石一张崭新的对外名片。

1)"石头的故事"国家级博物馆联展

"石头的故事"国家级博物馆联展位于黄石矿博园2号馆。馆内收集了来自我国湖南省地质博物馆、武汉中华奇石馆、河南省地质博物馆、四川崇州天演博物馆、重庆自然博物馆五个省市的博物馆联合展览的典藏精品。整个展览分为"岩石-地球历史的记录者、矿物-组成岩石的精灵、化石-地层中的奇异文字、观赏石-人文视觉下的美石"四个主题板块。

(1)"岩石"展厅主要介绍了岩石的形成过程,以及地层、地质构造等知识,展出了包括岩浆岩、沉积岩、变质岩、火成岩、陨石等诸多实物。

(2)"矿物"展厅主要介绍了矿物所透露的地球年龄密码,地球已知的矿物数量,鉴定矿物的难度,矿物的分类、硬度、颜色、晶簇、晶系、光泽等相关知识,展出了诸多具有代表性的矿物原石、矿物晶体。

(3)"化石"展厅主要介绍了化石形成的过程和保存类型,以及无脊椎动物化石、多样的植物化石、化石记录、恐龙化石以及恐龙时代其他动植物等相关知识,展出了植物化石、恐龙化石、海洋古生物化石等。

(4)"观赏石"展厅主要介绍了中国的赏石传统和分类、观赏石评价标准等知识,展出了中国奇石文化的代表性石头。

整个展馆通过独特的叙事结构把四个主题展厅巧妙地融为一体,让游客在与石头的对话中见证时光,感知生命。

2)"一带一路"国际宝石矿物精品展

"一带一路"国际宝石矿物精品展位于黄石矿博园6号馆,馆内以亚洲、欧洲、北美洲、南美洲、大洋洲、非洲六大洲的矿物为主题进行布展,重点突出了"一带一路"核心国家,即巴西、俄罗斯、印度、中国和南非等金砖国家的展品特色。亚洲矿物中有来自印度的束沸石、中国云南的祖母绿等,欧洲矿物中有来自瑞士的水晶、意大利的自然硫＋水晶等,北美洲的矿物有来自美国的水晶、加拿大的方解石等,南美洲的矿物有来自巴西的云母球状晶簇、委内瑞拉的金红石等,大洋洲和非洲的矿物分别有来自新西兰的珊瑚和中非的水晶等。整个展馆让游客了解到了全球矿物的丰富性和多样性,以更加开阔的视野探索世界各地的矿物。

3)"晶彩世界"刘光华博士矿物科普馆

"晶彩世界"刘光华博士矿物科普馆位于黄石矿博园3号馆,馆内展出的展品均为德籍地质学家刘光华博士及夫人杨彩萍女士所捐赠。馆内分矿晶洞、色彩厅、成因厅、采宝厅、鉴宝厅、用宝厅、赏宝厅七个主题区域,既展示了绚丽夺目的矿物宝石精品,同时配合相应的情景设计和通俗易懂的科普互动技术,生动形象地展示了矿物宝石与大自然的美丽神奇。

(1)矿晶洞如同真实的玄武岩矿洞一般,在此可观察矿晶的生长状况。

(2)色彩厅展示了矿物的天然色彩,介绍了红、绿、蓝、黄、粉、橙、紫、白、青等常见的矿物颜色以及代表矿物等。

(3)成因厅重塑了矿物的生长环境,介绍了矿物的基本概念,矿物、矿石、岩石之间的区别,以及岩浆岩矿物、沉积岩矿物、变质岩矿物的三大分类及转化循环过程等。

(4)采宝厅演示了矿物开采的艰辛过程,介绍了实验室矿物的基本情况、矿物宝石开采与野外采集装备与工具,以及矿物晶体形成的困难过程和采集过程等。

(5)鉴宝厅介绍了矿物的鉴定特征,如矿物颜色、形状、硬度、导电性、磁性、放射性、荧光性等。

(6)用宝厅解释了矿物的广泛用途,包含矿物与生活,矿物与宗教、文化,矿物与科技、工业,矿物与文明等各方面。

(7)赏宝厅展陈了精美绝伦的矿宝,介绍了宝石的概念、特点、加工制作过程,以及五大珍贵宝石和中国玉石等相关知识。

整个展馆为游客提供了一个全方位认识矿物、了解矿物的绝佳场所,激发了大家爱惜地矿资源、保护自然遗产的热情。

(三)黄石国家矿山公园

1.游览路线

游客中心—城市记忆—1890矿乐谷—0051蒸汽机车—主碑—矿冶文化展览馆—矿冶博览园—日出东方广场—怀盛亭—矿冶大峡谷(亚洲第一天坑)—槐花林(见图2-5、图2-6)。

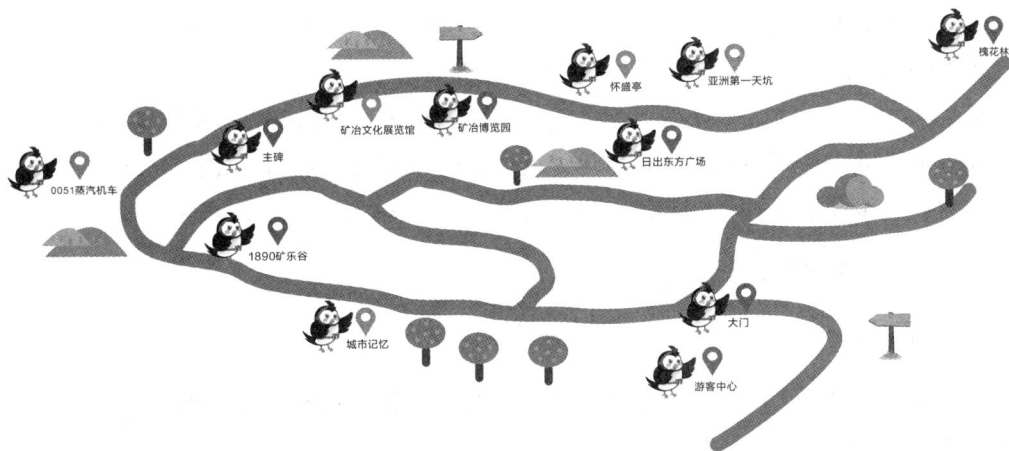

图 2-5 黄石国家矿山公园游览线路图

图 2-6 黄石国家矿山公园游览示意图

2.景区概况

黄石国家矿山公园位于黄石市铁山区境内,占地30平方千米,是在大冶铁矿东露天采场基础上改建而成,为全国工业旅游示范点,获得国家工业遗产旅游基地称号。2007年,黄石国家矿山公园正式建成开园,成为中国第一家国家矿山公园。黄石国家矿山公园被评为国家4A级旅游景区,入选《中国世界文化遗产预备名单》、第一批《中国工业遗产保护名录》。

黄石国家矿山公园融合了丰富的工业遗产资源、悠久的历史开采文化、秀美的自然风光和现代化游乐设施,是工业旅游的代表性景区。当前主要景观有矿冶大峡谷、矿冶博览园、日出东方广场、槐花林、矿冶文化展览馆等。其中,矿冶大峡谷被誉为"亚洲第一天坑",日出东方广场是为纪念毛泽东同志视察大冶铁矿的光辉历史,风景如画的槐花林更是创造了在石头上种树的奇迹。此外,还设有井下探幽、悬崖飞轮、矿洞过山车等特色体验项目,让游客朋友沉浸在矿山公园精心打造的欢乐海洋。

（四）华新1907文化公园

1. 游览路线

游客中心(时光草坪)—新包装车间—旧装车站台—粗磨车间—细磨车间— 湿法回转窑区(见图2-7、图2-8)。

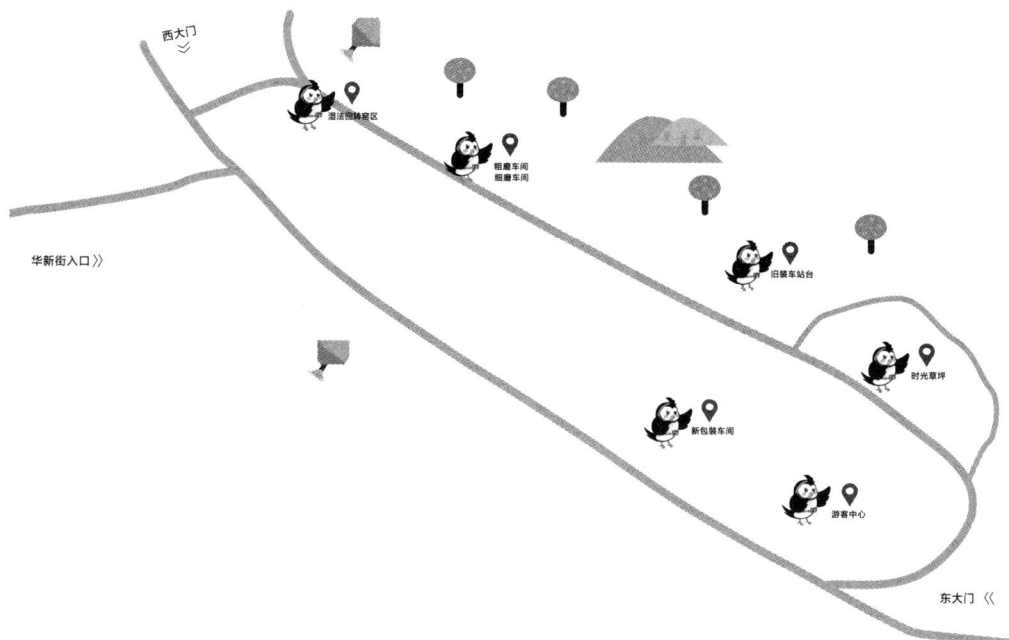

图2-7　华新1907文化公园游览线路图

2. 景区概况

华新1907文化公园,位于黄石市黄石港区,依山面湖临江,地处黄石市中心地带。公园以华新水泥厂旧址文保区为核心区,东连长江,西接磁湖,南临城区商业街,背靠牛头山、枫叶山,直通湖北师范大学,文化底蕴丰厚,区位优势明显。

华新1907文化公园由前身为大冶湖北水泥厂的华新水泥厂旧址蝶变而来,始建于清光绪三十三年(1907年),是我国近代较早开办的水泥厂之一,被誉为"中国水泥工业的摇篮"。园区现有文物单元84处,配套设施7.39万平方米,遗存设备332台套,非标件535件,是现存生产时间最长、保存规模最大、保存最完整的我国水泥工业遗存,见证了中国水泥工业从萌芽、发展到走向现代的历史进程。

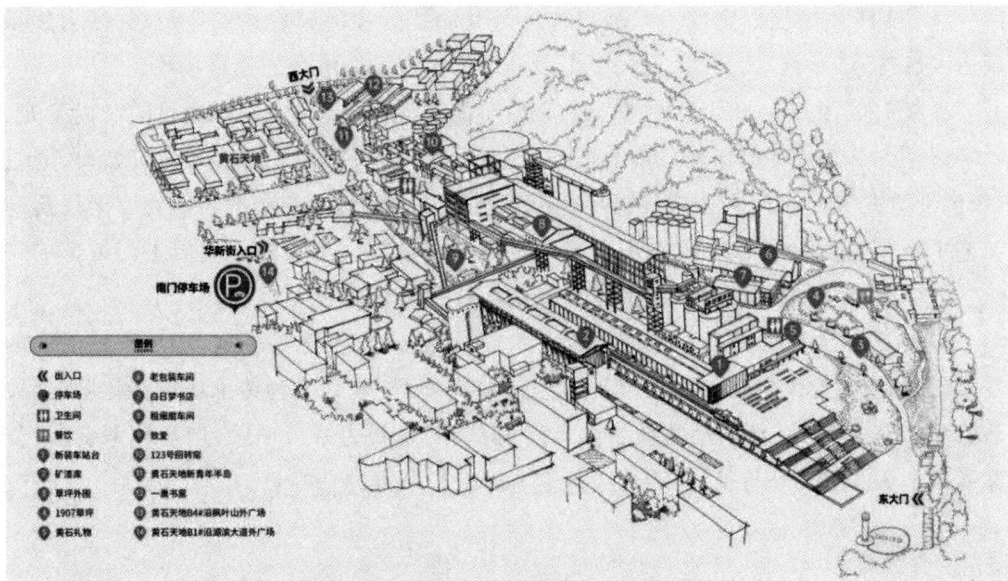

图 2-8　华新 1907 文化公园游览示意图

华新水泥厂旧址作为"黄石矿冶文化遗产"的核心组成部分,被列入《中国世界文化遗产预备名单》,成为中国唯一一处列入该名单的工业遗产项目。华新水泥厂旧址被公布为第七批全国重点文物保护单位、第三批国家工业遗产,获评湖北省文化遗址公园、国家工业旅游示范基地、湖北省"最美文旅新空间"、中国文联"文艺两新"聚集区实践基地等。

近年来,为了将旧址进行更好地活化利用,黄石市委、市政府创新模式,由政府主导,市城发集团投资运营,在《华新水泥厂旧址保护总体规划》基础上,制定了《黄石市特色空间规划及华新水泥厂旧址片区修建性详细规划》,按照突出活化利用,传承文化脉络定位,形成文博、文创、文商三大主题产品,着力打造国家级文保活化利用示范区,城市更新试点新地标。

(1)文博片区拟打造中国水泥博物馆、工业遗产展示与活化利用学术中心、青少年爱国主义教育基地。业态包括工业遗产本体展示、亲子教研学堂、匠人工坊等。已完成核心粗、细磨车间和 1、2、3 号湿法回转窑的保护性修缮,其功能用于市民和游客参观及科普教育,目前已免费对外开放。

(2)文创片区定位为先锋文化集聚地和文创产业园区,包括东门广场、五羊巷、新青年半岛区域。目前,矿渣库布置了华新 1907 百年荣光展;新装车站台布置了黄石城市更新展和非遗文创空间;草坪区域独具烟火气息的城市营地已实现常态化运营。维修班、铁路班、销售科建筑活化利用为网红书店、茶室、红酒庄,已对外运营;新包装车间、水泥库活化利用项目已启动,拟建设历史人文精品酒店;五羊巷片区拟与湖北美院共同建设"湖北美术学院协同创新示范基地";同步启动包装车间、送风机房活化利用项目,培育文化产业新亮点。

（3）文商片区规划定位为以城市辅助公共功能为主的开放式商业街区、活力娱乐聚焦区、夜经济示范区，打造历史、文化、娱乐、艺术与商业融合的消费场景。

华新1907文化公园无疑是黄石这座城市的文化先锋，一个引人注目的时尚新宠，一个过去与未来、现实与理想组合的试验场，将诗与远方的情思融入城市烟火，通过"新生活方式"和"新职业方式"的逐步开启，给予了人们更多想象的可能性。老厂房与新艺术混搭，蓝天与绿地辉映，历史感与空间美交融……沧桑的工业历史与浓郁的文化气息扑面而至，成为黄石独有的工业文化标签和旅游品牌。

华新1907文化公园通过对原有工业空间脉络、环境基底的梳理，应用现代时尚的设计语言和新技术，将原本失活冰冷的空间重新唤醒，使之成为传承城市文化脉络、展示历史底蕴、丰富文化活动的新载体，整个街区的焕新为城市形象、产业转型、经济复苏带来了新的机遇和价值，也将成为工业遗产保护开发的新样板。

二、示例导游词

（一）黄石国家矿山公园

黄石国家矿山公园导游词如下所示。

游客朋友们：

大家好！欢迎来到有"百里黄金地，江南聚宝盆"之称的城市——黄石。我是你们的导游"石头"，大家都知道，黄石矿产资源十分丰富，有"青铜故里""钢铁摇篮""水泥故乡"的美誉，今天我们一起走进一个和钢铁密切相关，见证中国工业历史和矿冶文化互相融合的地方，它就是黄石国家矿山公园。在正式游览前，我先简单介绍下黄石国家矿山公园的整体概况。

黄石国家矿山公园位于黄石市铁山区境内，是在大冶铁矿东露天采场的基础上改建而成。大冶铁矿由铁门坎、龙洞、尖林山、象鼻山、狮子山、尖山等矿体组成。据史料记载，大冶铁矿自三国时期就开始有采矿冶炼的活动，直到1890年，湖广总督张之洞兴办洋务，选择将这里作为汉阳铁厂原料基地，大冶铁矿由此成为中国第一家利用大型机器开采的露天铁矿。1908年，在盛宣怀的主持下，汉阳铁厂、大冶铁矿、萍乡煤矿三家企业合并，组成了日后被誉为"亚洲第一雄厂""中国钢铁工业摇篮"的汉冶萍煤铁厂矿公司。抗日战争时期，日军对大冶铁矿进行疯狂掠夺，大冶铁矿遭受了巨大的劫难。中华人民共和国成立后，国家重建大冶铁矿。投产后的大冶铁矿成为全国十大铁矿之一，被誉为"武钢粮仓"。毛泽东曾于1958年亲临大冶铁矿视察，留下了"开发矿业"的重要指示精神。

经过 100 多年的大规模机器开采,大冶铁矿到 21 世纪初,其铁矿资源保有储量已不足 3000 万吨,被国家列为"危机矿山"。为摆脱对矿产资源的深度依赖,实现可持续发展,大冶铁矿积极探索绿色发展之路。2005 年,国土资源部在全国范围内对矿业遗迹保护完整、环境条件优越、开发条件成熟和总体规划合理的矿山进行矿山公园申报。2005 年,黄石国家矿山公园成为全国首批、湖北省唯一的国家级矿山公园。经过两年多的建设,黄石国家矿山公园于 2007 年正式开园,被评为国家 4A 级旅游景区,它同时也是全国工业旅游示范点,入选了《中国世界文化遗产预备名单》和第一批《中国工业遗产保护名录》。

黄石国家矿山公园当前主要景观有矿冶大峡谷、矿冶博览园、日出东方广场、槐花林、矿冶文化展览馆等,此外,还设有井下探幽、悬崖飞轮、矿洞过山车等特色体验项目。现在,让我们追忆历史,追寻伟人毛泽东的光辉足迹,开启一场中国矿冶文明的探索之旅。

大家眼前看到的是景区大门,它是由两台相同的履带式单铲挖掘机构成,是大冶铁矿在 1955—1956 年从苏联引进的重要采掘设备。矿山公园变废为宝,对这两台机器进行可持续利用,将它们组合在一起构成景区大门,创意感十足。它们一左一右对称排列,如同两个威武高大的机器人,守护着矿山公园。

现在到达的景点是"城市记忆"。大家看,这条铁路轨道是由七种颜色构成,被称为"七彩运道",其"多巴胺"色系代表了阳光、活力和快乐,也因此备受人们喜爱。在旁边,我们可以看到前后依次整齐排列的七个大钱币,它被称为"古币钱眼",分别展示了秦朝半两、汉朝五铢、唐朝开元通宝、宋朝大观通宝、元朝大元国宝、明朝永乐通宝、清朝乾隆通宝七个朝代的钱币。矿山公园通过现代的设计手法,创新性地将钱币的形态和意义融入雕塑中,形成了一种独特的艺术形式,既让游客更好地了解钱币的历史背景,也向游客传递着财富和吉祥之意。大家可以穿过这七个古币钱眼,感受下古币的厚重历史和美好寓意。

现在我们看到的是"1890 矿乐谷"。这是以大冶铁矿开办时间命名的游乐园,也是亲子家庭的欢乐海洋,它的动力、无动力游乐设施齐全,种类丰富,深受小朋友和大朋友的喜爱,而且包含拓展基地、自然课堂等寓教于乐的体验项目,是兼具休闲娱乐和科普教育的儿童亲子乐园。

大家看,园区南门旁有一台蒸汽机车,它是矿山公园的"0051 号上游型蒸汽机车"。上游型蒸汽机车又称为"上游型工矿用小型蒸汽机车",这辆机车是大连厂和唐山厂在 1959 年联合设计的,被命名为"上游型",这款 0051 号是其中的第 51 台车,该车型于 1967—2006 年在矿山服役,具有性能良好、经济实用、结构可靠等优点。它源源不断地将大冶铁矿的优质矿输送到武钢,是一辆充满了历史感和使命感的机车设备。

现在映入眼帘的高大建筑是矿山公园的标志性景观——主碑。它造型独特,是由露天采矿设备牙轮钻的长臂和磨矿设备的衬板组成。主碑屹然挺立,直上苍穹,似乎在以一种"敢教日月换新天"之姿,诉说着大冶铁矿辉煌灿烂的矿冶文明和绿色转型的生态之变。

各位游客朋友,现在我们来到了矿冶文化展览馆。馆内通过文字、图片、实物、视频等多种形式,展示了大冶铁矿从古至今约1800年的历史脉络,见证了大冶铁矿壮阔的红色发展历程。

从三国时期(公元226年)开始,孙权就在铁山大兴炉冶,制造刀剑以抗衡魏蜀,拉开了大冶铁矿辉煌的开采史。南北朝时期,宋、齐、梁、陈各代均在此地冶铁造刀剑和农具。隋朝建立初期,晋王杨广在此设十炉铸造五铢钱。北宋年间,朝廷在铁山之东设磁湖铁务,大规模开采并冶炼铁山的铁矿。南宋时,岳飞屯兵鄂州,派士卒在铁山采矿冶炼,锻造成了"大冶之剑",并率用"大冶之剑"武装起来的岳家军多次战胜金兵。朱元璋建立明朝后,因全国存铁过多,下令关闭各地官铁冶。此后数百年间,铁山铁矿的开采冶炼活动逐渐被人遗忘,直至洋务运动时期张之洞开办大冶铁矿,它才重现于世,大冶铁矿由此开启了工业化发展的新篇章。

现在我们看到的是馆内"一座矿山"的主题区域,这个板块主要展示了中华人民共和国成立后,一代领袖毛泽东视察大冶铁矿的画面。一张张弥足珍贵的老照片,不仅让我们感受到了共产党伟大领袖的风采,也见证了大冶铁矿在那个火红年代艰苦奋斗、自强不息的矿冶精神。现在大家所在的是"一星火种""一场抗战"两个主题区域,大家都知道,近代的中国积贫积弱,备受列强欺凌,而大冶铁矿的开办不仅促进了中国工业发展,而且推动了中国新兴的工人阶级登上历史舞台,为党播撒革命火种提供了有利条件。抗日战争时期,大冶铁矿的工人在党的领导下为反抗日本侵略者进行了不屈不挠的英勇斗争,在波澜壮阔的革命历程中烙下了深深的红色印迹。接下来,我们走进的是"一种传承""一个梦想"两个主题区域。中华人民共和国成立后,百废待兴,大力发展重工业成为国家经济建设的主要目标。在党的指引之下,大冶铁矿涅槃重生,迎来了新的希望和曙光。共产党人不忘初心、牢记使命,在矿山上接力奋斗、攻坚克难,为国家的工业化建设贡献了自己的青春和力量,谱写了一曲曲感天动地的奋斗赞歌,让红色血脉赓续传承。现在我们看到的是"一片槐林""一座公园"两个主题区域。习近平总书记说"绿水青山就是金山银山",为实现可持续发展,共产党人在矿山上进行生态修复,种植槐花树,打造了全国第一个矿山公园,实现了大冶铁矿的绿色转型,为全国矿山的转型发展提供了积极的示范和宝贵经验。

各位游客朋友,现在大家进入的是矿冶博览园。这里陈列的主要是20

世纪60年代至90年代服役于大冶铁矿的采矿、运输设备,其中有来自美国的伟步克矿用自卸车、日本的装卸机等进口设备,也有我们国产的双机液压台车以及坦克吊车等。它们如同一个巨大的"变形金刚",高大威武,为大冶铁矿和中国钢铁事业的迅猛发展立下了汗马功劳。此外,园内还陈列了一些钢雕艺术作品,这些是矿山人发挥聪明才智,利用工业边角余料和废弃元器件制成,大家看,这是为纪念洋务运动先驱张之洞而制作的钢雕作品。毛泽东在谈到中国民族工业发展时曾指出,"办重工业,不能忘记张之洞"。作为"晚清四大名臣"之一,张之洞在中国近代工业发展史上留下了浓墨重彩的一笔。

　　张之洞早年在翰林院任职,是清流派重要成员。出任山西巡抚后,他开始热心洋务事业。1884年,张之洞擢升两广总督,在两广总督任内,他极力推广洋务运动,在广州创设黄埔造船厂和船政局,在番禺设枪弹厂,他认为"凡武备所资,枪炮、军械、轮船、炮台、火车、电线等项,以及民间日用、农家工作之所需,无一不取资于铁",他奏准清廷,准备在广州珠江口南岸建设新式钢铁厂。1889年,清廷为修筑铁路问题,内部发生了一场大争论。时任两广总督张之洞力认为,"以修路之利,通土货,厚民生为最大,征兵转饷次之",提出芦汉铁路是"干路之枢纽,枝路之始基,而中国大利之荟也"。张之洞的提议得到清廷的支持。同年,清廷调张之洞任湖广总督,督修芦汉铁路南段。张之洞认为,铁路修造应尽量用中国材料与中国资本,因此要大规模开采矿山。随着张之洞改任湖广总督,原计划在广东开办的钢铁厂,改到了湖北兴建。这时,张之洞注意到了大冶铁矿,他要求湖北巡抚奎斌详询大冶、兴国一带州县,调查大冶铁矿的情况。盛宣怀听说后,便致电张之洞,说在光绪三年(1877年),他已聘请英国矿师郭师敦勘得大冶铁矿,并买下了几座有矿之山,如张之洞要铁矿,他可以把买下的有矿之山交给张之洞开办。张之洞于是派遣英国矿师巴庚生、德国矿师毕盎希、司瓜兹等赴大冶铁山复勘。1890年3月底,复勘结束,矿师回省报称大冶铁矿"百年开采亦不能尽"。如每年开采10000吨,可供开采2000年。于是张之洞在兴建汉阳铁厂的同时,开办了大冶铁矿,采铁山之铁,炼中国之钢,将大冶铁矿作为汉阳铁厂的原料基地。1893年大冶铁矿投产,成为中国第一家用机器开采的大型露天铁矿,大冶铁矿也因此迈入了工业化发展的新时代。

　　作为洋务派领袖之一,张之洞力倡中体西用、官办实业,在主政湖北的18年里,他大力推行洋务运动,先后创办了汉阳铁厂、湖北枪炮厂,设织布、纺纱、缫丝、制麻四局,在工业、教育、军事和交通等方面进行了全面的改革和发展,对湖北乃至近代中国的现代化进程都有着举足轻重的作用。张之洞也与黄石结下了深厚的不解之缘,除了大冶铁矿,他在黄石还相继督办了王三石煤矿、湖北水泥厂、大冶钢铁厂等重工业,修筑了铁山运道,有效地推动了黄石城市现代化的进程。

现在大家看到的是429女地质队员的钢雕作品。中华人民共和国成立后，大力发展重工业成为国家发展的主旋律。为勘探工业发展所需的铁矿资源，1951年11月，在援助中国建设的苏联专家指导下，大冶资源勘探组成立；1952年5月，中国第一支地质勘探队429地质队也在大冶铁矿成立，该队以大冶铁山为中心，对铁山矿区及大冶境内的灵乡、金山店、铜绿山，以及鄂城的西山、雷山、程潮等铁矿进行全面勘探，共投入70余台钻机进行钻探。为什么这支队伍的代号为"429"？原来，"429"中的"4"代表中南区，"2"代表详查工作，"9"代表第九队，"429"指的是中南区地质详查工作第九队。当时的勘探条件十分艰苦，但在这支队伍里，诞生了中华人民共和国的第一批女地质队员，巾帼不让须眉，她们也成为大冶铁矿一道美丽的风景线。矿山虽然经过千余年的开采，仍是一座大型露天铁矿，可作为华中钢铁中心的主要原料基地。中央决定重建大冶铁矿，作为新建华中钢铁中心——武汉钢铁公司的主要矿石供给地。重建后的大冶铁矿，迅速形成年生产原矿440万吨、年选矿430万吨的综合生产能力，可以生产铁精矿、铜精矿、钴硫精矿、块矿、粉矿等矿石产品，可以直接和间接回收铁、铜、硫、钴、金、银等金属和非金属元素，成为全国十大铁矿生产基地之一。

各位游客朋友，1958年9月15日对于大冶铁矿来说是一个意义非凡的日子，因为这一天，一代伟人毛泽东亲自来到黄石视察大冶铁矿，这里也是毛主席一生唯一到过的铁矿山。接下来让我们沿着伟人的足迹，进入"日出东方广场"，瞻仰毛主席的音容笑貌和光辉形象。

大家看，眼前这座大矿石形似中国版图，它距离我们伟人雕塑58.915米，其意是纪念毛主席1958年9月15日视察大冶铁矿的日子。大家有没有发现，当我们靠近毛主席雕塑时，就会发现毛主席雕塑越高大，与其背后的山体形成了一种对比，寓意毛主席人格伟大，比山还高。眼前的这座毛主席手托矿石的石雕，它重58吨，净高9.15米，也是寓意1958年9月15日毛主席视察大冶铁矿这个具有历史意义的日子。

毛主席曾经两次亲临黄石视察，第一次是在1953年，1953年2月19日，春寒料峭，毛主席乘坐"长江号"舰艇视察长江。天黑时分，他看到岸上灯光闪烁。随行的人告诉他这里是湖北黄石，毛主席立刻提出要上岸看一看。负责保卫的同志劝阻，说黄石连马路也没有，很不方便。毛主席却说："路不好，我就是骑毛驴也要去看看。"湖北省档案馆藏资料记载，下船后，毛主席一行人直奔大冶钢厂。从炼钢、铸钢、锻钢到轧钢，毛主席在车间从南走到北，把钢厂生产一线从头看到尾。毛主席第二次视察黄石是在1958年。1958年9月13日，毛主席亲临武钢，出席了隆重的第一炉铁水出炉庆典。9月15日，毛主席原本要从武汉前往安徽视察，但他临时提出要到大冶铁矿看一看。9月15日10时40分，毛主席来到大冶铁矿视察，陪同视察的有时任国防委员会副主席张治中，中共湖北省委第一书记王任重、书记张平化，黄石市委书记杨锐等。毛主席在东露天采场180米水平处下车，与迎接他的矿山负责人亲切握手，举目环视采场，关切地询问了矿石的出处、储量、品位以及富含元素和开发利用情况。之后忽然问："这里有没有铜草花？"采矿车间主任张松益一边回答"有"，一边跑去摘下铜草花，递给王任重。王任重把铜草花递给毛主席。毛主席观赏紫色的铜草花说："矿石里有铜，开一个矿等于开几个矿，综合利用好。"接着，大家请毛主席到工棚里休息。工棚里放了一张藤椅和几条板凳。毛主席不坐藤椅，和大家一起坐在板凳上。王任重、张平化、杨锐等向他汇报大冶铁矿的建设情况及工人们解放思想，创造一个又一个新纪录时，毛主席不断点头微笑。11时15分，毛主席及陪同人员乘车离开了大冶铁矿。大冶铁矿在毛主席的"开发矿业，综合利用"重要指示精神和殷切希望下，努力奋斗，创造了一个又一个奇迹。

游客朋友们，接下来，我们要去看一个十分壮观的景点，它有着"世界第一高陡边坡"之称，也有着"亚洲第一天坑"的美誉。大家看，这就是震撼心灵的"矿冶大峡谷"，它是大冶铁矿的东露天采场，是由象鼻山、狮子山、尖山三个矿体形成的采矿遗迹，它东西跨度2400米，南北跨度1000米，最大垂直落差444米，坑顶边缘面积达118万平方米，整体形状如同一只从天而降、硕大壮观的倒葫芦。

东露天采场于1951年开始进行地质勘探，累计探明铁矿石储量一亿零三百多万吨。按设计要求，东露天采场分两期进行开采。第一期开采象鼻山、狮子山、尖山的上部矿体，设计规模年采矿290万吨；第二期开采尖山下部矿体及狮子山矿体的小部分，设计规模年采矿200万吨。从1958年恢复投产到1977年底，大冶铁矿已开采近20年，其中东露天采场的第一期开采已慢慢接近尾声。

1978年，改革春风吹遍祖国大地。在东露天第一期开采与第二期开采的衔接上，大冶铁矿决策者同工程技术人员思想非常活跃，对如何进行东露天第二期开采有"天派"与"地派"之争。所谓"天派"，就是主张继续露天开采，对东露天采场进行扩帮延深；所谓"地派"，就是主张东露天闭坑，转入井下开采。最后，工程技术人员经过反复论证，主张东露天采场继续沿用露天开采，并根据东露天矿床埋藏变化和现有开采技术条件，提出东露天二期扩帮延深开采方案。扩帮延深开采方案是投资少、效益好的方案。扩帮，指的是在原开采的基础上，将露天边坡向外扩展，扩大开采范围，这无形增加了"天坑"的长度和宽度；延深，指的是利用扩帮扩大的空间，往下向深部开采，这也增加了"天坑"的深度。

1980年4月，冶金工业部批准《武钢大冶铁矿东露天采区深部开采方案》，并责成长沙黑色冶金矿山设计研究院进行初步设计。1981年，大冶铁矿按长沙黑色冶金矿山设计研究院设计的采场构成要素进行剥离。

东露天采场扩帮延深，是一场矿山生产发展的"大会战"，参加"会战"的有2000多人，钻机、电铲、汽车、电机车等矿山设备全部参加了会战。电铲开上山，劈山开路；钻机开上山，打眼放炮；汽车、电机车开上山，交叉运输，多拉快跑；矿工把行李搬上山，继续守山吃、伴山眠，三班倒"连轴转"，那场面就是一幅"开发矿业、夺矿保钢"的图画。从1981年开始到1985年末，整个东露天扩帮剥离量累计完成6212.7万吨。1985年12月，东露天采场扩帮延深工程胜利竣工投产，冶金工业部矿山司发来贺电："这项工程竣工，为解决武钢矿石原料，增加经济效益，延长露天矿服务年限，作出了重大贡献，是投资少、经济效益好的一个范例。"

自1958年投产，到2005年结束露采，大冶铁矿采出的铁矿石达1.3亿吨，若将这些铁矿石全部炼轧成钢轨，可铺设220多条京九线；生产的矿山铜有32.5万吨，若将这些铜全部制作成工业常用电缆，可以从地球牵到月球；所采黄金约15吨，可制成10克重的项链150万条。可以说，大冶铁矿为中国工业发展作出了不可磨灭的贡献。

现在我们来到了怀盛亭，亭子后面石壁上有摩崖石刻——大冶铁矿盛公纪念碑，它们都是为纪念汉冶萍煤铁厂矿公司的缔造者盛宣怀而建。

盛宣怀虽然是清末秀才出身，但他眼界开阔，懂洋务。同治九年（1870年），盛宣怀成为李鸿章的幕僚，协助李鸿章办洋务。但是清末的处境十分窘迫，一方面要发展洋务企业，实现自强和求富的目标；另一方面，洋务企业需大量钢铁，而民间所产土铁多不合用。更严重的是，一旦洋人的煤铁不来，各工厂只能坐以待毙。煤铁工业可以说直接扼住了中国近代工业的咽喉。因此发展本土钢铁业，逐渐成为洋务派乃至朝野上下的强烈愿望。1874年，时任直隶总督兼北洋大臣的李鸿章，派幕僚盛宣怀到全国各地寻找产煤铁之区，同时引进西方的先进技术和设备，准备创办中国的钢铁工业。1875年，盛宣怀在湖北广济盘塘设立"湖北开采煤铁总局"。

1877年秋，被聘用的英国矿师郭师敦，在交给盛宣怀的勘矿报告中说："大冶县属铁矿较多，惟铁山及铁山槛二山为最……现就探见铁层铁脉有500余万吨之数。若以两座熔炉化之，足供100年之用。"尤为重要的是，此地的铁矿石净质为60%—66%，而世界上最好的铁矿石净质为70%，大冶铁矿足以与英、美等国所产上等铁矿相提并论。盛宣怀闻之大喜。在盛宣怀准备正式开采大冶铁矿时，李鸿章却因经费不足被迫搁置了这一项目。十几年后，盛宣怀又将这一计划告知了张之洞，协助张之洞开办了大冶铁矿。甲午战争之后，朝廷国库空虚，无力维持亏损的官办厂矿企业，1896年盛宣怀从张之洞手中接过汉阳铁厂等厂矿，改官办企业为官督商办，对汉阳铁厂、大冶铁矿进行改造扩建，又开办萍乡煤矿，到1908年，盛宣怀将汉阳铁厂、大冶铁矿、萍乡煤矿合并，组建了日后被称为"亚洲第一雄厂""中国钢铁工业摇篮"的汉冶萍煤铁厂矿公司。盛宣怀是晚清十分杰出的洋务派人才，他创办了许多开时代先河的事业，涉及轮船、电报、铁路、钢铁、银行、纺织、教育等诸多领域，影响巨大，被誉为"中国实业之父"。

　　因矿而兴、以厂而建的黄石，曾经是中华人民共和国的"工业粮仓"。但是过度依赖矿产资源的发展也给环境造成了前所未有的压力。进入21世纪，绿色发展已是大势所趋，产业转型成为黄石经济发展的主线，也成为矿山发展的主旋律。各位游客朋友，我们即将要参观的是亚洲最大的硬岩绿化复垦基地，感受下"石海变绿洲"的绿意和神奇。大家看，这就是亚洲最大的硬岩绿化复垦基地，也是矿山公园的槐花林区。这里总绿化面积366万平方米，创造了在"石头上种树"的奇迹。大冶铁矿一方面在采出铁、铜、黄金等宝贵资源的同时，另一方面也排出了相应的废石，据统计，自1958年投产到2005年结束露采，大冶铁矿排出的废石高达3.64亿吨，并且多为大理岩、闪长岩，这些岩石石质坚硬、难风化，经过日积月累的堆积，延绵十余千米，占地面积400万平方米，对当地的生态环境造成了极大破坏，山体滑坡、水土流失等现象十分严重，可以说这里当时是"寸草不生，鸟兽绝迹"。

　　从20世纪80年代开始，矿山人积极寻求转型之路，以"不破楼兰终不还"的勇气和决心，通过植绿的方式积极治理废石问题。在试验了20多种树木后，终于发现根须丰富、抗旱和固氮能力强的刺槐，能够在这些岩石上存活。矿山人抓住机遇，万众一心，"父子兵""娘子军""白发团"齐上阵，大力营造生态矿山的"绿色工程"。经过一代又一代人的不懈努力，矿山人在废石场上先后栽种了100多万株刺槐，最终形成面积达360多万平方米、亚洲最大的硬岩绿化复垦基地，创造了在石头上种树开花的奇迹。

　　过去的"石海"已然变成了今天的"绿洲"。昔日疮痍满目、荒芜衰败的废石场，如今已绿树成荫、鸟语花香。矿山人矢志不渝地践行着习近平总书记"绿水青山就是金山银山"生态文明理念，用智慧勤劳的双手绘就了一张张美丽的生态文明图景。自2012年起，矿山公园每年4月举办的槐花旅游节吸引了来自全国各地的赏花游客，香槐雪海与人山人海相映成趣，漫步在万亩槐花林中，宛如置身仙境，让人流连忘返。除了槐花美景，这里还有槐花包子、槐花饼、槐花糕、槐花茶等，不一而足。以槐花为原材料的美食市集，为人们所津津乐道，成为游客必打卡的特色美食。

　　千年炉冶，生生不息，百年烟云，壮丽辉煌。从大冶铁矿蝶变为黄石国家矿山公园，这一历程既恢宏地展示了中华民族千年悠久发展史、百年强国复兴梦，又坚定地绘就了新时代的美丽中国梦。感谢大家的倾听与陪伴，我们的行程到此就圆满结束了。期待大家下次再来到黄石国家矿山公园，感受矿山公园独具特色的人文历史和生态奇迹。祝大家生活愉快、旅途平安！

Note

（二）华新1907文化公园

华新1907文化公园导游词如下所示。

游客朋友们：

大家好！

欢迎来到被誉为"中国水泥工业摇篮"的华新水泥厂旧址（华新1907文化公园），我是导游"石头"。接下来，将由我为大家讲述华新水泥厂旧址的前世今生。希望我的讲解不仅能让大家了解到中国水泥工业从萌芽、发展到走向现代化的历史进程，感受到百年华新在中国水泥工业发展中的重要地位和价值，还能深刻体会到由华新水泥厂旧址蝶变而来的华新1907文化公园在"延续城市文脉、活化工业遗址"上的探索和努力。

华新水泥厂始建于1907年，位于黄石港区枫叶山脚，现存有进口的全套系统完整的两条湿法水泥窑生产线和一条由华新人自主设计、施工，并于1977年建成投产的湿法水泥窑生产线，以及四嘴装包机，高、低耙机及皮带运输机等设施设备，是我国现存生产时间最长、保存规模最大、保存最完整的水泥工业遗存。2007年全线停工停产，经过10余年的保护修缮和活化利用，华新水泥厂旧址蝶变为如今的"华新1907文化公园"，成为展示工业历史底蕴、丰富文化生活的城市新地标，是黄石市创建集文博、文创、文商多元复合功能于一体的产业转型示范区。老厂房与新艺术混搭，历史感与空间美交融，百年老厂重焕生机，完成了从"工业锈带"到"生活秀带"的华丽转身。

我们左手边这6个雄浑粗壮的大筒仓是当年专门用来储存成品水泥的水泥储库，与我们前方横空架构的皮带长廊有机相连，蔚为壮观。这里曾是华新水泥厂的新包装车间，整个建筑遗存将近代工业美学线条体现得淋漓尽致，让参观者仿佛穿越到了20世纪六七十年代。

而与之一路相隔的老装包车间，则是华新湿法水泥生产线的终端，1948年动工建设，1949年正式投产，1994年随着干法水泥工艺的应用，包装车间生产量逐渐减少，2007年随湿法窑全线永久性停产。

老装包车间主要的生产设备有四嘴包装机、皮带输送机、螺旋输送机、螺旋回转筛、斗式提升机、桥式码包机等。

接下来，我们将参观湿法水泥生产线——"一窑两磨"文保核心区。在到达参观点前，咱先聊聊华新水泥厂旧址的那些感人至深的过往。时间回到清光绪三十三年，即1907年，张之洞奏请由福建清华实业公司程祖福创办大冶湖北水泥厂，此厂是华新水泥厂的前身，原址在黄荆山以北的明家嘴，也就是现在的袁仓煤矿。1914年被唐山启新洋灰公司兼并，更名为"华记湖北水泥厂"。抗日战争爆发后，国民政府经济部拨款将湖北水泥厂迁往湖南辰溪，于

1939年12月建成投产,更名"华中水泥厂"。1943年5月,华中、昆明两公司合并增资改组,正式设立华新水泥股份有限公司。抗战胜利后,华新公司于1946年9月引进美国设备,回归湖北建设。这是抗战之后,中国第一个全套采用国际先进技术的大型水泥建设项目,也是中国在20世纪40年代唯一全套引进大型湿法水泥工艺的企业,其规模和生产水平"远东第一"。2007年,华新水泥厂老区湿法工艺生产线全面停产,但承载中国水泥发展文明的近代水泥工业遗产得到了有效的保护与利用。2008年,第三次全国文物普查将华新水泥厂旧址列入重要新发现,引起了广泛的社会关注。2012年,华新水泥厂旧址作为黄石矿冶工业遗产的重要组成部分被列入《中国世界文化遗产预备名单》。2013年,华新水泥厂旧址被列为第七批全国重点文物保护单位。2016年,它又和人民大会堂、上海外滩建筑群等建筑遗产共同入选首批中国20世纪建筑遗产名录。2019年,华新水泥厂旧址被认定为第三批国家工业遗产。华新水泥厂旧址见证了中国水泥工业发展的历史进程,也为黄石成为水泥故乡奠定了基础。2022—2024年,华新水泥厂旧址连续获得湖北省文化遗址公园、国家工业旅游示范基地、湖北省"最美文旅新空间"、中国文联"文艺两新"聚集区实践基地等多项荣誉,逐步实现了从历史空间向城市空间的转型。

现在我们来到的位置是湿法水泥生产线中的粗、细磨车间。粗、细磨车间建于20世纪五六十年代,负责水泥的生料制备及水泥制成,是华新湿法水泥生产的重要车间。

法水泥制造工艺为中华人民共和国工程建设和水泥行业发展做出了突出贡献,其工艺特点是"一窑两磨":"一窑"指的是湿法回转窑,"两磨"指的是生料磨制和水泥磨制。

湿法水泥生产工艺,其工艺流程分为生料制备、熟料烧成、水泥制成、水泥装包四个主要工段。每个工段下又可划分若干工序。生料制备包括原料开采、原料运输、生料储配、粗磨制浆等工序。熟料烧成包括厚浆、储浆、煅烧等工序。水泥制成包括熟料储配、熟料细磨等工序。水泥装运包括水泥储存、水泥包装、水泥装运等工序。

大家首先看到的是粗磨车间,整个建筑长33米、宽30米、高15米,存放着2台生料磨、4组料浆泵等设备,其功能主要是对生料进行研磨的同时加入水制成生料浆。

眼前这两台机器是生料磨——粗磨设备,也可以叫"球磨机"。1号、2号球磨机保存完整,其设备铭牌均清晰可见。其主要工艺是将水泥的原材料(砂页岩和石灰石)通过喂料仓投入球磨机,利用设备内部的钢球、钢锻进行加水研磨;形成的生料浆经生料泵抽压至厚浆池进行沉淀,沉淀达标后即可进入熟料煅烧工序。大家可以透过脚下的玻璃板看看这4组生料泵设备。

前方的廊道通往细磨车间，同时展示了华新相关的重要人物。这里咱们重点介绍两位人物。

第一位是程祖福。1889年底，张之洞就任湖广总督，作为清末重臣、"洋务运动"后期主将，张之洞在兴办钢铁的同时，特别注重水泥生产。由于粤汉铁路和其他方面建设的需要，张之洞于1907年初出示招商开办湖北水泥厂。同年2月，时任上海清华实业公司总经理的程祖福上书禀称，愿招募股银三十万两承办湖北水泥厂。7月，张之洞向朝廷呈递《奏请商办湖北水泥厂并委总办片》。10月，清政府批准了张之洞所奏，同意大冶湖北水泥厂在湖北境内办厂的专利年限。

1908年4月，程祖福在清政府农工商部注册登记，大冶湖北水泥厂股本为库平银150万两，年产水泥4万—5万吨，使用"宝塔牌"商标。大冶湖北水泥厂股份有限公司设在上海英租界内，厂址经程祖福派人勘测，选定为大冶黄石港明家嘴（现为黄石袁仓煤矿）。此时，程祖福从上海德商瑞记洋行购得日产200吨水泥的全套机器设备。经过近两年时间的建设，大冶湖北水泥厂于1909年5月建成投产。

第二位是王涛先生，首位担任水泥总技师的中国人。王涛是我国水泥工业的重要奠基人和开拓者，德高望重的中国"水泥大王"。自1926年投身于我国的水泥工业起，在长达半个多世纪的岁月中，集学者、专家、企业家于一身，呕心沥血，奋斗一生，为我国水泥工业的发展做出了重要贡献。

王涛在德国留学期间，和导师库尔教授合著的论文《水泥水化》发表在德国《水泥》杂志上，蜚声国际水泥界。王涛因此成为中国第一个扬名于国际水泥化学界的学者。

1932年学成归国后，恰逢中国唐山启新洋灰公司的丹麦总技师任期届满，准备另外拟聘人选，当时国内业界尚无中国人担任总技师的先例。王涛应邀到该公司考察并写出极有见地的考察报告，担任了启新洋灰公司总技师，他也因此成为中国水泥工业史上担任总工程师的第一位中国人。

在启新洋灰公司任职期间，他尽展才华，大力革新技术，解决了洋技师没有解决的水泥速凝结块问题。他在国内首先推行50千克纸袋包装，废弃了笨重而耗资的腰鼓形木桶包装。他研制和组织生产了建设钱塘江大桥需要的抗海水腐蚀水泥。

抗日战争爆发后，许多企业迁往后方。王涛挺身而出，临危受命，组织华记水泥厂搬迁到湖南辰溪，建设华中水泥厂。王涛还组织建设了云南昆明水泥厂。

抗战胜利后，1946年9月，王涛组织引进世界最先进的水泥生产线，开始建设远东第一的华新水泥厂。

经过长廊，即达细磨车间。大家是否感觉更加壮观，仿佛置身于钢铁丛林一般？这里展示的设备极具完整性。中国工业城市虽多，但有设备遗存的地方较少，且多为零散遗存，像华新水泥厂旧址整条生产线都保存完好的地方世所罕见。另外，厂房立柱上的文字也是颇具年代感的标语口号，承载着一份专属于黄石的城市记忆与工业乡愁。

细磨车间长68米，宽37米，高24米，保留了12台球磨机、6条完整的生产线和一台圆靶机，用于层层研磨水泥熟料。整个车间设备密集，让人不禁联想到当年工人热火朝天的生产场景、感受到20世纪初中国在受到工业文明冲击后以求强、求富为振兴目标的民族工业精神，同时也展现了20世纪后半叶中国在新型社会制度下，工人阶级强烈的组织意识和无私奉献的精神。

细磨车间出口区域展示的是华新水泥和中国建筑的关系。大家熟知的人民大会堂、人民英雄纪念碑、武汉长江大桥、葛洲坝、三峡大坝等均使用华新水泥建设而成。作为中国近代较早的三家水泥厂之一，也是长江流域开办的第一家水泥厂，大冶湖北水泥厂（华新水泥厂的前身）改变了中国水泥工业的布局，打破了唐山启新洋灰公司独占中原水泥市场的局面，也开创了湖北水泥工业的历史。

接下来，我们将参观湿法水泥生产线中的湿法回转窑区，也是湿法水泥工艺中最核心的熟料烧成工序。华新水泥烧成车间位于华新水泥厂区的中心地带。烧成车间的主要设备有水泥回转窑、冷却机、煤磨、电收尘器、空压机等。

自1885年世界上第一台回转窑在英国投入生产，水泥回转窑至今已有100多年的历史。华新公司在进行了系统全面的考察后，决定引进湿法水泥制造工艺生产线。

华新水泥厂旧址现存的1号、2号湿法水泥回转窑设备均为1947年10月从美国爱丽斯公司引进的，到1950年12月两条生产线全部建成投产。它们代表了20世纪中叶湿法水泥制造工艺和水泥厂规划建设的世界先进水平，也是目前世界上极为少有的保存完好的回转窑设备，具有水泥工业技术方面重要的科研价值。

1975年，华新人自行设计、施工扩建了3号窑"华新窑"。3号窑水泥生产线，代表了当时我国水泥工业的先进水平。"华新窑"先后在我国及援外水泥企业中推广建设了60多条，成为中国水泥工业发展的重要里程碑。

游客朋友们，请随我拾级而上，参观窑头区域。窑头设有一个小窗口，用来观测火势，以此判断这一窑水泥的质量。这里设置了一个重要岗位——"看火工"。2021年浙江卫视《万里走单骑》节目组来录制节目，还邀请了一位当年的"看火工"爷爷。爷爷已经80多岁了，他回忆起当年工作的场景，无不自豪地说："这个岗位，技术含量非常高！只要是在这个岗位工作的工人，工资待遇特别高，而且也是外援高管的重要人选。由于他们的工作需要通过眼

Note

晴观测,所以他们戏称自己是'千里眼'。而粗、细磨车间是用来磨制水泥原料和水泥熟料的,在那里工作的技术工人,需要用耳听来判断生、熟料的打磨情况,就叫'顺风耳'。"可想而知,那个年代水泥生产完全依靠人工,不像现在,运用的都是智控设备。

大家看,这里有一扇小门。很多游客好奇这扇门的用途,其实它是当年回转窑的维修入口。大家知道窑头的温度有多高吗?有1300—1600 ℃,温度非常高!即便在停止运行的状态下,窑体的余温依然很高。那人怎么进去呢?当年的维修工人仅披一床打湿的棉被,携带工具进入窑内,在极其有限的时间内执行维修任务。所以当时工人的工作条件非常艰苦,高温多尘,噪声也大。当时黄石市区的环境污染同样非常严重,黄石也被称为"光灰"的城市(只剩下灰)。当然,虽然现在华新水泥厂从城区搬到了郊区,但搬迁并不意味着把污染带到郊区,而是在这个过程中不断升级各项技术。百年后的华新,提出把"清洁我们的生活环境,提供信赖的建筑材料"作为企业的使命,打造绿色转型高质量发展的企业。近20年来,华新发生了翻天覆地的变化,在中国水泥产量年均复合增长率为7.5%的背景下,华新主要经济指标年均复合增长率连续20年保持25%,华新也从一家地方性水泥工厂,发展成为在全国十余个省市及海外多国拥有280余家子公司,涉足水泥、混凝土、骨料、环保、装备制造及工程、新型建筑材料等领域的全产业链一体化发展的全球化建材集团,名列中国制造业500强和财富中国500强。

在结束参观之前,我们再一起回顾湿法水泥生产工艺流程。水泥生产时,先将石灰石、砂页岩、铁粉及适量的水投喂入生料磨内进行研磨,磨制成的生料浆由泥浆泵送入厚浆池,经调配均匀后,投喂入湿法回转窑。由于筒体具有一定的斜度,并以一定的速度回转,物料就会由窑尾向窑头流动,同步煅烧。出窑熟料冷却后,送入熟料储库,再进入水泥磨进行粉磨,成为水泥,然后送入水泥灰仓,最终通过包装车间装包外运出厂,送到各地。

游客朋友们,从1907年至今,华新水泥走过了110多个年头。回望中国水泥工业发展史,最早开办的三家水泥厂中,唯有华新历经沧桑,一脉相承,与时俱进,发展壮大,并始终站立在行业的前列。

百年来,华新从20世纪初引进德国干法工艺,到20世纪中叶引进美国湿法工艺,再到20世纪末引进丹麦新型干法工艺,直至21世纪初自行承担新型干法大型建设工程设计和设备制造,始终保持水泥行业技术领先的地位,不断增强技术吸收和创新能力。

百余年来,华新水泥产品质量始终保持优良的品质。生产的全部(15个)品种水泥均为国家首批质量免检产品,"华新堡垒"为中国驰名商标,在全国水泥质量评比中始终名列前茅。

从创立时官招商办的私营企业,到国家资本控制的股份公司,再到国营工厂,直至股票上市并与国际资本融合的大型水泥集团公司,企业组织发展堪称典范。

百年华新,百年辉煌! 100多年前,华新扛起民族工业振兴重任,开创近现代中国制造跨百年品牌老字号;100多年后,华新将肩负传统行业转型使命,书写新时代绿色转型高质量发展新篇章。

近年来,黄石在大力推动产业转型升级和高质量发展中,坚持共建共治共享,深入实施城市更新行动,推动人城产互融发展,共同缔造美好环境、美好家园和美好生活。黄石市于2021年获批住建部城市更新第一批试点城市,黄石中央文化区以华新水泥厂旧址为核心,立足国家级文保,是鄂东首个城市更新历史文化街区,作为老城区开发重点区域,由华新水泥厂旧址蝶变而来的华新1907文化公园在城市更新进程中具有里程碑的意义。

如今,这片土地成为新兴业态聚集地,串联着由过去老厂综合楼改建的小酒馆和咖啡屋、由过去维修班改造的文创书店、由铁路班改建的美学艺术空间,以及工业集装箱创意餐厅、日落华新后备箱市集等具有文化创意的新业态。每当日落时分,时光草坪华丽变身成星空夜市,文创市集和后备箱市集重启着城市的人间烟火气息,让市民及游客感受到不一样的夜生活。

如果说百年华新是黄石企业转型的缩影,那么华新1907文化公园,则是城市转型的生动阐释。"擎申遗旗、走文创路、兴工业游",我们将以更坚实的步伐,走出更宽广的转型之路!

游客朋友们,今天的游览到此就要结束了,参观过程中如有服务不周的地方还请多多包涵,讲解不完善的地方还请批评指正。祝大家家庭幸福,万事如意。谢谢!

他山之石
▼

张之洞:一个深刻影响黄石工业化和建市的人

任务二　山岳旅游景区

任务导入

生态文明建设,是关系中华民族永续发展的千年大计。祖国的一山一水、一草一木,时时牵挂在习近平总书记的心头。党的十八大以来,以习近平同志为核心的党中央把生态文明建设摆在全局工作的突出位置,开展了一系列根本性、开创性、长远性工作,以最坚定的决心、最严格的制度、最有力的举措,推动我国生态文明建设不断迈上新台阶。

黄石山岳旅游资源丰富,具有深厚的历史人文底蕴,无论是被誉为"三楚第一山"的东方山,还是因"西塞山前白鹭飞"而扬名千年的西塞山,无一不彰显着生态文明话语体系。新时代背景下,生态文明话语体系的创新性无疑是山岳旅游面临的全新课题。此刻，就让我们一起走进黄石各大山岳景区，感受集历史与智慧于一身，且兼具科学性与时代性的绿色生态文明。

任务探究

一、景区介绍

（一）黄石东方山

1. 游览路线

游客中心—"三楚第一山"门楼—月涌禅关—弘化禅寺（山门）—大雄宝殿—灵泉卓锡—陆氏宗祠—千年银杏—铁牛懒卧— 东昌阁（见图 2-9、图 2-10）。

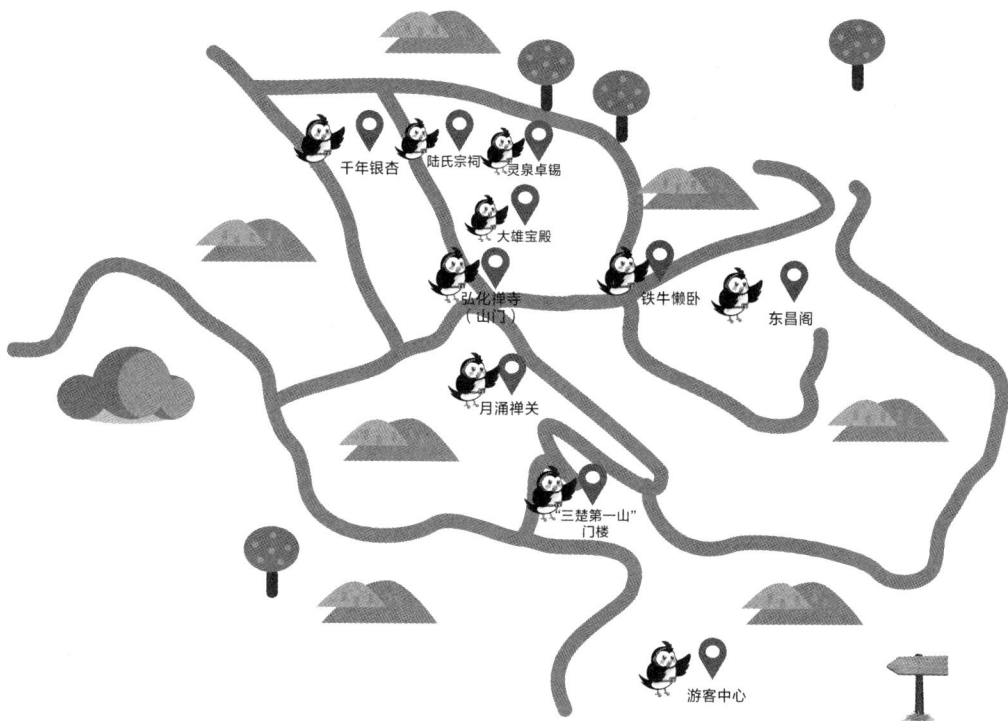

图 2-9　黄石东方山游览线路图

2. 景点介绍

东方山坐落于黄石市下陆区，被誉为"三楚第一山"，是国家 4A 级旅游景区、省级风景名胜区、省级森林公园，同时也是荆楚佛教圣地、药师佛道场。东方山山体主要由曼倩垴、揽胜垴、走马寨三大主峰构成，三峰相映成趣，各有景致。山中植物繁茂，已查明的草本木本植物 2000 余种，森林覆盖率达 90% 以上，生态环境良好，是黄石城区中最大的林区。

图 2-10　黄石东方山游览示意图

　　关于东方山的山名,历来有两种说法:一是为纪念东方朔而命名;另一则是三国时的"地域方位起名说"。相传,西汉武帝年间一代旷世奇才东方朔为了却游历荆楚吴的夙愿,不顾年近桑榆,千里迢迢,乘船顺汉江而下江南,在东方山中一座天然石洞前结庐,采药炼丹、布施于民,东方山也因其姓氏得名。又传,三国时期,吴王孙权定都武昌(注:当时的武昌即现在的鄂州),东吴政权一直视长江为生命线,而东方山以其险要的地形,与屹立长江中流的西塞山、张家湖,结成水陆联防基地,成为东吴首都的东方要塞和屏障,由此而得名。如今的走马寨,就是东吴首都卫队的营地遗迹。南宋诗人王十朋在《题弘化寺》中这样说道:"大冶迢迢接武昌,西征逾月到东方。白莲智印蟠桃朔,仙佛同归一道场。"

　　东方山旅游资源丰富,东方山"古八景"(青松倒插、白莲频开、铁牛懒卧、石船高撑、月涌禅关、仙履日暄、灵泉卓锡、道洞云停)穿越千年,独领风骚,"试剑石""金龟望日""情人谷"新三景相映成趣。东方山佛教文化源远流长,底蕴深厚,现有大小寺庙 22

座,其中弘化禅寺是建于唐宪宗时期的千年古刹,是佛教临济宗的弘法圣地。同时,东方山揽胜垴上建有一座108米的琉璃宝塔,取名"东昌阁",寓意"东方昌盛",登塔远眺,可俯瞰黄石,将周边景色尽收眼底。

1)"三楚第一山"门楼

东方山南门门楼上镌刻着"三楚第一山"五个金色大字,字迹俊秀,十分显眼。"三楚第一山"这个称号来自清代康熙朝左都御史、户部尚书、武英殿大学士余国柱(大冶人)的题字。据传,在康熙年间,余国柱回到家乡,游览了东方山的美景后,兴致极高,挥毫泼墨写下了"三楚第一山"五个大字。

2)月涌禅关

月涌亭内有一块2米多高、近1米宽的巨石,这便是"月涌石"。每逢望月之时,茂林间泻下如银月光,映在石头上如波浪翻滚,光摇影动,美不胜收,"月涌禅关"一景由此而来。据考证,这块"月涌石",是北宋大中祥符年间,住持僧解明法师立的功德碑,上面刻有记述修复禅寺的经过和宋真宗御笔赐"宝宁寺"寺名等事的文字。只是经过近千年的风剥雨蚀,字迹模糊,难以辨认。由于这块"月涌石"的形状独特,历史悠久,加上传说的渲染,人们相信它有灵气,腰痛的人只要在石上靠一靠,疼痛就可迅速消除。

3)弘化禅寺(山门)

弘化禅寺香火旺盛,高僧辈出,是佛教禅宗分派之一的临济宗法派寺院,现为湖北佛教丛林十大名刹之一。唐德宗贞元二十年(804年),德聪禅师(智印禅师)云游至东方山,悟师嘱"遇东方则止,见青白则驻"之法嘱,遂在东方山结庵弘法。唐宪宗元和二年(807年),德聪禅师赴长安参加法会,唐宪宗赐德聪禅师法号"智印",并为东方山寺御笔题写"宝峰招提"寺名,从此东方山寺开始声名远播,在之后的宋元明清四朝都受到过皇帝的敕封。宋真宗、元成宗、明宪宗、清高宗分别敕封东方山寺"宝宁寺""化禅寺""弘化寺""宏化禅寺"之名。清同治年间重修时,东方山寺使用"弘化禅寺"寺名并一直沿用至今。

弘化禅寺建筑整体结构遵循佛寺建筑的统一格局,选定中轴主线,依山而建。寺庙布局缜密,回廊曲折,相互贯通,有山门、天王殿、地藏殿、观音堂、大雄宝殿、祖师殿等。

4)白莲频开

白莲频开作为东方山"古八景"之一,原迹现在已不复存在。东方山弘化禅寺的白莲池,因为种的是从印度引进的一种白莲而得名。据说,这种莲要等到夜深人静时,在和尚诵经声和木鱼敲击声中,才频频开放,所以此景叫"白莲频开"。

5)天王殿

天王殿是弘化禅寺内的第一重殿,正中供奉着弥勒佛,左右两边供奉着专门保护佛祖的四大天王。

6）大雄宝殿

大雄宝殿是弘化禅寺的核心建筑，也是僧众朝暮集中修持的地方。殿内分别供奉着阿弥陀佛、释迦牟尼佛、药师佛三尊大佛。

7）祖师殿

祖师殿是供奉祖师像的地方，也是信徒朝拜的重要场所。弘化禅寺祖师殿内供奉着智印禅师的法身。

8）灵泉卓锡

弘化禅寺祖师殿后檐墙边，有一眼小井，这就是东方山老八景之一的"灵泉卓锡"。相传，当年智印禅师来到东方山开启道场后，山上僧众日多，为供给大家饮水，智印用锡杖往地下一插，抽出来水就不断涌出，成了这口灵泉，这就是东方山寺谱上记载的"卓锡凿池，异泉涌出"，涌出来的水则"味殊香冽"。

9）陆氏宗祠

陆氏宗祠位于弘化禅寺寺庙建筑群之后，为原东方山山祖陆迥后裔所造，始建于北宋中期，至今已有近千年的历史，在荆楚大地上屈指可数。弘化禅寺开山祖师智印禅师云游至东方山，隐约觉得此地有佛气，决定在东方山兴建寺院，传播佛法，经多方探寻，寻得陆氏先人共商此事。陆氏遂将此地赠予智印禅师，并协助禅师广建寺院。后陆氏仙逝，智印禅师为了纪念陆氏、报答陆氏为寺庙筹建所付出的心血以及弘扬佛法所做的贡献，遵陆氏遗愿，将其灵位安放于佛殿之后。弘化禅寺遵循千古遗风，虽然屡毁，但是每次重建，必然在大殿之后建陆氏宗祠，立先人牌位与遗像。

现存的宗祠，宽28米，深16米，顶高18米，檐高10米，属砖、石、木结构。墙体是古分砖灌泥浆筑成，厚度0.33米，大门、两侧圆门、天井、台阶、柱脚等由上好的青石和汉白玉雕嵌而成。大殿16柱落脚，两侧厢房分别是8根大木头落脚，屋顶是12柱檐垛，大殿内外梁柱及神龛大都是龙凤、人物浮雕。祠堂内留存的轿、椅等大都在数百年以上。陆氏宗祠虽经几毁几建，但江南徽派的建筑风格依旧保存了下来，基本代表了明、清两代土木工艺水平。据文化部门考证，陆氏宗祠是湖北省为数不多、历史悠久、传承完备、底蕴深厚的古祠堂之一，对于研究汉唐以来的吴楚文化具有重要的参考价值。

10）千年银杏

东方山竹山林海郁郁葱葱，古木参天，要论树龄最长，最为珍贵的要算这棵千年银杏。它距今已有1000多年的历史，是黄石市目前树龄最长的古树。这棵银杏虽经历千年风霜雪雨，至今仍然呈现勃勃生机，可谓是东方山的"宝树""神树"。每当春夏之际，树叶婆娑、浓荫蔽日；秋冬之际，黄叶金灿，美不胜收。

11）铁牛懒卧

相传，智印禅师修建宝峰禅寺大功告成之日，唐宪宗为表彰智印的功劳，特派使者骑牛来贺。原来唐天子既崇佛又崇道，认为道家祖先老子李耳也是他李家的始祖，并相信佛乃老子西去化胡的化身，一旦佛显真身，就是骑牛。所以这位使者就以牛代马，这牛也有灵性,见东方山乃钟灵毓秀之地,有云蒸霞蔚之气,得听法聆经之便,受餐霞饮露之福,为之动心,于是便长卧不起,化身为铁牛了。

12）东昌阁

东昌阁矗立于东方山的最高峰揽胜垴,它高108米,面积约22000平方米,是国内最大的单体塔阁类建筑。东昌阁的整体形象以唐风为主,吸收楚地风格,翼角张扬。东昌阁分地下一层,地上九层,主体由十几万吨纯钢结构构成,阁身采用纯铜制作装饰,铜瓦屋面8900余平方米,盖瓦5万余张。

东昌阁以"沉浸式文旅"为核心,开发线上线下实景沉浸式互动游戏,覆盖历史文化体验、研学科普、非遗手工传承、情景换装体验、沉浸式互动表演、高科技声电光影秀、超大型真人RPG（角色扮演游戏）等众多体验性项目。东昌阁负一层是一个近2000平方米的豪华换装间,超多美轮美奂的换装服饰,游客可以根据喜好现场换装。东昌阁一至三层以"唐风"为主题背景,提供不同主题的沉浸式演艺演出。东昌阁一层涵盖了33个特色剧情场景,再现了繁华的唐朝民间坊市。东昌阁四层、六层、七层以书画、摄影、瓷器等艺术展览为主,五层则为祈福区。到八层观景台,可以360度观景,别是一番开阔境界。

（二）大冶雷山

1. 游览路线

龙凤池—观景台—石笋顶石—八戒守天门—古训堂—石松—石棺材—雷山温泉度假村（见图2-11、图2-12）。

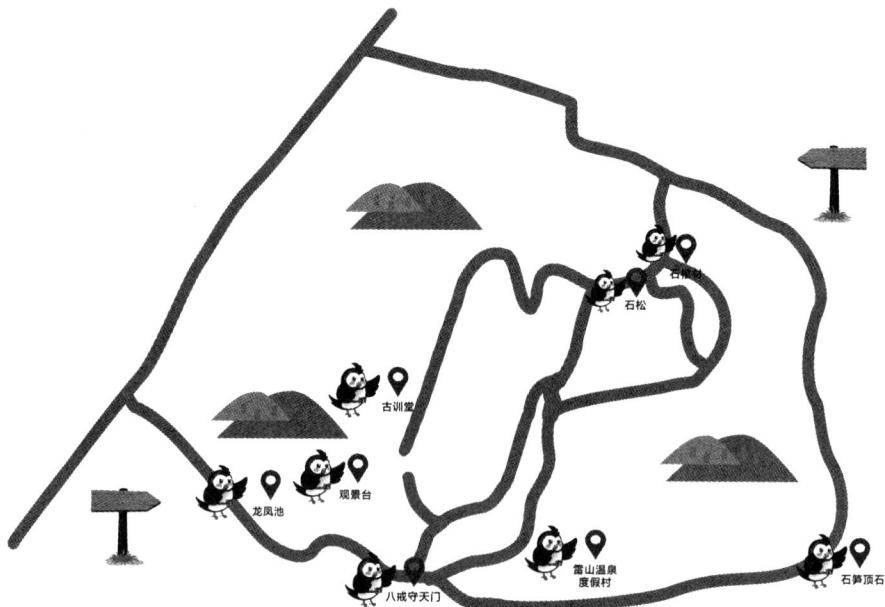

图2-11　大冶雷山游览线路图

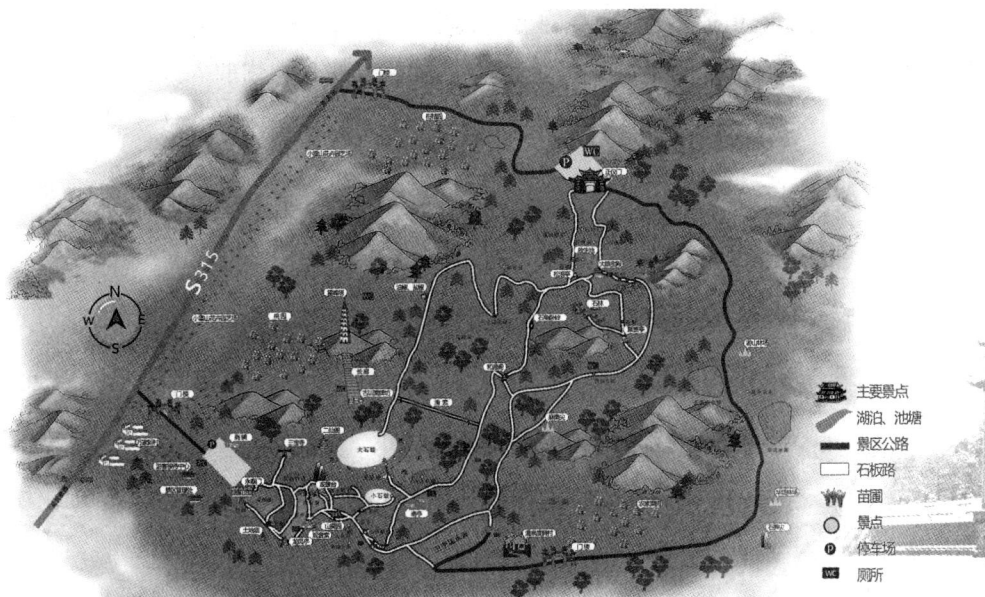

图 2-12　大冶雷山游览示意图

2.景点介绍

雷山风景区位于大冶市城西 15 千米的陈贵镇境内,因山水瑰丽、石头奇异闻名于世,是国家 4A 级旅游景区、省级森林公园。

景区共分四大景点,即方广洞景点、大小口景点、小雷八景景点、石笋尖景点,各景点有宝塔、亭台、楼阁、庙宇点缀其中。早在明朝,袁宏道留有赞美雷山"峰峰雪点缀,曲曲水苍寒"的诗句。

相传很早以前这里并不叫雷山。在山的东头高峰上突然长出一棵石笋,日长三尺,夜长一丈,直插云霄,有欲与天公试比高之势。这一下惊动了天兵天将,他们禀报玉帝,玉帝下旨砍掉石笋,但没有想到石笋越长越高。玉帝大怒,又命雷公雷击石笋,石笋遭受雷击后,只剩下一个"石笋尖"了。因此处遭受过雷击,故而得名"雷山"。

绵绵雷山,以石景精奇闻名遐迩。石松、石床、石屋等近百处石景,鬼斧神工,各具特色,大自然将其雕塑成千姿百态,别具神韵。雷山以其独特的熠熠英姿,神奇怪异的自然风光,令人心驰神往。跟着石走,是一种探索,也是一种追求,抖擞出一种气派和灵光,留下毕生无穷回忆。石,能光亮灵魂;石,能陶冶性情。雷山,集石文化之精髓。

雷山不仅石景称绝,而且地灵人杰,文风鼎盛,箕裘可继。妇孺皆知的大冶"一贤二仙三阁老"之贤人万止斋,神仙铁拐李、东方朔,阁老余必迪、余玉节、余顺明,以及明嘉靖寿相方万荣、明万历宰相吕调阳等都出自雷山一方,还有御史柯瑾之墓也在附近。近代俊彦有与董必武同学、原中南军政委员会处长的柯竺僧,中国人民解放军开国少将乔信明及其子第十二届全国人民代表大会法律委员会主任委员乔晓阳,中国人民解放军空军后勤部原副部长乔泰阳等。

古今吟咏雷山石景的锦制华章数以千计,石城、石屋、石床、石浪、石棺、石狮、石松、石笋等反复被人传诵。雷山，是一道别致的怪石城，一幅秀丽的风景画，一首流畅隽永的山水诗。雷山，既有雄伟壮丽的自然风光，又有悠久灿烂的人文资源，还可兴建众多别具一格的人造景观，风景形胜星罗棋布，古树、幽洞、异泉、奇石自然天成，民俗风情神秘多彩。

1）龙凤池

相传很久以前，山下有两个富户人家，男女主人公分别叫於龙、吕凤。他们门当户对，青梅竹马，两小无猜。后来男方家道中落，女方父母要求退婚。於龙、吕凤两人山盟海誓、永不变心，他们冲破重重阻力，常常在雷山幽会。后被女方家丁发现，在走投无路的情况下，於龙触石而亡，吕凤跳崖而死，这对钟情男女，生未能结为连理，死也要化作比翼鸟，当地山民无不为之流泪叹惜。后人为了纪念这对深情的恋人，便把他们生前经常幽会的这个池子称为"龙凤池"。

2）观景台

观景台也称为"大石鼓"。登台纵目，心旷神怡。明代万历年间，有名的公安派之一袁宏道曾来过这里，留下了赞美雷山的诗句："更好大雷山，山高水亦环。峰峰雪点缀，曲曲水苍寒。却是曾经眼，玉维画中看。"从此，"雷山缀雪"成为大冶的八胜之一。

3）石笋顶石

传说这是一块巨石压着一只蟾蜍，多年不见天日，石笋见状不忍，顶起巨石，救了蟾蜍。这只蟾蜍为了报答石笋当年的救命之恩，就守在石笋旁边不走了。

4）八戒守天门

从天门穿过就是仙境，相传穿过天门即可成仙。八戒为什么跑到这里来守天门？相传是唐僧师徒四人到西天取回真经，要放到浙江天台山收藏。八戒一时偷懒，就近送到了陈贵镇的天台山了。唐僧得知后，就把八戒贬到这里来守天门。

5）古训堂

坐落在雷山方广洞的古训堂是传统的教育基地。古训堂前有九龙柱环绕，天池倒映。内建三座大殿：孔子殿、周公殿、舜帝殿。殿周有青松翠柏掩荫，殿宇之间有百步云梯相连，云雾环绕，蔚为壮观。殿两侧有长廊直达山顶与雷峰塔衔接。巡廊入殿可深受历代人物的启迪，登塔望远可饱览四野风光。

6）石松

据省林业专家考证，这棵长在石壁上的古松，至少有600年的树龄了，传说是天宫瑶台的一粒松子坠入人间，落在这石壁上生长而成，历经数百年的风霜雨雪，仍苍劲挺拔。

7）石棺材

相传清乾隆年间翰林院编修、兵科给事中柯瑾曾游过雷山，留下"咏石棺材"诗，其中"雪飘霜打山山孝，雨过风摇树树哀"的警句，至今还脍炙人口，广为流传。

8）雷山温泉度假村

大冶雷山温泉度假村地处以石景和竹林闻名的雷山风景名胜区内，是一处集温泉、餐饮、客房、娱乐于一体的五星级旅游温泉度假村。雷山温泉的水资源来自雷山山谷底层地热之水,属于稀有的矿温泉,这种温泉国内稀有、世界罕见,其水质晶莹剔透、无色无味、成分珍贵且疗效显著,富含多种对人体健康有益的微量元素,对某些疾病等都有特别的疗效。雷山温泉水温较高,是极为罕见的100%的天然氡矿温泉。

(三)阳新天空之城

1. 游览路线

天空之城索道—丛林穿越(粉红沙滩、小天空之镜、冲天云梯、鸟巢、通天佛手)天空之镜—镜子迷宫—民俗村(见图2-13、图2-14)。

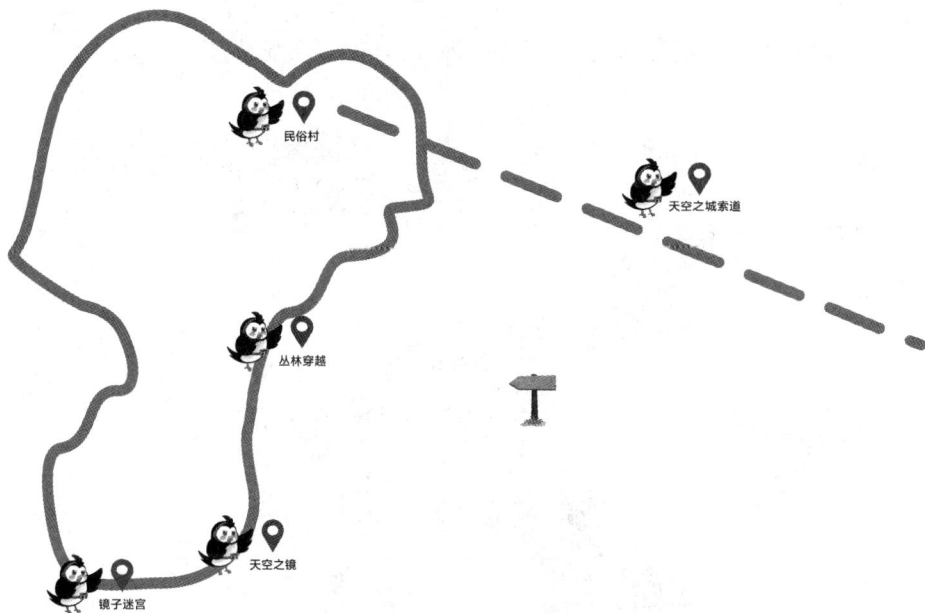

图2-13 阳新天空之城游览线路图

2. 景点介绍

天空之城景区位于阳新县王英镇,坐落在享有"荆楚第一奇湖""世界三大千岛湖之一"美誉的仙岛湖北岸山麓、千里山之巅。景区主要以浪漫唯美的爱情主题文化、得天独厚的观景视角以及惊险刺激的娱乐项目为特色,吸引了众多游客前来观景体验。当前景区的主要景点有天空之镜、通天佛手、冲天云梯、鸟巢、小天空之镜等,同时也设置有粉红沙滩、镜子迷宫、悬崖秋千、高空滑索等诸多新奇的游玩项目。

天空之城被评为湖北旅游新地标、湖北年度人气文旅品牌,获得博鳌国际旅游奖"年度精品目的地大奖",被评定为国家3A级旅游景区,并被外交部向全球特别推介。

1)粉红沙滩

粉红沙滩是景区在悬崖上方精心打造的粉红色沙场,颇受年轻人喜爱,是景区重要的"网红打卡地"之一。沙滩上除了粉红的多巴胺色系沙场外,还设置有沙滩椅、遮阳伞、秋千等设施供游客游玩和拍照打卡。精致舒适的场景布置和充满夏日风情的休闲

图 2-14　阳新天空之城游览示意图

情调让游客宛如置身童话般的海边世界。游客可在此闲散漫步或躺卧休息或荡秋千，同时也可将山下仙岛湖的美景尽收眼底。

2）小天空之镜

小天空之镜与天空之镜的玻璃观景平台不同，它由真正的镜面构成。如果说"天空之镜"是独一无二的观景平台，那么小天空之镜便是理想的拍照之所。与"天空之镜"相比，小天空之镜少了围栏的制约，游客可在这一片区域自由活动和尽情舒展。在这个独特而又纯净的空间里，蓝天白云仿佛触手可及，随手拍出的镜面倒影唯美而又空灵，是游客喜爱的热门拍照场景。

3）冲天云梯

冲天云梯位于通天佛手附近，梯身为钢结构，以白灰色为主，向悬崖边延伸。高耸入云的云梯带来了强烈的视觉体验，游客缓缓踏上阶梯，可以体验到独自存在于世间之外的飘逸、超然之感，登临顶部，则仿佛一伸手就能够触摸到天空，体会一场与天空对话的浪漫。站在云梯顶部，还可以俯瞰仙岛湖如诗如画的美景，用手机向云梯四周随手一拍都是惊艳的大片。

4）鸟巢

鸟巢是景区在悬崖边上打造的一个返璞归真的景点。鸟巢的设计将艺术与自然进行结合，巧妙地融入周围的环境之中，与周围的树木花草相映成趣构成了一幅和谐共生的美丽画卷。游客置身鸟巢，仿佛自由自在的小鸟，随时准备翱翔天空。站在鸟巢上俯视四周，脚下是漫山的林荫和星棋密布的小岛，游客可尽情地在鸟巢里摆拍各种造型，这里也是景区非常容易出片的打卡点。

5）通天佛手

通天佛手位于"天空之镜"玻璃观景圆盘正下方，是景区核心项目之一，也是景区内极具人气的拍照打卡点。从悬崖边上伸出的巨型佛手栩栩如生，十分震撼。佛手四周凌空，游客站在上边，仿佛被佛手捧在天上，如果着一袭白衣沿着台阶向上行走，则仿佛误入凡间的云中仙子，静卧佛手之中可以体会到"把你捧在手心里"的浪漫。

6）天空之镜

"天空之镜"是一个俯瞰观赏仙岛湖千岛胜景的巨型乳白色钢架玻璃观景平台。它直径26.8米，面积564平方米，相当于1.5个标准篮球场。从悬崖挑出49.5米，是美国科罗拉多大峡谷21.34米悬挑玻璃平台的两倍多。单体玻璃面积18平方米，空中玻璃走道长达74.6米，宽达6米。玻璃厚度为4.5厘米，平台玻璃总面积约为1500平方米。"天空之镜"玻璃观景平台是世界上最大的玻璃底观景平台，已于2019年成功申请吉尼斯世界纪录。

站在"天空之镜"玻璃观景平台上，宛若置身云端，如梦如幻，脚下是碧波荡漾的仙岛湖，四周是层峦叠嶂的山峰，湖光山色，美不胜收。同时这里海拔520.1314米，寓意"爱你一生一世"，为天下有情人打造一个旷世表白场所。自建成以来，"天空之镜"已逐渐成为众多情侣表达爱意的打卡胜地、婚纱摄影基地。

Note

7）镜子迷宫

镜子迷宫是由数百块平面镜组成的400余平方米奇幻空间。它利用光的直线传播和平面镜成像原理,通过光反射而造成游客在大脑视觉上的误判。游客一旦置身其中,在镜子的反射下满眼都是自己,不知道哪里是出口,如何前进和后退,极容易迷失方向,仿佛进入了一个充满神秘和趣味的空间。这种全新的视觉体验带来了不一样的惊喜,是深受游客喜爱的打卡点。

8）民俗村

民俗村完好地保留了部分明清时期以及20世纪四五十年代的房屋建筑。相传山顶倪氏,因躲避战乱而定居于此,与外界保持隔离状态,过着世外桃源般的生活。民俗村的建筑充满了历史感和沧桑感,游客漫步其中,穿梭于古建筑及青石板路之间,宛若时光倒流,回到了从前那个年代,可以感受世外桃源般的淳朴民风,体验时光穿越的魅力。

（四）阳新半壁山

1. 游览路线

半壁山古战场遗址广场（大门）—锁钥楼—古炮台遗址—摩崖石刻—楚江亭—"五七"干校纪念馆（见图2-15、图2-16）。

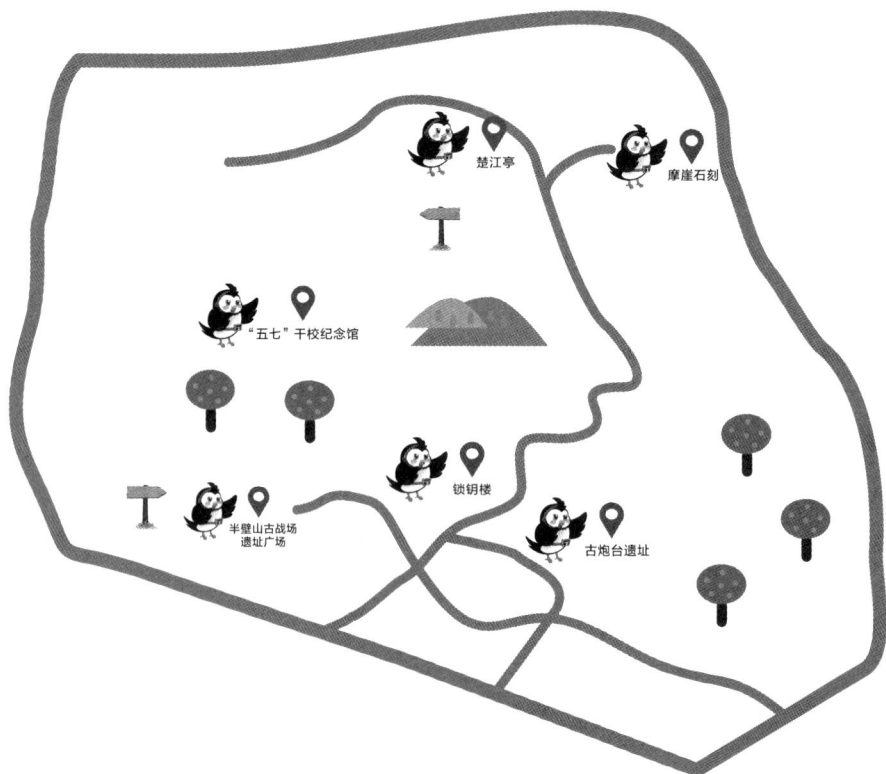

图2-15　阳新半壁山游览线路图

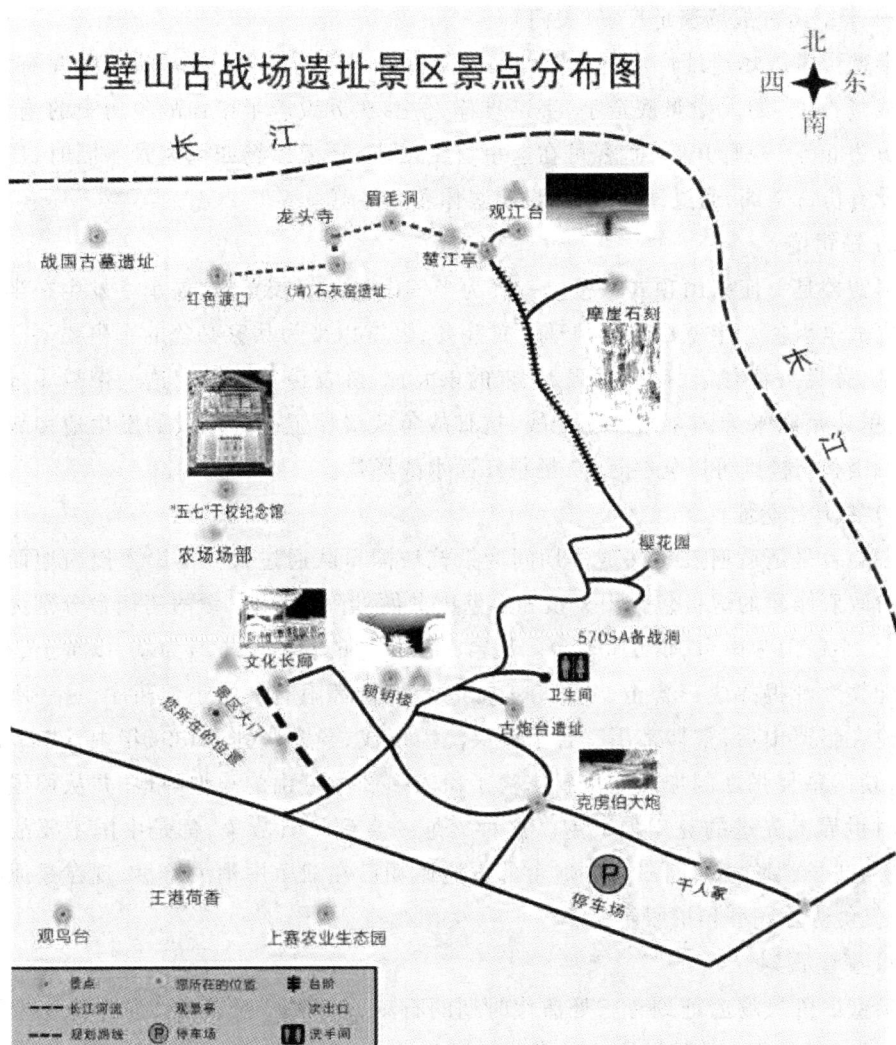

图 2-16　阳新半壁山游览示意图

2. 景点介绍

半壁山位于阳新县城东的长江南岸,地处网湖、富河与长江交汇处,素有"东楚门户"之称。传说秦始皇挥动赶山鞭,将上游黄石市江岸的一山劈开,半壁原地即今西塞山,半壁顺江而流,遂得名半壁山,两山分享上壁、下壁美称。半壁山人文历史悠久,文物古迹众多,已发现有新石器时代至东周时期遗址、战国时期楚墓遗址、太平军千人冢遗址、清炮台遗址、摩崖石刻遗址、抗日战争遗址、地下军事设防遗址、原邮电部"五七"干校旧址等众多历史文化遗址。半壁山被评为湖北省文物保护单位、国家 3A 级旅游景区。当前,半壁山景区对外开放的景点有半壁山古战场遗址广场、锁钥楼(含军事展览馆)、文化长廊、古炮台遗址、摩崖石刻、地下军事工程、樱花园、楚江亭、"五七"干校纪念馆等。

1）半壁山古战场遗址广场（大门）

半壁山古战场遗址广场是一个大型的文化休闲活动广场。广场大门题写有"半壁山古战场遗址"的大型黑底金字，字迹雄浑，仿佛在诉说着半壁山战争历史的沧桑感。广场方方正正，视野开阔，游客可在这里自由漫步，环视广场四周风景。同时，广场四周还设有仿古亭阁，通过回廊连接，供游客休息和游览。

2）锁钥楼

锁钥楼是一座歇山顶式城楼。一楼为半壁山古战场展览馆，展示了发生在半壁山的历史战争事件。半壁山由于地理位置险要，自古以来为兵家必争的军事要塞。自汉末以来，孙吴大将甘宁、南宋岳飞、元末的朱元璋、陈友谅等都曾在这一带战斗过。同时，这里还是太平天国军与湘军之战、抗日战争武汉保卫战外围战的发生地和战场之一。二楼和三楼则可以凭栏远眺，畅想江面水战场景。

3）古炮台遗址

古炮台是清政府在中法战争期间为抵抗法国军队通过长江沿岸入侵内地而修建的。清政府修建的炮台包括田家镇和半壁山共两处阵地，田家镇两座炮台分别为中台和北台，半壁山为南台，设5座炮台。炮台是用优质的材料和方石为基，以黄土、石灰、细砂配糯米汁捣拌成三合土，分层夯实。每个炮堡都附有一座小弹药库，另一座大弹药库建在半壁山后，整体都用三合土分层浇灌形成，异常坚固。1894年中日甲午战争期间，湖广总督张之洞加强和重新修复了田家镇和半壁山的火炮阵地，并从德国进口了当时世界上先进的克虏伯大炮。这种火炮一直到抗日战争，都是中国主要战争火炮，是湖北长江防务的门户。古炮台的大炮原物已在战争中消失殆尽，现在是原物复制件，仅供游客凭吊和拍照使用。

4）摩崖石刻

半壁山古战场遗址刻有三处清代时期的石刻，分别是"铁锁沉江""东南半壁""楚江锁钥"。"铁锁沉江"石刻是湘军将领彭玉麟题词，也是半壁山最早的石刻。"东南半壁"石刻是湘军水师总兵丁泗滨为纪念半壁山之战十周年之际题词。"楚江锁钥"石刻是时任清朝长江水师总帅的杨岳斌祈求半壁山炮台平安的题词。

5）楚江亭

楚江亭位于半壁山山巅，是赏景的最佳点，登临楚江亭，既可以俯瞰长江的壮阔景色，也可以看到一望无垠的半壁山农场。1960年，老一辈农垦人响应党的号召，他们舍生忘死，筑堤造田，筚路蓝缕，拓垦荒原，在渺无人烟的荒野上，建起了中型的国有农场。建场60多年来，半壁山从荒地变为粮仓，从"普遍贫穷"奔向"全面小康"，发生了翻天覆地的变化。

6）"五七"干校纪念馆

半壁山邮电部"五七"干校纪念馆于2015年建成开放，展示了400多张珍贵照片和近百件原物，真实反映了老一辈人艰苦奋斗的历程。1969年，国家邮电部、电信总局1700人来阳新县半壁山农场创办"五七"干校。"五七"战士们给半壁山带来了前所未有的文明之风,无形中影响了当地人的思想观念和价值取向。因社会经济发展变化,大多数"五七"干校房屋已拆除改建,目前遗留有邮电医院、学校、自来水厂、电排站、仓库以及"五七"式红砖瓦房若干。2015年,半壁山农场在原"五七"干校旧址处修建一栋两层红砖瓦房——邮电部"五七"干校纪念馆。

(五)黄石西塞山

1.游览路线

水杉林—游客中心—渔父广场—龙窟寺—桃花古洞—元真子钓台—三国古栈道—报恩观—北望阁—古炮台—"西塞残雪"(见图2-17、图2-18)。

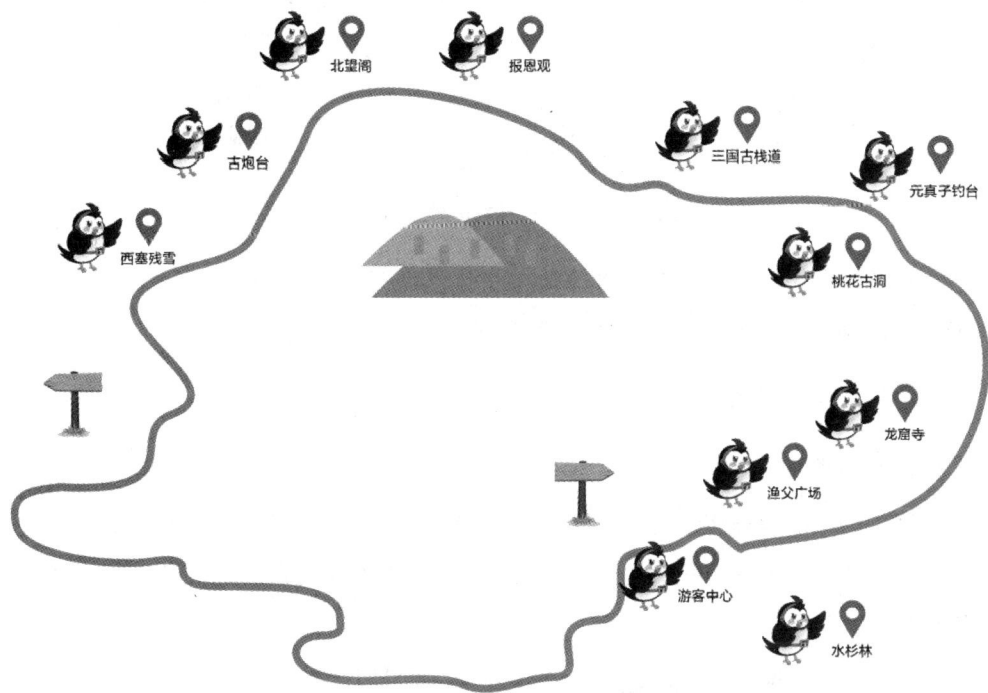

图2-17　黄石西塞山游览线路图

2.景区概况

西塞山又名"道仕洑矶""矶头山",位于黄石市西塞山区河口镇道士洑村西侧,长江南岸。景区以西塞山雄伟壮观的自然景色和人文荟萃的历史古迹为核心,以宏大深远的战争事件和灿烂多彩的古诗词为重要文化内涵集合而成。

西塞山人文历史悠久,不仅见证了孙策击刘勋、西晋灭东吴、刘裕攻桓玄等重大历史事件,也留有张志和、刘禹锡、苏东坡等众多知名历史人物的诗词作品,同时众多摩崖石刻遍布山体,记录着西塞山丰富的历史内涵。西塞山自然风光秀丽,一句"西塞山前白鹭飞,桃花流水鳜鱼肥"让西塞山清新脱俗的美景享誉海内外,成为历代文人墨客

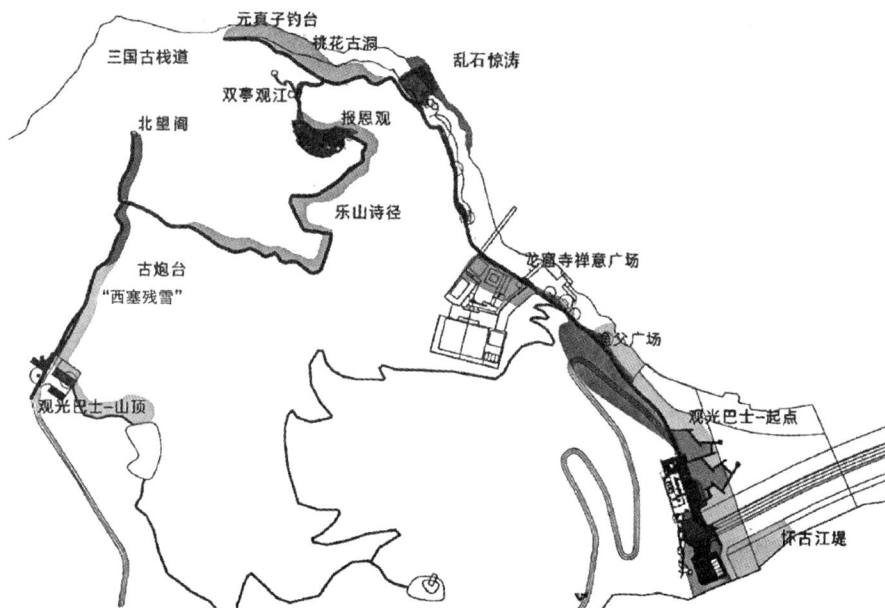

图 2-18 黄石西塞山游览示意图

始终无法忘怀的山岳之一。当前西塞山的主要景点有龙窟寺、桃花古洞、元真子钓台、三国古栈道、报恩观、北望阁、古炮台、"西塞残雪"、摩崖石刻等。

（六）阳新百洞峡

1. 游览路线

游客中心—石林画卷—水晶幻廊—冰之森林—冰瀑—星河之眼—曙光迎宾区—奇幻光廊—曲径通幽处—磅礴之厅—神秘水世界—璀璨星空顶—下山步道（见图 2-19、图 2-20）。

图 2-19 阳新百洞峡游览线路图

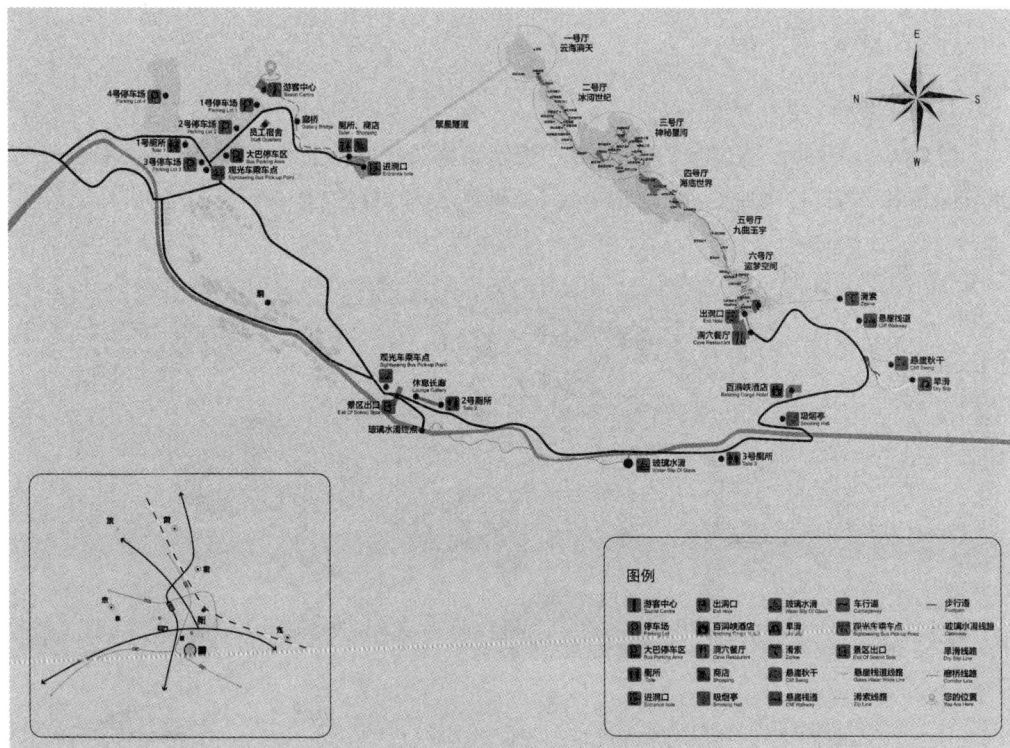

图 2-20　阳新百洞峡游览示意图

2.景区概况

　　阳新百洞峡旅游景区位于阳新县洋港镇洞下村,地跨鄂赣两省,是两省交流互通的必经之地,为国家4A级旅游景区。景区内有距今5亿年的寒武纪溶洞奇观,主洞全长4800米,由6个大洞厅和众多小洞穴组成。洞中有山,山中有洞,洞中有洞,别具一格。洞中石笋、石柱、石幔、石瀑、石花等钟乳石景群形态各异,气势恢宏,是天然的地质科普博物馆。景区内化石样本种类丰富,具有较高的完整度,包括头足类化石、腕足类化石、软体动物化石等,根据铀同位素测定,这些化石形成于寒武纪早期海洋中。

　　2024年,阳新县百洞峡旅游风景区获得四项扛旗世界纪录认证:世界上最大溶洞观光电梯——"水晶云梯";世界上最大洞内观光玻璃平台——"玉宇瑶台";世界上体积最大柱体钟乳石——"天帝山";世界上最大单体溶洞洞厅——"女娲宫"。

　　阳新百洞峡风景区以其独特的地理位置、壮观的溶洞奇观、惊人的世界纪录、精心的建设规划、不断攀升的游客接待量以及丰富多彩的文化活动,成为一个备受瞩目的旅游胜地。它不仅为游客提供了欣赏自然美景、感受凉爽气候的好去处,还为推动当地旅游业的发展、促进经济增长做出了重要贡献。同时,景区的文化活动也为传承和弘扬中华优秀传统文化提供了平台,让更多的人了解与喜爱阳新的自然风光和文化底蕴。

（七）阳新滴水涯

1. 游览线路

游客中心—霍比特广场—云瀑居—滴水涯瀑布—"滴水梦境"玻璃观景平台—桃花泉—吉祥寺（吉祥书院）—阚家塘古民居（见图2-21、图2-22）。

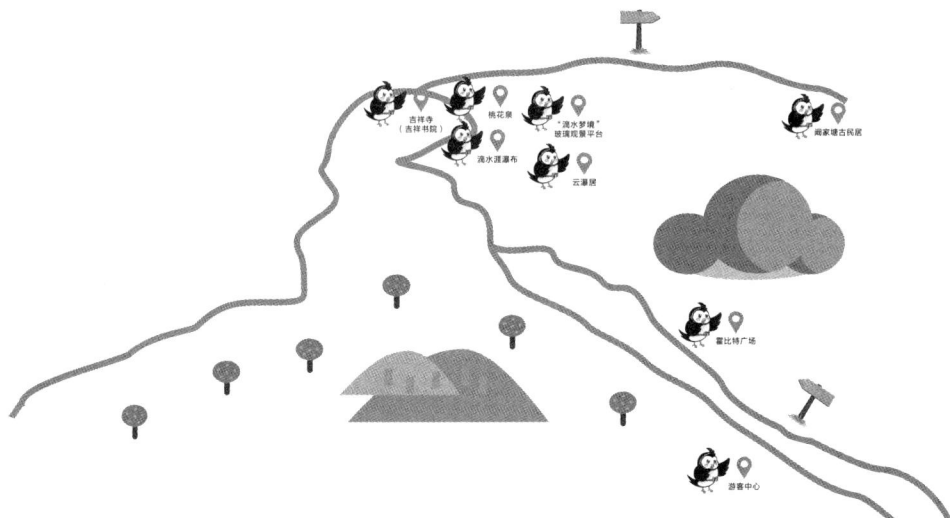

图2-21　阳新滴水涯游览线路图

图2-22　阳新滴水涯游览示意图

2. 景点介绍

滴水涯旅游区坐落于阳新县排市镇，由滴水涯瀑布、漂流河谷、阚家塘古民居、吉祥寺(吉祥书院)、桃花泉、霍比特广场、油菜花海等景点构成,是一个以瀑布漂流为核心产品,融合农业观光、水利科普、古民居游览、康体娱乐、休闲度假等多种功能的综合性旅游景区。

景区内峰峦起伏,茂林幽深,流水潺潺,鸟语花香,宛如世外桃源。核心景观滴水涯瀑布是黄石地区规模最大、最为壮观的瀑布群。阚家塘古民居被誉为湖北的"乔家大院"。宋代大文学家苏东坡曾到此游历,品尝桃花茶后留诗离去,传为佳话。

旅游区内游憩产品丰富多样,能满足不同年龄层次人群的多元化旅游需求。悬崖栈道、上山魔毯、飞天威亚、"网红秋千"、高山滑道、峡谷漂流等项目惊险刺激,体验感强,深受游客喜爱。"滴水梦境"、霍比特小屋、玄月花桥、蓝色沙滩、休闲花海、特色果园等项目则适合拍照打卡以及家庭亲子休闲。

1)霍比特广场

霍比特广场是游客必到的"网红打卡地"。霍比特小屋错落分布在漂流河谷间的开阔地带,屋前绿草如茵,鲜花盛放,仿若童话世界。这里还有霍比特酒吧、白色月亮秋千、轨道小火车、休闲草坪、烧烤长廊、演艺舞台、帐篷露营地等旅游项目,可充分满足游客的文化休闲娱乐需求。

2)云瀑居

云瀑居是景区的服务接待中心,集合了餐厅、酒吧以及山景民宿等服务设施。游客在此能够品尝到地道的阳新特色菜肴。小桥、流水、人家的诗意景致环绕,入住民宿,瀑布美景与峡谷风光尽收眼底,能带来极致的住宿体验。

3)滴水涯瀑布

滴水涯瀑布由三层瀑布连贯而成,毫无争议地成为黄石地区规模最为宏大、景观最为壮观的瀑布群,宛如大自然精心雕琢的杰作,镶嵌在这片广袤的土地上。当丰水季节来临,大自然的雄浑力量被尽情释放。百米瀑布仿若银河自九天之上倒悬而下,气势磅礴地飞挂崖头。磅礴的轰鸣声如滚滚惊雷,在方圆数里之外都清晰可闻,那震撼人心的场面,让每一位目睹者都不禁为大自然的鬼斧神工而惊叹,灵魂深处也被这股强大的力量所触动。第一层瀑布,恰似一条轻柔温婉的绸带,从崖顶悠悠然地垂落而下。水流仿佛是一位闲适自在、闲庭信步的雅士,不紧不慢,徐徐流淌。它悄无声息地滑过每一块岩石,每一个细微的水流动作,都像是在悠悠诉说着岁月的安然与宁静,让人在这灵动的水流中,真切地感受到一种宁静而柔和的美,心灵也随之得到安抚。第二层瀑布犹如一条奔腾的巨龙,以雷霆万钧之势奔腾而下,径直冲向映月潭。其水流飞泻的磅礴气势,恰似一条银色的巨练从天际垂落,而那震耳欲聋的声响,又仿若万钧雷霆在耳边炸响,瞬间便能激发起人们内心深处对大自然的敬畏之情,让人深切地领略到自然力量的雄浑与震撼。在这强大的力量面前,人类显得如此渺小。第三层瀑布好似挣脱缰绳的野马,又似翻江倒海的蛟龙,裹挟着无尽的力量,以排山倒海之势呼啸而下。当水流猛烈地冲击山谷时,水花四溅,如同一颗颗晶莹的珍珠在空中飞舞。在阳光的折射下,晴朗的日子里竟然能生出一道绚丽夺目的彩虹,如梦似幻,仿佛将人带入了一个神奇的仙境。

4)"滴水梦境"玻璃观景平台

"滴水梦境"是镜面与玻璃结合的绝佳观景平台。平台悬于滴水涯瀑布二级平台的瀑布潭之上,面积达360平方米,可同时容纳300人。其位于瀑布之中、两山之间,呈扇形设计,体量巨大,在国内众多瀑布类景区中实属罕见。

5)桃花泉

桃花泉位于后山瀑布源头,因桃花茶得名。泉水清澈甘甜,富含矿物质,是天然的矿泉水,也是泡茶的极品用水。吉祥寺长老冲泡桃花茶的水就取自此处。

6)吉祥寺(吉祥书院)

后垴山吉祥寺一带,因清泉瀑布、峡谷幽深,自古就是人们竞相探访的兴国名胜。宋神宗元丰七年(1084年),宋代大文学家苏东坡从谪居地黄州调往临近京师的汝州途中,来到后垴山吉祥寺游历。寺中长老带领僧众迎接,并请苏东坡品尝桃花茶。当时正值农历三月,山中桃花盛开,桃花尖似一团火焰燃烧,苏东坡心情愉悦,连饮七杯,感觉神清气爽,诗兴大发,临走时作《后垴山桃花尖乞茶栽雪堂》一诗。到汝州后,他仍对吉祥寺桃花茶念念不忘,又写下《水调歌头·尝问大冶乞桃花茶》一词,传为佳话。所以到了吉祥寺,记得品尝一下桃花茶。

7)阚家塘古民居

阚家塘古民居始建于清康熙年间,距今约300年历史,是湖北省省级文物保护单位,被列入中国传统村落名录,被誉为湖北的"乔家大院"。古民居依山而建,坐北朝南,由祖堂、议事厅、会客厅、厨房、茶楼和厢房等组成,是一个历史悠久、古色古香、气势恢宏的家族建筑群。据史料记载,清康熙年间,江西瑞昌李氏迁居此地,繁衍生息。其后裔遵循先祖"添丁加口,只在老宅基脚内加屋建檩,不得外延"的嘱托,历经数代不断扩建,才形成如今的建筑规模。

二、示例导游词

(一)黄石西塞山

黄石西塞山导游词如下所示。

游客朋友们:

大家好!欢迎来到"半城山色半城湖"的城市——黄石。我是你们的导游"石头","西塞山前白鹭飞,桃花流水鳜鱼肥",相信这段朗朗上口、耳熟能详的诗句大家都并不陌生,十分荣幸能带领大家一起走进诗画中的"西塞山",它绝美秀丽,坐拥无限风光,它历经烽火,窥视天下兴亡。现在,就让我们开启西塞山体验之旅,感悟它独特的景色和人文。

游客朋友们,现在我们已进入西塞山景区,映入眼帘的是"西塞怀古"摩崖石刻，它的右侧是宋式建筑风格的游客中心，旁边的水杉林婀娜挺拔、如诗如画，与游客中心遥相呼应。在这里，请允许我先来给大家简单介绍下西塞山的整体概况。

西塞山坐落于黄石市西塞山区道士洑西侧、长江南岸，又名"道仕洑矶""矶头山"。西塞之名，最早见于西晋教育家虞溥所著的《江表传》："勋走入楚江，从寻阳步上到置马亭，闻策等已克皖，乃投西塞。"上述这段文字记录了江东的孙策攻克皖城后，刘勋率军西逃，来到西塞山，并向荆州的刘表、黄祖求救的故事，这也是西塞山第一次出现在东汉末年的战争记录。到南北朝时期，北魏地理学家郦道元在《水经注》记载："山连延江侧，东山偏高，谓之西塞。"这是历史文献中第一次对西塞山的地理特点进行了直白简要的描述。不管是《江表传》还是《水经注》，都用简洁的文字记录了西塞山，真实地反映了西塞山的千年悠久历史。

西塞山三面环江，危峰突兀，大有横江断流之势。明朝内阁首辅张居正曾写下诗篇《道士洑》云："指点吴魏争雄处，万军一日蛟龙吞。至今西塞山头色，犹是当年战血痕。"因地势险要，控制长江中下游，西塞山历来是兵家必争之地，历史上发生在这里的大小战事不胜枚举。著名战事，如东汉末年"孙策击刘勋"、三国末期"西晋灭东吴"、东晋末年"刘裕攻桓玄"、南北朝时期"萧道成战沈攸之"、唐朝时期"李皋剿李希烈"、明朝末年"李自成转战道士洑"等，直至近代抗日战争时期，武汉保卫战之西塞山抗日阻击战这一重大战事也发生于此。百场战役铸就了西塞山著名的战略要地和怀古胜地的赫赫声名。历代文人骚客纷纷云集于此，或吟咏赞叹，或抚今追昔，留下大量诗词和摩崖石刻等艺术瑰宝。

西塞山的诗词文化十分绚丽，南朝有江淹、何逊，唐朝有韦应物、李白、张志和、刘禹锡，宋朝有苏轼、黄庭坚、陆游，明朝有张居正、吴国伦、王世贞，清朝有宋湘、詹应甲等，他们都在历史上留下关于西塞山的诗词。唐朝诗人韦应物的《西塞山》："势从千里奔，直入江中断。"形象地描绘了西塞山雄奇磅礴的气势。唐朝"诗豪"刘禹锡在《西塞山怀古》中则发出"人世几回伤往事，山形依旧枕寒流"的感慨，借千古不变的西塞山直抒历史兴亡的感伤，是中国怀古诗的代表作。最著名的当属唐朝张志和的《渔歌子》："西塞山前白鹭飞，桃花流水鳜鱼肥。青箬笠，绿蓑衣，斜风细雨不须归。"这首千古流传、脍炙人口的词作，以清新亮丽的词风和白描艺术手法真实地展现了西塞山绝美秀丽、悠然脱俗的风光，广为流传。北宋大文豪苏东坡化用张志和的《渔歌子》，创作《浣溪沙·渔父》："西塞山边白鹭飞。散花洲外片帆微。桃花流水鳜鱼肥。自庇一身青箬笠，相随到处绿蓑衣。斜风细雨不须归。"词作意蕴深厚，也是描写西塞山风光的优秀作品。

西塞山除了诗词文化，还有另一件艺术瑰宝，那就是摩崖石刻。西塞山摩崖石刻众多,尤其在山体东北悬崖处,如"飞来船""鳌鱼石""虎豹关""蛟龙窟""云林得意""震标仟仞"以及"钟崖""佛掌"等,由于岁月的风化,有些字迹已经褪去。在西塞山临江面山腰处的一块碑石上,有明朝进士所书的"西塞山"三个大字。同时,西塞山临江峭壁上,有当代著名学者、书法家楚图南写下的"西塞山"三个大字,这三个大字雄健挺拔,气势不凡,镌刻于临江峭壁上,蔚为壮观。

西塞山自然风光秀丽,人文历史悠久,主要景点有龙窟寺、桃花古洞、元真子钓台、三国古栈道、报恩观、北望阁、古炮台等。此外,西塞山的民风民俗文化也十分丰富,《图经》云:西塞山"山高百六十丈,周三十七里,吴楚分界处也"。因地处吴头楚尾的特殊位置,其民风民俗可谓丰富多彩。在古代,西塞山每年举行的"西塞神舟会"、牡丹会、捞江会和放生节等民俗活动会吸引四面八方的百姓,热闹非凡。尤其是"西塞神舟会",它已经有着2500多年的历史,是本地最为典型的民俗活动,已被联合国教科文组织批准列入《人类非物质文化遗产代表作名录》,至今在鄂东南地区有着广泛的影响。

了解西塞山的整体情况后,现在我们要正式进入到景区里面。首先到的是渔父广场,大家可以仔细看看渔父广场这尊雕塑,渔父立于船尾,身披蓑衣,头戴斗笠,肩扛鱼竿,鱼竿上栖息着三只白鹭,怡然自得,这样的画面很容易让我们联想到张志和那首深入人心的词作《渔歌子》,这似乎也是在暗示大家带着自由、淡泊、高远的心境来游览西塞山。

过了渔父广场就正式开启了登山之旅。瞧,现在大家看到的是西塞山的一座千年寺庙——龙窟寺。龙窟寺始建于唐代,是佛教八大宗派之一"净土宗"的寺庙。西塞山在历史上曾有"九庙一观"的说法,但由于战事频繁,多毁于战火,龙窟寺是"九庙一观"中唯一留存的庙宇遗址,现存庙宇为信众捐资所建,整体为宋式建筑风格,恢宏大气,庄严肃穆。

作为当地知名寺庙,龙窟寺历来香火旺盛,颇具传奇色彩。相传龙窟寺前的花坛中有一株明代牡丹花,可谓是花中极品。传说道士洑镇有一位名叫牡丹的姑娘,她美丽善良、重情重义,曾经倾力帮助过一位进京赶考的秀才,后来牡丹不幸因受辱自尽,科考高中的秀才得知后悲痛万分,泪水滴落之处竟浇灌出一树粉红多瓣的牡丹花,秀才认为这是牡丹姑娘精魂所化,为纪念牡丹姑娘,秀才将这株牡丹花种植于龙窟寺前,祈愿在佛光护佑下,牡丹姑娘来世能有一个幸福的人生。此后这株牡丹花也成为当地人心中美好、洁白、忠贞的象征。每到赏花季,一年一度的牡丹花会在此盛大举办,数百朵牡丹竞相绽放、芳香四溢,远近各地的游客纷纷前来赏花。花坛、寺庙的墙上、竹林、树木上曾留下了许多文人骚客的题诗,见证着这一传统民俗文化活动的盛况。1938年武汉会战期间,西塞山成为一道举足轻重的阻击日军防线,侵华日军出动海陆空力量疯狂轰炸,千年龙窟古寺毁于战火,明代牡丹花也随即被侵略者掠夺回日本，自此龙窟寺牡丹花成为历史记忆和民间传说。

接下来，我们前往桃花古洞。在通往桃花古洞的路上，大家可以看到，它旁边有一个"一线峡"，是由悬崖与奇石组成的夹道，道窄仅容一人侧身通过。大家看，沿途石壁上有一处《渔歌子》的扇面镌刻，书为"体乾年兄，郑燮"。这是清代的"扬州八怪"之一郑板桥的作品，原作是写在折扇上的，现藏于南京博物馆里，西塞山风景区巧借了这幅作品，镌刻于此。大家接着往前走，看，这就是桃花古洞了，它处于西塞山西北侧临江的陡壁间，洞内并排一大一小两个石窟，洞口刻有竖排的"桃花古洞"摩崖石刻。传说桃花古洞是唐朝大诗人张志和钓鱼时休息及躲雨避风的地方。张志和自幼聪慧，才华出众，三岁读书，六岁做文章，十六岁明经及第，深受唐玄宗李隆基和太子李亨的赏识，后来安史之乱，唐朝由盛转衰，而张志和自己也在经历着宦海风波和家庭变故，深受道教思想影响的他决定归隐田园、浪迹江湖。在游历吴楚山水时，张志和来到了西塞山，他被风光旖旎、人杰地灵的西塞山深深吸引，西塞山也由此成为他的隐居地之一，而他描写西塞山自然风光的词作《渔歌子》更是成为千古绝唱。

沿桃花古洞下行数米，可以看到另外一个和张志和有关的景点——元真子钓台。元真子钓台是中国十大古钓台之一，因张志和号玄真子，同时著有《玄真子》一书，故世人称其为"玄真子"或"元真子"。张志和远离朝堂，纵情山水，自称"烟波钓徒"，对垂钓之喜爱可见一斑。元真子钓台可谓是风景独好，因为向上可仰观摩崖石刻、古洞悬江，向下可俯瞰水文三相、千帆竞发，当年的张志和在此垂钓，心境一定是自由而开阔的。

大家看，在元真子钓台上面有一条狭窄的古栈道。它是西塞山结合三国历史文化改建的，被称为"三国古栈道"，依托悬崖修建，宛如天梯，是鄂东南地区首条古栈道攀岩项目。"栈道"是中国古代交通史上的一大发明，人们为了在深山峡谷通行道路，用器物在峭壁上开凿孔穴，孔穴内插入石桩或木桩，然后在上面铺上石板或木板，以此形成栈道，达到通行的目的。在古代战争中，军事将领常常会利用险要地形来修筑栈道，以达到出其不意、攻其不备的战略目的。行走在三国古栈道，望着奔腾不息的长江，我们不仅能想象到三国时期惊心动魄的战争场面，还能体会到历史滚滚向前的磅礴气势。而脚下不远处汹涌的波涛，让我们近距离地感受到了大自然的澎湃力量。

沿着石径一路上行，我们便到达了报恩观。报恩观是南宋抗蒙古名将吕文德的葬身之地，其子创观以报父恩，故名"报恩观"。吕文德生于南宋末年，在参军之前，是一个平凡的樵夫，此时南宋朝廷已经日薄西山，面临着蒙古军队的巨大军事威胁，后来吕文德从军报国，被名将赵葵相中，收入麾下。不久之后，吕文德就随军参与了端平入洛之战，他在这场战役中作战勇敢，带领为数不多的士兵率先杀入洛阳，歼敌无数，战功亮眼，此后他转战各地长达30

多年,取得了一系列辉煌的战绩,成为抗蒙的主力将领。吕文德麾下有一支特别的军队,这支军队的将士多半都是吕文德的同乡,出身底层,很多都是以砍柴、卖炭为生,被百姓戏称为"黑炭军"。吕文德的亲人更是争相参军,许多都战死于沙场,可谓满门英烈、千古流芳。但吕文德也有着自身的局限性,他贪念钱财,与权臣贾似道相勾结,吕氏一族也因此形成了富可敌国的军事集团。吕文德在发迹后举家迁到西塞山麓之道士洑村,死后被安葬于西塞山,南宋朝廷追封其为"和义郡王"。纵观吕文德一生,功过是非都有,他不是一个完人,是一个复杂的历史人物。

报恩观原有建筑已毁于战火,现在大家看到的建筑为新建,采用宋式建筑风格、纯木结构,包括报恩堂、观景长廊两大组成部分。大家可以看到报恩观旁有摩崖石刻"西塞山"三个大字,它是明朝进士蕲水人朱期昌所书,也是西塞山摩崖石刻的代表之作。而它旁边的摩崖石刻,是由现代著名社会活动家赵朴初手书的唐朝诗人齐己的诗篇《过西塞山》,绿色的字迹显得清和简静,充满了禅意。

各位游客朋友,现在我们要朝着山顶进发了,这也是对大家的一次体力和毅力考验。通往山顶的台阶左右两侧种植有朴树、菊花桃、香樟、黄连木、法国梧桐等特色植物,大家在攀登的路上可尽情感受西塞山的无限风光。

大家看,眼前的这栋建筑就是北望阁。北望阁位于西塞山北峰山巅,在此处,向左可俯视十里钢城、万里长江,向右可一览江北的策湖和散花洲的风光。相传三国时期东吴孙策、孙权、周瑜在此处阅兵,向北隔江观望东吴策湖水师、散花兵镇的操练,因此被命名"北望阁"。北望阁南北两面均有对联,南面对联的上联为"形胜在吴头楚尾",下联为"风流于古往今来"。北面对联的上联为"骋怀今古千秋事",下联为"放眼乾坤万里心"。此地也是在西塞山上进行登高望远、咏史怀古的最佳处。从北望阁俯瞰长江,我们也能联想到明朝大才子杨慎所做的词作《临江仙·滚滚长江东逝水》:"滚滚长江东逝水,浪花淘尽英雄。是非成败转头空。青山依旧在,几度夕阳红。"古今之事、天下兴亡都如同眼下所看的长江流水,一去不复返,这正是西塞山北望阁带给大家的开阔心境。

从北望阁下来几十个台阶,我们可以看到由黄色石头垒砌而成的一个圆形广场,这就是古炮台。大家看,这里的古炮正对江面,它们巍然挺立、严阵以待,一种山雨欲来、大战一触即发之感扑面而来。西塞山崖陡水急、易守难攻,并由绵延起伏的黄荆山作依托,为长江第一要塞,历来为兵家扼守长江中游的战略要地。受山体阻挡,长江江面宽度由1000多米陡然变窄到500米左右,形成缩口,此处设立炮台,扼守咽喉,雄视长江,可谓是"一夫当关,万夫莫开"。站在古炮台处俯视长江,可以想象当年烽烟四起、金戈铁马的画面,以及那经久不息的战鼓声、炮声。

　　沿着石阶往下走，现在我们来到了西塞山的一个独特景点——"西塞残雪"。和杭州西湖的"断桥残雪"不同，"西塞残雪"为鸬鹚群栖所造就的生态奇观，并非自然界中的雪。每年冬天至次年清明前夕，成千上万只栖息在西塞山临江悬崖上的鸬鹚，留下的白色羽毛和粪便落在崖壁上的灌木丛中，将之染成了一片雪白色，宛如冬日雪景，故名"西塞残雪"。"西塞残雪"，似雪非雪，这一独特的生态奇观也是黄石市优美生态环境的直接见证。

　　品古今山水，览文武西塞，感谢大家的倾听与陪伴，我们的行程到此就圆满结束了。大家可以在山顶驿站休息片刻，等候观光车的接送，期待大家下次再来西塞山，感受西塞山别具一格的山水景色和人文历史。祝大家生活愉快，旅途平安！

（二）阳新百洞峡

阳新百洞峡导游词如下所示。

游客朋友们：

　　大家好！欢迎来到美丽而又神奇的阳新百洞峡观光游览。我是你们的导游"石头"。"探山海幻境，寻洞峡奇观"之旅即将开启，相信大家都已准备就绪，我们一同出发吧！

　　百洞峡地处鄂赣两省交界处、幕阜山北麓，阳新县洋港镇洞下村，因一条峡谷贯穿百洞而得名。据专家考证，它形成于大约5亿年前的寒武纪时期，有石钟乳、石瀑、石笋、石柱、石幔、石花等近百种溶洞奇观，因此也被视为珍贵的"地下艺术宝库"。在地质学界，它被誉为"活动的地球演变教科书"。百洞峡集山、崖、洞及古迹于一体，融奇、雄、秀、美于一身，由云海洞天、冰河世纪、神秘星河、海底世界、九曲玉宇、盗梦空间等天然超大洞厅组成。2024年，经英国扛旗世界纪录认证，百洞峡旅游区喜提4项世界之最：世界上体积最大的柱体钟乳石；世界上最大的洞内观光玻璃平台；世界上最大的溶洞内观光电梯；世界上最大的单体溶洞洞厅。每年数以万计的游客也因此慕名而来。

　　游客朋友们，前方所见为百洞峡的洞口，顶部"山海幻境"四个字取自《山海经》。百洞峡内奇异的自然景观和《山海经》内勾勒出的上古文明与文化状态有异曲同工之妙，这寓意着我们走进洞穴之后，便如同走进时空隧道，将进行一场穿越光怪陆离的神话传说之旅。

　　穿过时空之门，行走于全长500米的繁星隧道间，光与影完美结合，璀璨多姿，流光溢彩，让人如梦如幻，不觉沉醉其中。大家一定很好奇：如此奇幻的宝地是如何被发现的呢？早在2010年的时候,阳新百洞峡文化旅游开发有限公司负责人王炜,便一直探索阳新当地的旅游资源,当他来到阳新县洋港镇洞下村时,这里的河流和山川给他留下很深的印象,当地的老百姓告诉他,附近还有一处溶洞,于是,他便带领团队开始了探洞之旅。当他看到洞内那形态万千的钟乳石,还有亿万年的古生物化石以及从洞口折射入洞内的一抹阳光,便被这里深深地吸引了。2019年,王炜便启动了百洞峡旅游区项目,并于2020年6月正式开工建设,这个项目当时被列为黄石市重点文旅项目,也是阳新县十八大重点项目之一。如今百洞峡景区还新增了"低空飞行""火锅节"等特色体验项目,深受各地游客的喜爱。

关于百洞峡,有一个传说。上古时期,长江洪荒泛滥,大禹领命治水,率部从黄河移师长江流域,扎营九江,展开艰苦卓绝的治水斗争。经过多年奋战,大禹摸清长江秉性,成功疏导长江洪水分流入海,保住了九江节段,却发现仍有一股黑色洪流不断从西边涌入,有摧毁九江之势。大禹派出天蟾神蛙,寻找这股黑色洪流的源头,终于在鄂赣交界的深山中发现一处黑潭,正散着黑烟、冒着黑水。天蟾遁地而入,一探究竟,发现黑潭中藏一黑龙,故后人将此地称为"黑龙潭"。黑龙兴风作浪,黑色洪流在地下暗河中翻滚四涌。天蟾闭水潜入,顺着黑洪涌动的方向游去,发现这条地下暗河洞洞相连,形如地网迷宫。最后黑色洪流从大大小小上百个山洞中奔涌而出,百洞出水,峡谷漫灌,黑色洪流经过地面河谷聚集,一齐冲向长江。天蟾从黑龙潭跳出后已经元气大伤,它在洞口山尖化作一块神石,指引大禹前来治水,被后人称为"天蟾跳洞"。大禹调来治水神器——定海神针,插入其中一个大山洞,镇住了最大的一股黑洪。随后他又恳请创世女神女娲用补天石堵住百洞。洪水退去后,这条百洞峡暂时趋于平静。百洞被堵,作恶的黑龙欲行报复,在地潭中做困龙之斗,搅得天翻地覆。峡谷两岸几十个山洞被黑龙冲开,石破天惊,巨石滚落而下,几乎填满了峡谷,峡谷瞬间变为"石谷"。治恶需治根,大禹请命东方天帝太昊伏羲调派天兵天将,从天庭投下"困龙石",分别困住黑龙的龙头、龙颈、龙身、龙尾和四肢。黑龙在反抗中被天神斩断了一只龙爪,刺瞎了一只龙眼。龙爪落入洞下村村头,变成了今天的龙爪山;龙眼坠入百洞峡,化为一块龙眼石;龙血洒落龙洞一侧的水潭,经过万年浸泡,泡出了龙血石,形成了今天的血石潭。降服黑龙后,天神将这条作恶千年的黑龙囚禁于万年冰洞之中,冰封千年之久,终于彻底逼出黑龙的体内的元神。元神聚集成球,化为夜明珠。随后天神将完全失去元神的黑龙转移至百洞峡地缝一端的"困龙洞",永久禁锢。同时,伏羲天降神兵,命他们化作凡人隐居于百洞峡的"仙人洞",轮流看守被禁锢的黑龙。黑龙潭的黑水和黑烟随即渐渐散去,变成了龙洞清泉。经过万年镇压,黑龙彻底悔悟。伏羲大帝命神兵解除困龙咒,黑龙冲破困龙洞,飞升上天,接受东方天帝伏羲的任命。这条黑龙本身就有移山调水之能,于是伏羲大帝召回"困龙石",将它们化为元神赠予黑龙,治好了黑龙的断肢和龙眼,然后命黑龙重返人间,协助大禹在中国大地治水,造福黎民百姓。天下太平后,定海神针的元神也被大禹召回,回归东海。百洞峡地心中便留下了定海神针化身的石柱。当年看守黑龙的神兵也被伏羲大帝召回,他们返回天庭之时,留下部分元神,锁于悬臂神棺内,与西山融为一体,西山绝壁渐渐长出人形,后人取名"神兵崖",他们犹如一群待命的神兵,瞭望东方,守护一方平安。

此刻,让我们眼前豁然开朗的,就是1号洞厅——云海洞天。数亿年前,这里还是一片汪洋大海,大量的生物沉积形成了碳酸岩,地面的流水及地下河流对碳酸岩进行溶解,并将其溶解物随水流带走。已经溶解的碳酸盐水在洞顶逐渐沉积,慢慢形成了钟乳石,水流滴到地面形成了石笋。历经沧海桑田,钟乳石与石笋相遇形成了石柱。每一块钟乳石都经历了亿万年的滴水成石。现在我们头顶还不时有水滴下来,这说明百洞峡里的钟乳石还在发育当中。置身其间,可与亿万年前的钟乳石对话,感受自然变迁的生生不息。

洞顶上悬挂的是石幔。石幔也叫"石帘"或"石帷幕"。石幔形成的先决条件是大量的渗透水。当渗出洞顶的水量较多,且流水在均匀倾斜的洞穴顶板和陡直的洞壁上有较大面积流动时,富含碳酸氢钙的水流受蒸发和洞内温度的影响,逐渐沉积并形成褶状流石,外观如同布幔一般,因此被称为石幔。百洞峡景区溶洞内存在大量的石幔,这些石幔造型优美,规模较大,是溶洞中难得的钟乳石造型品种。

大家看,前方有一面巨型石幕墙,墙体立面角度垂直,石壁上天然的纹络交错纵横,这在国内的喀斯特溶洞中都属罕见。大自然以时间为笔触,刻画出一排排谜语,又似一幅幅壁画,和墙上所投放的山海经神话传说交相辉映。

我们右手边的这块石头因形态似船而被称为"诺亚方舟"。据说这里当年被侵华日军疯狂扫荡,百姓全靠躲进洞中保命。待会儿在出口,我们还能看到当年村民进洞时所用的藤条呢。从这一层意义上说,此地还真可谓是拯救当地百姓的"诺亚方舟"。

此刻在我们面前的,就是百洞峡旅游区的第一个"世界之最"——世界上最大的溶洞内观光电梯,叫作"水晶云梯"。观光电梯共有4台,每台爬升距离25米、总高度30米、可容纳21人乘坐。乘坐"水晶云梯"可前往第2个洞厅——冰河世纪。

"飞流直下三千尺,疑是银河落九天",我们面前的这个景观,叫"腾流瀑布",它是洞内最大的石瀑布,因其外形似水流倾泻而下,如瀑布一般,故而得名。它曾经和地表瀑布一样,由流水和停滞水沉积而成。当富含碳酸氢钙的薄层水流,沿着洞壁裂隙自洞顶或洞壁流出,逐渐在坡面上沉积碳酸钙,便形成了壮观的石瀑布景观。

　　在喀斯特溶洞中,石笋和钟乳石对向生长,并成功对接形成的柱状体,叫作"石柱"。我们面前这个石柱在洞穴厅堂中"顶天立地",十分壮观。上部有明显破碎的痕迹,这是在漫长的地质年代中受地质环境变化,比如地震、上方塌陷而被挤压破碎所致。它的断面十分光滑,并不棘手,这是后期断面在滴水作用下,经二次结晶愈合而成。

　　而大家眼前的这块蘑菇状的钟乳石,可谓地质奇迹!在漫长的地质年代里,它首先发育出柱体(石笋),经过一段时间,溶洞地下水位抬升到柱体的顶部,并长时间稳定下来。水中的钙离子逐渐以柱体为附着物,沿着水平面开始结晶,形成了钙质膜,随着时间的推移,这些钙质膜逐渐变厚、变大,地下水退去后,溶洞就变成了现在的样子。这个景观的形成需要各种巧合的因素:首先要发育柱体(蘑菇柄),之后要有大量稳定的地下水,这样才能发育钙质膜;在这个过程中,地下水需静止不动;而整个过程也许需要成千上万年,才能长出石屏(蘑菇盖)。

　　请大家有序前行,眼前的这个石柱,在柱体中部有一个孔洞,孔洞内发育出一些小块的石笋,这是很有趣的溶洞结晶现象。当石笋发育到一定高度后,洞顶的滴水水量和位置发生变化,使得石笋外围继续发育,而中心停止发育,从而形成了酒杯状形态(矿物学上的酒杯状结晶)。在发育过程中,因为滴水位置的变化,酒杯中心又开始滴水结晶,形成了新的石笋。之后或因水滴的溅射,或因异物的掉落,这个酒杯逐渐封口,形成了现在的模样。无独有偶,这个景观的形成同样需要各种巧合的因素,它无疑也是大自然鬼斧神工的见证!

　　这里也向大家科普一下石笋的相关知识:当洞顶的水滴落下来时,石灰质也在地面沉积起来,形成由下往上发育的柱状结晶,形如笋状,因此得名"石笋"。石笋对着钟乳石向上生长。可以说钟乳石是"先生",石笋是"后生"。但石笋地盘大,本身比较稳定,不容易折断,所以它的生长速度比钟乳石还快。石笋的形态通常都是直立的,且都是单根生长,不像石钟乳那样呈串联状。

　　洞内石笋众多,大多由滴水沉积形成。在石笋的顶部,可见正在下落的滴水,显示了它们正在向上生长的形态。有的石笋色泽米黄,是水中包含的杂质导致的,一般来说,水中杂质少、结晶慢的石笋透明;水中杂质多、结晶快的石笋则不透明。

　　瞧,咱们正前方的犀牛石布满孔洞,可谓是地下洞穴的缩影。它的形成原理和地下溶洞的形成原理一样:富含二氧化碳的地表水沿着石灰岩的解理面或细小裂隙向下渗透;在这个过程中,二氧化碳与石灰岩中的碳酸钙发生反应,对石灰岩产生了溶蚀作用,再加上重力引发的崩塌,以及水流的冲蚀,从而形成了这种千疮百孔的石灰岩形态。

走到"风之涌道",顿感风之阵阵。由于洞内洞外的温度不同(洞内常年恒温在18℃左右),洞内外的气压也存在差异,气压大的空气往气压小的地方流动,从而形成了洞穴风。我们目前站立的这个位置,是两个溶洞之间的通道,它一端的溶洞很大,另一端的溶洞相对较小,因而产生了漏斗效应(漏斗效应是指当流体从管道截面积较大的地方运动到截面积较小的地方时,流体的速度会加大,类似水流过漏斗时的现象),所以此刻我们能感觉到这里的风特别大。

大家请看两旁的景观是"凤凰蛋"。《山海经》里曾记载:"大荒之中,有山名曰北极天柜。海水北注焉,有神九首,人面鸟身,名曰九凤。"相传上古时期,黄帝到南方巡游时迷失了方向,于是就请祝融来帮他认路。祝融相传是凤凰的化身,也是古代传说中的火神。祝融帮黄帝辨出了南岳的方向,于是黄帝将其封到楚地,祝融因此成了楚人的祖先,凤凰也就从此成为楚人信奉的神鸟,拜为图腾。

大家请随我走进3号洞厅,共同目睹百洞峡旅游区的另外几个世界之最吧!首先映入眼帘的是第二个"世界之最"——世界上最大的单体溶洞洞腔,叫作"女娲宫"。因洞中一块巨石形似女娲补天,被称为"女娲石"而得名。

我们右手边的景观,就是百洞峡旅游区的第三个"世界之最"——世界上最大的溶洞内观光玻璃平台"玉宇瑶台"。站立于上,仿佛置身人间瑶池,悬浮云端,亦真亦幻。在这里整个地下艺术宫殿尽收眼底,满眼金碧辉煌,一片华彩漫天。

接下来隆重登场的巨型钟乳石,它全长26米,是黑龙传说中的"定海神针",也是"镇洞之宝"!据说钟乳石100年只能长1厘米,大家算算,看它的寿命有多长?对,需要26万年!正因为钟乳石生长速度非常缓慢,所以尤其珍贵,需要好好保护。它外形酷似火箭,游客朋友们也亲切地称它为"神舟七号",它的下方被白色晶体围绕,不仅尤似玉树琼花,还像火箭发射时所喷出的白色气团。更值得一提的是,它内里中空,轻敲一下会发出回响,非常悦耳;并且敲击不同部位声音也不同,有的清脆,有的低沉,有的空灵……如同按大小排序、按照音谱敲打成乐的天然编钟,韵味十足。

大家请转身观察这块"女娲石",其形恰似女娲抬头仰望星空。她大抵是在仰望自己曾补过的那片天吧。女娲是中国上古神话中的创世女神。相传女娲造人,一日中七十化变,以黄泥仿照自己抟土造人,创造人类社会并建立婚姻制度。后因世间天塌地陷,于是熔彩石以补苍天,斩鳖足以立四极,留下了女娲补天的神话传说。传说中,为了遏制黑龙,女娲用补天石堵住了百洞。

"女娲石"旁边这块石头是"盘古大帝"。盘古是我国历史传说中开天辟地的祖先,他殚精竭虑,以自己的生命演化出生机勃勃的大千世界,为后人所景仰。而与"女娲石"相对的这块石头则形似一个身背宝剑、穿着盔甲的魁梧大将军，神气非常，威风凛凛。其实，这正是百洞峡旅游区的第四个"世界之最"——世界上体积最大的柱体钟乳石，被称为"天帝山"。它宛如一座巨大的山峰，令人惊叹不已。

《山海经》中记载，"又西三百五十里，曰天帝之山"。传说山中生长着茂盛的榕树林和楠木林，山下生长着很多菅蕙。有一种名叫"溪边"的兽，外貌似狗，用它的兽皮做成褥子铺在身下可以不受邪气侵害。有一种栎鸟，形状像鹌鹑，羽毛上有黑色花纹，颈上的毛是红色的。吃了这种鸟肉可以治痔病。山中还生长着一种形状像葵的草，名叫"杜衡"。相传马吃了这种草，便能成为千里马；人吃了这种草，则可治病。这天帝山，是否就是天帝在早期修行的场所呢？

百洞峡地下溶洞景区最让人称奇的是这里一根根洁白如玉的石笋和石柱。这些石笋、石柱都具有强烈的荧光和磷光效应。打开UV紫光灯，随着光线的移动，石笋和石柱的被照射部分会呈现白色的荧光。关闭UV紫光灯，被照射的部分则会出现绿色的磷光色带，并且持续时间长达5—10秒，非常神奇。石笋的荧光现象是石笋在结晶过程中，滴水将土层中的某些稀土元素（如钇和铈等）带出，并在石笋上沉积形成的。当高能的长波紫外灯照射这些稀土元素后，其电子吸收能量会由低能态转变为高能态。由于处在高能级的电子极不稳定，会从高能级跃迁至低能级，这个过程会释放出能量发出荧光，这种现象被称为荧光效应。石笋的磷光现象是石笋在结晶过程中，流水携带的磷矿物质在石笋上沉积，从而形成了含磷石笋，在UV紫外光的激发下，发出波长比入射光更长的出射光，形成了矿物的磷光效应。像百洞峡景区这样大面积存在荧光和磷光效应的钟乳石，这在国内是罕见的。

现在我们面前的这个石笋色泽洁白，玉质感强，气势雄伟壮观，荧光和磷光效应非常明显和持久，是百洞峡溶洞内一大奇观，也被称为"玉白菜"，寓意着大家财源广进。咱们抬头观察洞顶，会发现还有水在往下滴。要知道，只要有滴水，石笋就会生长。跟树木的年轮一样，石笋也会形成自己的年轮。随着气候和季节的变化，滴水里所含的物质成分也会不同，石笋石灰质中含有的物质也会变化，科学家测定这些物质的变化，可以复原过去的气候变化情况。

现在大家看到的景观，是由富含钙离子的溶洞流水漫过积水小洼地时，碳酸钙在洼地边缘沉积，逐渐生成堤状堆积物，似梯田土埂，因此得名"钙华池或钙华梯田"。百洞峡溶洞内的钙华池，层层叠叠，成群连片，就像宏伟的梯田。在色彩斑斓的灯光的照耀下，配合着变化的背景音乐，让人沉浸在美妙的意境之中。相信去过黄龙的朋友，一定曾被其钙华池奇特的地质和迷人的色彩深深吸引，如今置身于似曾相识的百洞峡钙华池，大家是否也会不由得将它称为"小黄龙"呢？

接下来，我向大家介绍的是洞穴石花。它们大部分都是文石的另外一种发育形态，一朵朵白色的小花长在崖壁上，如同梦笔生花一般，它是由渗透水在毛细水作用下沉积形成的。这一片石花是一种罕见的矿物结晶现象。石花的形成条件极为苛刻，有时要数百年才能增加1厘米，石花的形成至少要上万年，甚至几亿年。石花形状奇特、晶莹别透、圣洁高贵，有玉之品质，花之娇艳，颇具观赏价值。它以白色为主，还有蓝色、粉色等，颜色主要跟水中的矿物质有关。可谓是"一朝面世露真颜，敢叫山花暗无言。"

百洞峡溶洞内还发现有大量造型奇特的穴珠，这在湖北甚至中南地区都极为罕见。穴珠是在喀斯特溶洞内形成的具有同心圆结构的珠状碳酸钙沉积物。百洞峡溶洞内发现了多种形态的穴珠，有圆珠状、圆饼状，以及最为奇特的棋子状穴珠。它的形成原理是穴珠长到触及水面后，在没有外来水的扰动下，会由同心圆式增长变为以侧面增长为主，这种特殊的生长条件需要众多因素偶然天成，因此相对于其他形状的穴珠，这种更为少见。

紧接着，请观赏"上古神鲲"。鲲鱼是传说中北海里一条几千里长的大鱼，鲲鱼别名"鲲鹏"，是古代传说中的神兽。瞧，它正奋力跃出海面，卷起层层浪花呢。这种活灵活现的动态之景，真叫人拍手称绝。它也是百洞峡的标志性景观，寓意为"鱼跃龙门"，而在它左边的，则是赶着去参加西王母娘娘蟠桃大会的八仙，他们正踏浪过海，各显神通。

穿过星际之门，就是4号洞厅——海底世界。眼前的镇海石屏，是自然形成的两个水洼，也叫"海洋之眼"。4号厅里有洞内最大的石幔群，这里的石幔群是由滴水、线状流水、片状流水中的碳酸钙依洞壁沉积而成。在灯光的照射下，犹如一个大型的舞台帷幕，故被称为"山海帷幕"。

百洞峡可谓是移步换景，眼前这个景观叫"岩溶坍塌"，这块巨大的石钟乳是从洞顶断裂滚落下来的。当钟状的石钟乳发育到足够大，在重力或地震的影响下，则会引发石钟乳的断裂。通过研究断裂的石钟乳，科学家可以探索古气候和古地质的演化。

接下来是5号洞厅——九曲玉宇。在百洞峡溶洞内，生活着很多小生物。比如我们发现了不同品类的白化生物，比如白化的鼠妇、白化的马陆、白化双尾虫等。白化生物的形成是动物进化的结果。同时因为没有光线，它们眼睛也逐渐失去了用处，因此洞穴生物都是盲虫，但它们却进化出了强大的感知系统。白化生物的形成，需要一个漫长的时间过程，有专家研究认为：洞穴白化生物一般需要100万年以上才能逐渐形成一套独有的生态系统，同时这个系统还要与外界生态系统隔绝，不能被外界生态系统打扰，因此存在白化动物的洞穴不多，而像百洞峡溶洞这样存在多种类的白化生物的洞穴更是罕见。

现在我们来到了6号洞厅，这是最后一个洞厅——盗梦空间。如梦似幻的倒挂森林，正如同名电影《盗梦空间》展示的一样，这种大自然中罕见的"反物理定律"的场景很颠覆我们的认知，层层钟乳石森林的构造亦很震撼。徜徉其中，竟分不清是现实还是梦境？昔日庄周梦见自己幻化为蝴蝶，究竟是庄子梦中变为蝴蝶，还是蝴蝶梦中变为庄子，这是一个哲学问题。

百洞峡的极致感官享受，相信已让您忘了身处人间。大家察觉到一丝光亮了吧？这是"一米阳光"。到这里，也就意味着我们离洞的出口不远了。大家看，这垂下来的藤条正是当年老百姓躲避侵华日军时留下的，所以我们一定勿忘国耻，要珍惜来之不易的幸福生活。

大家小心脚下，注意安全，请随我拾级而上，往出口方向前行。重获光明的您，是不是还在回味梦境里的时光呢？"世上才半日，洞中已千年。"我们在这宏大的洞里翻山越岭，旁观了一场亿万年的时光流转。

游客朋友们，咱们百洞峡探秘之旅到这里就告一段落了，希望我的讲解为您本次奇幻探秘之旅增光添彩，也感谢大家全程的支持、理解和配合。浪漫神奇的百洞峡，期待您再次光临！

他山之石
▼

造血使"荒山"变成"金山"——武汉市灵山矿区生态修复

任务三　水体旅游景区

任务导入

黄石素有"半城山色半城湖"美誉，境内有长江自北向东流过，全长76.87千米。市境内由富水水系、大冶湖水系、保安湖水系及若干干流、支流和258个大小湖泊组成本地区水系。最大的水系为阳新境内的富水水系。富水河发源于通山，由西向东，流入长江，全长196千米，流域面积5310平方千米，在市境内河段长81千米，流域面积2245平方千米。大冶湖水系流域面积1339平方千米，保安湖水系流域面积570平方千米。市境内河港纵横，湖泊、水库星罗棋布，大小河港有408条，其中5千米以上河港有146条，总河长1732千米。截至2023年，黄石市有湖泊258处，主要湖泊有磁湖、青山湖、大冶湖、保安湖、网湖、舒婆湖、宝塔湖、十里湖、北煞湖、牧羊湖、海口湖、仙岛湖等。水库266座，总库容25.05亿立方米。全市水资源总量42.43亿立方米，其中地下水资源量为8.05亿平方米。从高空俯瞰，黄石城在山里，水在城中，山环水绕。

　　通过对水体旅游景区的学习,了解绿色生态画卷的背后,是黄石大力践行"绿水青山就是金山银山"理念,坚持生态优先、绿色发展,以流域综合治理为基础推进四化同步发展带来的硕果;掌握黄石水体旅游资源概况;熟悉仙岛湖、磁湖相关的故事和知识点,熟练地将黄石山水故事生动地讲述出来。

任务探究

一、景区介绍

(一)阳新仙岛湖

1.游览路线

仙岛湖游览分为东线和西线(见图2-23、图2-24)。

图2-23　阳新仙岛湖游览线路图

　　东线:游客中心码头—望仙崖(八仙洞—仙居洞—望仙台)—观音洞—游客中心码头。

　　西线:游客中心码头—仙湖画廊(揽胜楼—美女门—冷水畈古村落—凤凰谷—云水居美宿—月牙泉—爱情岛)—仙龙岛—游客中心码头。

2.景点介绍

　　仙岛湖位于阳新县王英镇,又名"王英水库"。1002个岛屿镶嵌在4.6万亩湖面上,恰似银河星座,不是仙境胜似仙境,与杭州千岛湖、加拿大千岛湖并称"世界三大千岛湖",素有"荆楚旅游明珠,华中第一奇湖"的美誉。从空中俯瞰,岛绿水清,就像银河中的星星一样,美不胜收。

　　仙岛湖呈"工"字形,景区内全是深山峡谷,植被繁茂。万顷湖水晶莹剔透,常年透明度在7米以上,部分水域可达10米,属国家一级水质、省级饮用水源地;空气中负离子浓度高,常年平均气温17 ℃。幽静宜人的自然环境,纤尘不染,置身其中,如诗如画。

图 2-24　阳新仙岛湖游览示意图

仙岛湖以前盛产湖鲜,如针鱼、银鱼、大白刁、鳜鱼、黑鱼等。如今湖区作为水源地保护严控养殖,当地能吃到的水产已不似原来稀松平常。如果有幸能在当地美食街上品尝到清蒸小龙虾,这里的小龙虾如清水虾般干净清新、肉质甜鲜、毫无土腥味。

仙岛湖因湖畔山崖上悬有一块"灵通仙岛"的古匾而得名。这里原本无湖,只有群山起伏、云雾缭绕。1971年,一道巍巍大坝截断水流,涓涓溪流与山泉汇聚成总库容量6.36亿立方米的浩瀚大湖。1002个小山头露出水面,错落有致地点缀在碧波之中。从此,莽莽青山之间,有了这翡翠般的湖水、珍珠般的小岛、如画般的美景。诗云:"山不在高,有仙则名。"仙岛湖云山雾水,仙气十足,诸多景点均以"仙"字冠名,如望仙崖、仙龙岛、仙居洞、仙福山等。

1)望仙崖

望仙崖景点位于仙岛湖东端的南山上,以生态体验和户外拓展为主要特色。内有八大观赏或游乐项目,分别是玻璃栈道、变形崖廊、悬崖秋千、地心(溶洞)探幽、高山漂流、滨湖沙滩,还有形象逼真的羞女岩(壁)、神奇的灵通仙泉……这些都是望仙崖独特的景观,难得的仙境。

(1)玻璃栈道:远观玻璃栈道犹如一条长龙盘踞在悬崖峭壁,望仙崖玻璃栈道沿山崖岩壁修建,气势宏伟,系鄂东南首条观湖悬崖玻璃栈道,分玻璃栈道和钢筋混凝土栈道两部分。栈道最高落差220米,最低落差108米,置身其中,危岩耸壁、水光天色,透过玻璃就能欣赏到波光潋滟的湖水和高耸的群山,让游客俯视千岛,一览众山小,是仙岛湖景区的最佳观景点。

(2)仙居洞:也叫"仙游洞",世人多以"仙牛洞"称之,相传八仙云游东海途经此地时,铁拐李在此受伤,居住在此洞休养,后来人们便称此洞为"仙游洞"。宋代诗人钱闻诗慕名游玩此洞后,他认为八仙不仅游玩此洞,同时居住过,于是便把此洞名称改为"仙居洞",并留下《仙居洞》诗篇:"仙客神人几度行,环山岌页似重城;有门不掩寒溪月,终日水流无尽声。"此洞洞深无底,现已开放千余米。洞中有洞,洞洞相连,阔处千余平方,窄处仅容一人通过。洞内流水不息,空气流畅,岩溶发育丰富,石乳飞挂,石笋林立,天地相吻,蔚为壮观,为仙岛湖一绝。有道是:"不游仙居洞,枉来仙岛湖。"

(3)八仙洞:是一处喀斯特地貌,形成于寒武纪,距今有1亿多年的历史,洞内供奉八仙(吕洞宾、何仙姑、汉钟离、蓝采和、韩湘子、曹国舅、张果老、铁拐李)的浮雕图像,他们分别代表男女老幼与富贵贫贱。由于八仙均为凡人得道,所以身形与百姓较为接近,为道教中相当重要的神仙代表。相传八仙邀游东海时,曾途经此地,见这里山清水秀、民风淳朴,就找到这个石洞休息,后来,当地的老百姓就在洞内刻上八仙石像常年供奉,祈求平安吉祥、风调雨顺。

(4)灵通仙泉:相传很久以前,八仙一行由东向西路过这海枯石烂的石磊窝。这里寸土不见,杂草不生,且烈日当空,当他们筋疲力尽时,铁拐李失足跌下,人随乱石滚滚而下,昏倒在一处崖壁下。待其余七仙七拐八弯地摸下来后,发现铁拐李一只脚竟卡在一石缝中,众人帮忙抬身拉脚,一股寒气被抽出,一块巨石随风晃动,伴随着阵阵寒气,一股清水涌出,顿时八仙甚是傻眼,随后便是惊喜。自此之后,斗转星移,万物变换。大自然的鬼斧神工以及天地乾坤造化,以至有了这般山水灵透境,造就了诗画仙岛湖,而这一口仙泉在世间广为流传,这里成了整个仙岛湖百水之源、千岛之穴。

2)观音洞

观音洞景点坐落在风光秀丽的仙岛湖东南面的南山湖畔,与大坝隔河相望,有华中地区唯一的岛上溶洞景观,观音洞景点绿岛相依,碧水环抱,四季如春,冬暖夏凉。

(1)观音榭:因这里曾有观音菩萨显灵的传说而得名。相传远古时代,这里山川秀丽,万物丛生,气候调和,百花争艳,二里一崖,三里一洞,洞深莫测,于是出现狮、象、龙、蛇、龟、猴、鹊、狐八种精怪,它们吞食人畜,残害生灵。于是,当地百姓请观音下凡,降伏"八精",保了这里一方平安,于是后人修了一座观音榭来供奉观音菩萨。

(2)乳源洞:又名"观音洞",系水渍乳石结构,此洞小而浅,洞内曾有观世音天然石像一尊,可惜已被毁。洞内神奇的是间有"乳汁"滴下,经年不竭,相传饮之可让患者治疗疾病、学者青云得路,远近慕名朝拜者络绎不绝。洞内经年流水不息,洞深无比,已开发的只有近千米。洞内有"天骊行空""金鄂迎宾""神独舞""洞天飞瀑"等自然景观。还有保存完好的钟乳石,泉水好似瑶池来,不是人间山间水。

3)仙湖画廊

仙湖画廊景点地处仙岛湖西南边,仙湖画廊是最能体现仙岛湖的婀娜多姿景点之一。仙湖画廊沿途有绿道、观景台、休息亭等休闲娱乐设施。这里鸟语花香、群山相连,有特殊的小气候环境。清晨,红日破雾,霞光万丈,形态变化无常,乃仙岛湖一绝。闲上山来看野水,忽于水底见青山。那湖水的蓝、群山的绿融为一体,宛如一幅唯美山水画卷,故称为"仙湖画廊"。

仙湖画廊依托湖山风光,形成以山、水、林、岛、动物、人文为主的旅游点。

(1)云峰揽胜:由登山游步道、高山滑索和观湖楼组成,登高望远,尽享仙湖风光。王英当地曾有一首歌谣"王英畈是粮仓,太平塘是天堂"歌谣中的太平塘是现在仙岛湖的心脏。沧海桑田,山河易容,曾经的集镇蜕变为湖泊。1970年,阳新人肩挑背扛,日夜劳作,修筑了一条大坝,拦洪蓄水,才有了现在大家所看到的美丽仙岛湖。

(2)丹凤第:是王平将军曾经就读的地方。"丹凤第"的"丹"字,意为赤色,含吉祥之意;"凤"乃神灵之鸟,古有"麟、凤、龟、龙"四灵之说,这里比喻有圣德之人,"第"即门庭、住宅。"丹凤第"是族人们对门匾主人至高的褒扬之词。

在丹凤第内,有一块古匾——"齿德咸稀",这块古匾的主人翁是清代冷水畈湾"丹凤第"门下的第一代秀才尹竹谿(xī)先生。其匾词"齿德咸稀"的含义如下:"齿"指人的年龄,如"齿德俱尊"(出自《增广贤文》);"德"指人立身的依据和行为准则,即高尚的品质;"咸"意为都、皆(用于两个以上),如"群贤毕至,少长咸集";"稀"表示世所稀有。总的来讲,"齿德咸稀"就是指府第的主人年高德劭。

（3）竹海探幽：行走在竹海石板路上，竹林茂密、树木参天、浓荫蔽日的山道上，却是山风习习、空气清新、幽静凉爽。

（4）欢乐山谷：四季花海争奇斗艳，让游客在欢乐的海洋和花的世界里流连忘返。

（5）爱情岛：由刺激惊险的情侣桥和最适合拍照的棕树林、金色沙滩组成；坐上竹排，感受渔歌唱晚，追忆童年时代。

4）仙龙岛

仙龙岛景点位于仙岛湖西南部，与王平将军纪念馆隔水相望。岛的形状恰似一条青龙浮卧在碧波荡漾的湖面上，逐浪而动。岛上琪花瑶草、水木清华，风光旖旎，是仙岛湖极为迷人的岛屿之一。"山不在高，有仙则名。水不在深，有龙则灵。"仙龙岛两者兼得。既有水的灵性，更有仙之名气。

（1）时光隧道：仙龙岛上建有一处景点仙岛巨龙。龙象征祥瑞，是极具代表性的传统文化之一。仙岛巨龙内部设置浩瀚的星空，场景运用声光电装置打造的沉浸式光影空间，让人仿佛置身无限星光的世界；美妙有趣的场景让人流连忘返；妙趣横生、变幻莫测的视觉装置让人体验别样的乐趣。

时光隧道依托高清LED显示屏构建梦境穿越体验项目。细腻画面融合多媒体音视频，以艺术化手法展现时光的动态变化，仿若真实的时光穿梭场景。

宽10米、落差18米的大瀑布颇为壮观。瀑布后方，一条长达10米的水帘洞横穿而过。于水帘洞内观大瀑布，景象惊心动魄。瀑布峡谷中，阶梯式瀑布群错落有致，水车、天壶、龙鳞坝等景观星罗棋布。灯光洒下，映照整个水系，营造出仿若世外桃源的氛围。

梦境穿越项目打造出多元沉浸式视觉体验。从绮丽的海底世界，到春日的鸟语花香、夏日的郁郁葱葱、秋季的落叶纷飞、冬日的银装素裹，四季景致依次呈现；再到神秘的太空穿越情境，一切都近在咫尺，带来身临其境、震撼人心的视觉感受。项目具备实时互动功能，融合神秘感、视觉美感、穿越沉浸感与互动特效，带来非凡的视觉体验，使人沉浸其中，感受真实场景。仙龙岛秉持"给一时体验，还四季之美"的理念，相遇仙岛湖，情聚仙龙岛，让仙岛湖之旅成为令人难忘、流连忘返的经历。

（2）仙女广场：玉帝的七个女儿在天宫偷窥凡间，芳心寂寞的七妹，目睹书生董永为安葬父亲，卖身到镇上大财主曹长者家为奴。七妹由怜生爱，决心下凡与董永相伴。她化身村女，与董永邂逅并托付终身……仙女广场的意境，常常引得一对对情人在此重演浪漫的爱情故事。

5）仙福山

仙福山景点位于仙岛湖南麓南山倪组，它因千年古刹仙姑殿的所在而得名，因仙岛湖的景色秀美而盛名。"东迎旭日升紫气，西留晚霞伴佛声；南依青山迷过客，北临绿水仙岛湖。"这里山林高密，怪石嶙峋，奇峰突兀，终年云萦雾绕，蔚气蒸腾。景区内有古炮台、十二生肖、观湖亭、雷峰塔等休闲观光点。

（1）将军炮台：革命战争年代，古老的太平塘（现仙岛湖）是苏维埃政府所在地。

1928—1931年,彭德怀率部曾在太平塘仙福山一带开展革命活动。王平、彭方复、贺俊侦在青年时期,深受彭德怀的影响,参加了中国工农红军。他们曾在仙福山上高筑"烽火台""土炮台"等工事,御外侮、反"扫荡",坚持游击战争,粉碎敌人一次又一次的进攻,保住了一方平安。

(2)十二生肖:相传在很久以前,太平塘(即现在仙岛湖)连年水灾泛滥,瘟病成灾,没有郎中救治,亡者无数。一日,何泰夫妇携女儿何仙姑及众仙采药经过此地,发现灾情,乃定居仙福山上采药,施药治病,济世度人,深得百姓喜爱。后人为纪念众仙,乃雕塑十二生肖神像祭祀,仙姑殿的名字也由此而来。

(二)黄石磁湖

1.游览路线

黄石明珠广场—长虹桥—鲇鱼墩—团城山公园大门—映趣园—逸趣园—野趣园—逸趣园路—泉塘路—天主堂—停车场(见图2-25)。

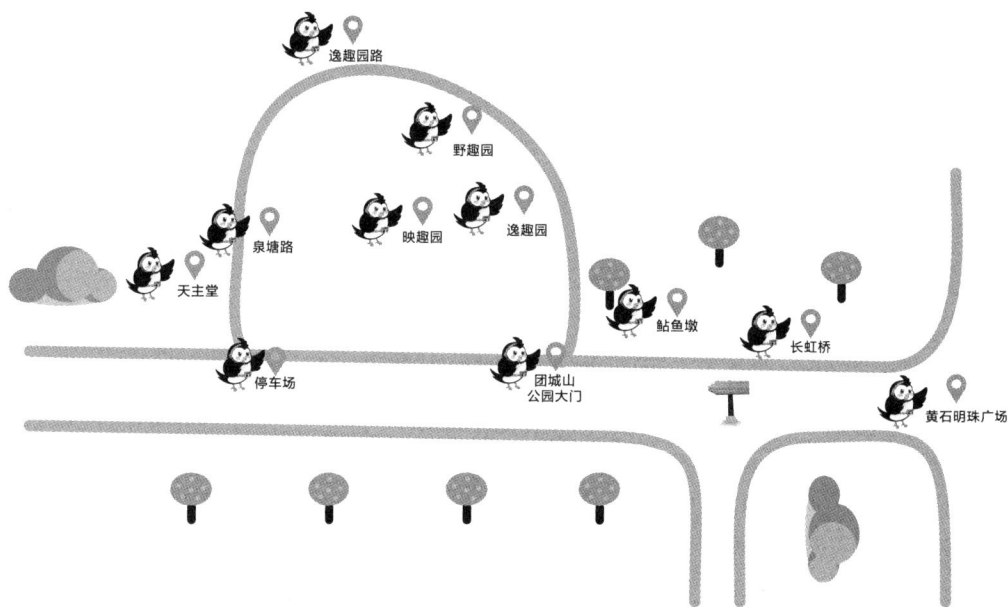

图2-25 黄石磁湖游览线路图

2.景点介绍

磁湖水域面积8.4平方千米,汇水面积为62.8平方千米,平均水深为1.75米。湖岸线曲折,总长为38.5千米。比杭州西湖还大2平方千米,这样的城中湖在全国不多见。磁湖景区内,山形峻峭,水域纵横,山环水抱,交相辉映,美不胜收。1997年,磁湖风景区经省政府批准为省级风景名胜区。现主要景点有"睡美人"、澄月岛、团城山公园(逸趣园、映趣园、野趣园)、情人堤(磁湖天地)和秀美的杭州路等。

二、示例导游词

黄石磁湖导游词如下所示。

游客朋友们：

大家好！欢迎大家来到生态旅游宜居的江南度假之城——黄石。我是你们的导游"石头"，非常荣幸能带领大家漫步在中国城中湖面积第五大的磁湖风景区，共赴一场跨越时空的诗意之旅，感受文化的深度、自然的宽度、生活的温度。

美国作家梭罗曾在其代表作《瓦尔登湖》中深情写道："一个湖是风景中最美、最有表情的姿容。它是大地的眼睛。"可以说，这样的"眼睛"在中国很常见，很多城市皆有令人引以为傲的湖。譬如，杭州有西湖；武汉有东湖；在黄石，一定是磁湖了。它碧波万顷、清新秀丽，如蓝宝石般镶嵌在城市中央。湖上有岛，仿佛动人的眼眸。还有一条长约2000米的湖间小道，美其名曰"情人路"，尽显人之情愫、水之韵味、城之灵秀。烟波含山，水光潋滟，绿树婆娑，与周围的城市建筑群交相辉映，显得风情万种、美轮美奂。

磁湖得名距今已有千年。《元丰九域志》记载，"磁湖"地名在北宋时期就已存在。最初得名源于相传在古时磁湖中有大量的磁石。其他文史资料的记载说明，"磁湖"名称在宋、元、明、清、民国时期一直存在，后来因大族群居住和辖区治理等原因，明朝初期磁湖也被称为"张家湖"。《大冶县志》（明嘉靖年间编）和《张氏续修宗谱》（清光绪年间修）记载，"张家湖"名称使用了约550年。1955—1965年，磁湖南半湖称为"南湖"，北半湖称为"张家湖"。1966—1987年，磁湖称为"南湖"。为解决一地多名的问题，1988年，黄石市人民政府将张家湖、南湖统一恢复历史名称"磁湖"。

各位游客朋友，我们车行的这条路叫"杭州路"。它东起天津路接轨黄石大道，西与磁湖路相交与发展大道相连。道路两侧高大粗壮的香樟树默默守护杭州东路，形成了上空遮天蔽日、地上光影斑驳的林荫大道。车行其中，犹如穿梭在一条绿色隧道，是全黄石人民心中的"醉美路"。

杭州路本名"湖心路"。1976年，黄石市政府规划了在团城山建立新城的宏伟蓝图，修建一条连接黄石老城区和新城区的湖心路也就被安排了进来。接着，开始组织农民工开山取土石，挖土筑路，历时十年时间建造完工。因大家向往美丽的西湖，便将这条30米宽路基的湖心路改名为杭州路。

对于每个黄石当地人来说，杭州路有着独特的情结。这是一条掺杂着每个黄石本地人成串成串汗水的辛苦路，也是一条见证着黄石人民齐心协力谋幸福、众志成城干实事的团结路。

杭州路对标北京中轴线，有着很多异曲同工之处。

它虽然没有北京中轴线那么长，但是也和北京中轴线一样，随着中华人民共和国的成长在变长变美。如今的杭州路虽然没有北京中轴线上那些威严厚重的建筑群，但自有曼妙的风景令人如痴如醉。连缀着杭州路的磁湖风景区湖澄树碧，极具东方美的逸趣园、映趣园、野趣园各有特色。三个园林和"万顷湖波一点山"的鲇鱼墩遥相呼应，无怨无悔守候在磁湖"睡美人"身畔，成为家喻户晓的"网红打卡点"。每逢周末或节假日，带着家人、朋友、同伴来此休闲打卡、徒步健身的人们络绎不绝，此起彼伏的欢声笑语、偶尔响起的自行车铃声充盈着磁湖的步道，丰富着人们的精神世界，同时，成为黄石城区最靓丽的风景线。杭州路虽然没有北京中轴线的历史悠久，但是它的建成诠释着黄石人民不怕苦不怕累的钢铁精神；见证着黄石从一个"光灰的城市"走向"国家卫生城市"的巨变；见证着黄石从有着"江南聚宝盆"美誉的矿藏宝地走向资源枯竭城市又蝶变成为国家创新型城市。

如果说，北京中轴线像一串珍珠项链，串起北京一系列厚重的历史遗迹，那么黄石的杭州路则像一条纽带，串起新、旧两个城区，也串起了黄石人民对美好生活的向往，是当之无愧的黄石城市中轴线。

在杭州路上的长虹桥东端，向前方一点钟方向望去，可见一位"美女"静卧在碧波之上，她万顷烟波托一身，花容月貌自凝神。这就是后宫佳丽都羞见的磁湖"睡美人"！

此时的"睡美人"由长湾垴山和狮子山、鲇鱼墩三座山峰组成，鲇鱼墩是头，长湾垴山峰是身体。若是我们近前至鲇鱼墩，"睡美人"依旧楚楚动人，少了鲇鱼墩与狮子山的重叠，狮子山是头，长湾垴山峰是身体，山上的绿树是衣服，满山的花朵是笑脸，奔跑的小动物是"睡美人"跳动的脉搏，磁湖就构成了她生命的原色。

关于"睡美人"的形成有好几个版本。其中一个是相传很久以前，天上的鲇美人有一次在玉帝的盛会上偷吃了七宝莲池中的一粒莲子，并且弄掉了仙磁，玉帝大怒，将她罚下天界。惊怯的鲇美人一心想重返天庭，于是在人间四处打听仙磁的下落。

她来到黄石，看到了一片静美的湖水，于是便低下头喝水，不料刚喝了一口就感到腹部疼痛难忍，昏了过去，湖畔的百姓救了她。原来，她偷吃的那粒仙莲子有孕育生命的力量，果真，不久就生了一个皮肤黝黑的儿子，自生下来就不哭不闹，之后才发现，原来是一个哑巴。他背部正中央有白色细纹胎记，仔细观之，乃一"煞"字，于是取名"鲇煞"。

鲇煞从小虽然不能说话，但他很懂事，酷爱习武，希望能在母亲有生之年把仙磁找回来，让母亲重返天庭。谁知，在不远处月亮山山洞里的豹精却提早拿到仙磁，供自己享用。鲇煞18岁那年外出习武。那年，黄石一连三年没下雨，湖水干涸。有一天，豹精来了，对当地百姓们说要每月十五上贡品于月亮山山洞旁,他便使用那仙磁降雨。鲇美人听了,便要去从豹精手里拿回仙磁,结果,鲇美人因斗不过豹精,被打成重伤。

鲇然回来后,看到受伤的母亲,要去找山中豹精报仇,将母亲托付给了乡民们便走了。鲇然和豹精便展开了一次武斗,鲇然是仙莲子所变,武艺高强,他们一连打了三个月。鲇母在家忧心忡忡,一直卧床不起。一天夜里,知道自己大限将至,于是泪流三千化作湖水,自己则变成了湖中央的一座巨山。此山形似鲇美人安然睡去的样子,子民后代都称那是"睡美人"。

在澄月路和杭州路交界处,立着一块雕刻着"磁湖"的石碑,石碑的后面,一座绿树扶疏,亭廊映水的天然小岛呈现在我们面前,因其体形狭长,形体侧扁,一端岭峰突起,宛若鲇鱼,故得名鲇鱼墩,是磁湖的著名景点之一。

您若有机会泛舟登临鲇鱼墩,可见门楼上樊稼生先生题写的"鱼跃鸢飞"四个大字。每当阳光照耀在门楼上,白墙黑字很是好看。下面挂着木制的门联上刻着的"风浪频来常自若,沧桑历尽总岿然"充满了哲理。的确如此,千百年来,这块面积仅5000平方米的弹丸之地,顶风冒雨,岿然卧浪的特定"品格"引来不少文人雅士,最具代表性的则是"坡仙"苏轼了。宋元丰三年(1080年),苏东坡因"乌台诗案"谪居黄州,弟弟苏辙乘船溯江去黄州看望,因风浪所阻,苏辙一行入磁湖暂避三日,苏轼闻讯后赶来。随后,苏氏兄弟畅游磁湖,见到"万顷湖波一点山"的鲇鱼墩,遂泛舟于此,吟咏唱和。时有人刻其诗于碑上,也就是置于山顶的苏公石。

各位游客朋友,当年苏轼还在巴河口隔江眺望,翘首以盼弟弟前来黄州,留下了"闻君在磁湖,欲见隔咫尺。朝来好风色,旗脚西北掷。行当中流见,笑眼清光溢。此邦疑可老,修竹带泉石"的赤诚文字,苏辙更发出了"从此莫言身外事,功名毕竟不如休"的人生喟叹!风浪无情,磁湖有情。它接纳了苏辙众人在此避风躲雨,也柔情欢迎了兄弟俩的到来,代表了黄石这座山水名城彰显出了应有的胸襟。这种格局延绵千年,一部分转化成黄石温度,温暖着来来往往的世人。毗邻磁湖而建的团城山公园是鉴证黄石温度的窗口之一。

团城山公园是融自然观光、休闲游乐、文化艺术展览为一体的综合性公园,面积不大,却是黄石市民心中公认的"第一"公园。公园先后建成以逸趣园、映趣园、野趣园为主体的仿古园林建筑群,形成名园"三趣"的趣园景观风景线。1999年,团城山公园被评定为"中国名园",全省仅团城山公园、黄鹤楼公园、中山公园等获此荣誉。中央电视台、湖北电视台曾在此拍摄《总督张之洞》《马鸣风萧萧》等热播剧。

随着时代的发展,黄石的公园建设,越来越多姿多彩。黄石人民广场、柯尔山—白马山公园、磁湖湿地公园、黄石港生态体育公园、飞云公园相继建成投入使用或全面改造升级后再度对市民开放,团城山公园的改造也一直未曾停过：实施扩建及滨水樱花带建设工程、改造梅花谷、实施"三趣园"至泉塘路教堂的扩园改造、建设团城山公园山体健身游步道及景观亭等。从春天的樱花大道到初夏的"最美跑道"，团城山公园"刷爆"了市民的朋友圈。公园在不断地提档升级，却从不收费，让城市融入大自然，让居民望得见山、看得见水、记得住乡愁，让市民产生满满的幸福感，这就是黄石的温度。现在就请大家和我一起漫步团城山公园，共同来感受黄石人民的幸福吧！

通过大型石牌坊后，沿着左侧游步道经过一条满是碑文字帖的抄手游廊，一股清新的文艺风迎面扑来：路边山脚错落着的几座白砖青瓦、雕檐飞拱的建筑群；半山的长廊里，复见碑文赫赫立于墙面；一池夏荷生意盎然，池水清澈透明，不枯不盈；所有景观倒映在清澈池水中，一幅灵动写意山水画就此衍生……这就是团城山公园"三趣园"之一的映趣园。

映趣园得名是因逸趣园与映趣园通过藕池相映成趣而得，整个园区却无一字一匾见其大名，是设计的高明之处：名藏景中、以景呼应，曰映趣却不见映趣，巧妙构思，妙不可言。映趣园主要景观之一是以1991年中国湖北黄石国际乒乓球、国际书法邀请展为基础打造的现代碑廊。这个由223块石碑组成的碑廊，聚集了全国书法界大手笔的精华作品，一经推出，就受到业界追捧，被誉为"西安碑林之二"。映趣园碑林荟萃了众多能工巧匠集体雕刻、制作、镶贴而成。布局错落有致，蜿蜒曲折，富有变化，格调清新幽雅，古朴庄重。入选碑刻的作者遍布全国。就题材而言，有绝句、律诗、词、曲，也有民歌和新诗楹联和单句；在内容上，有怀念寄思，有言志抒情，有感慨赞叹，有憧憬展望，挥斥风雷之句与云蒸霞蔚之篇相得益彰，令人鼓舞，催人奋进；就书法形体来说，有篆、隶、楷、行、草，一应俱全，起于点画用笔，成于整幅章法，美于风神气韵，法度森严又变化无穷。这一汇集知识性、艺术性、观赏性于一体的人文景区，为我国浩若烟海的书法艺术宝库又增添了一笔财富，不愧为翰林之瑰宝，艺术之殿堂。

诗人杜牧曾言"停车坐爱枫林晚"，只因"霜叶红于二月花"。在映趣园，几乎全部游人都会"停车坐爱藕香榭"。藕香榭，取自杜甫"棘树寒云色，茵蔯春藕香"一诗，是绝佳的赏荷位置。夏日在榭前的平台赏荷观鱼，美不胜收。映趣园的荷花依岸而开，争相盛放的荷花点缀在山石、柳荫、亭台楼阁旁，增添了一种妙曼无边的人文风情。在这里，有种人在画中走，画卷为你打开，美不胜收的感觉。它是映趣园另一主要景观，和红楼梦中描述的藕香榭景致相差无二。"河里水又碧清……看着水，眼也清亮。"岁月悠悠，诗意与美好在此静静流淌。

告别藕香榭，往东走一段后就抵达了三园之首的逸趣园。逸趣园依山而建，颇有意趣。据说这里是当年东吴陈兵拒魏，于此垒石成营，锁舟成寨，才形成此山此园的。与园外游人如织、人声鼎沸不同，园内倒是一片雅趣清静。无论是"塑得精神成世界，摄得天地入葫芦"的留梦轩，还是"选秀藏凹"的掩胜楼，都给人淡泊明志之感。每逢节假日，常有文人聚会于此，或歌咏，或挥毫泼墨，闲情逸致，乐在其中，逸趣园也逐渐成为书画爱好者的艺术殿堂。

顺"滴翠"长廊拾级向上，是一条沿山势曲折的画廊，回廊九转间植被高低错落，青黄两色点缀着几许娇红，廊的尽处靠着山墙立有块石碑，一个"观"字跃然而现极是醒目。观什么？大家可以见仁见智地想象一下。

顺廊而下，经荷塘，野趣园就出现在眼前，门的两旁还分别刻有"岭梅排云山花飞雨""古风和韵水月明心"。作为逸趣园的辅助园，野趣园因陈列粗犷古野盆景而得名。众所周知，盆景源出我国，盛于日本，播于世界，是富有自然情趣的东方艺术精品，也是我国独特的传统园林艺术，至今已有1300余年的历史。盆景是栽培技术和造型艺术的结晶，也是自然美与艺术美的结合。它以植物、山、石、水、土等为素材，经过园艺师的构思设计，造型加工，精心养护而成，把它布置于飓尺盆中，"缩地千里""缩龙成寸"，所以人们把盆景誉为"立体的画""无声的诗""生命的艺雕"。野趣园里大小盆景呈现出千姿百态，既有飞"禽"走"兽"，又有静"山"幽"泉"，清新雅致，栩栩如生。盆、几无论在形状、体积、色彩等方面与景的关系处理得十分协调自然，完全符合一景二盆三几的主客关系。所以，野趣园盆景总能在园艺盆景大赛中"穿金戴银"，所向披靡。过野趣园往上走，便到了公园最高处，那是一座连接起两侧山壁的城楼建筑，楼前是一块百十平方米的砖石平地，城下是三个小而且封闭着的拱形门，沿着城前的二级台阶折行而上，便到了一座两层高的城楼前，楼门虽然关闭，门头上的对联却龙走蛇行，然是精彩。过云山烟水楼，沿林荫道顺山而下，波光粼粼的磁湖之滨就映入眼帘，刹那间顿觉豁然开朗，"山不在高，贵在层次。水不在宽，曲折则妙"的美妙体验感油然而生。

出云山烟水楼，不多久即可到达逸趣园路，滨水樱花带上的不同品种的樱花树正在含笑迎宾，目之所及，皆是美好。每年3月，千株樱花竞相开放，游人如织，花海和人海绘就了最美的春天。

各位游客朋友，春风有信，花开有期。在经历了一期一遇的浪漫，感受了山水名城的清新后，我们的参观即将圆满结束。感谢大家的倾听与陪伴，期待大家下次再来黄石，吹着大咖们吹过的风，和美好生活深度相拥。祝大家生活愉快，旅途平安！

他山之石
▼

网湖秀水
万象更新，
湿地芳丛
万物共生

Note

任务四　红色旅游景区

在湖北这片充满红色记忆的土地上，有一个地方如同一颗璀璨的明珠，闪耀着历史的光辉，它就是阳新。

阳新，承载着厚重的革命历史底蕴，拥有众多令人肃然起敬的红色景点。其中，湘鄂赣边区鄂东南革命烈士陵园庄严肃穆，它是为纪念湘鄂赣边区鄂东南21个县（市）的近30万革命先烈而兴建，园内诸多纪念建筑见证了那段波澜壮阔的岁月，从园名坊到雕塑群，从纪念碑到烈士纪念馆，每一处都铭刻着先烈们的英勇事迹与崇高精神，这里被授予了众多国家级、省级荣誉称号，是爱国主义教育和国防教育的重要基地。

而阳新龙港老街（红军街）更是独具魅力。这条长600余米、宽约5米的青石板小街，两旁矗立着大多始建于明末清初的二层单檐砖木结构建筑，散发着古朴气息。它不仅有着悠久的历史，从元代末年的雏形发展到明代的鼎盛，再到清末民初的"小汉口"之称，更重要的是，这里是著名的革命旧址一条街。彭德怀旧居、鄂东南龙燕区苏维埃政府旧址等革命旧址错落分布，遗留的标语、壁画等遗迹仿佛在无声诉说着往昔惊心动魄的历史篇章。在这里，能够深入了解到中共鄂东南道委在革命时期的重要领导作用，鄂东南电台编讲所如何在通信与宣传方面为革命助力，少共鄂东南道委对青少年革命力量的培育与组织，鄂东南龙燕区苏维埃政府怎样推动苏区建设与发展，鄂东南工农兵银行在经济保障方面的关键意义，鄂东南政治保卫局维护根据地安全的努力，鄂东南欢乐园游艺所在丰富军民文化生活与思想宣传的独特贡献，以及鄂东南总工会对工人阶级力量的凝聚与动员，鄂东南苏维埃政府在多领域的全面领导，鄂东南红军招待所在接待、信息交流、后勤保障和组织活动等方面的重要作用。

阳新的这些景点，就像一部部生动的史书，等待着我们去翻阅、去解读。通过对它们的深入学习，能更好地掌握导游知识与技能，更深刻地领悟红色文化的内涵与价值，为成为一名优秀的导游奠定坚实的基础。现在，就让我们带着敬畏与期待，一同走进阳新的红色世界，开启这场精彩的学习之旅吧！

任务
探究

一、景区介绍

（一）湘鄂赣边区鄂东南革命烈士陵园

1.游览路线

正门—园名坊—雕塑群—纪念广场—纪念碑—烈士纪念馆—彭德怀立像—烈士纪念堂—墓地碑林区(将军墓园)—烈士墓地—国防园(见图2-26、图2-27)。

2.景点介绍

湘鄂赣边区鄂东南革命烈士陵园坐落于阳新县城莲花湖畔的伏虎山,是为纪念湘鄂赣边区鄂东南21个县(市)的近30万革命先烈而兴建。1979年破土动工,1986年11月落成,主要由园名坊、雕塑群、纪念广场、纪念碑、烈士纪念馆、彭德怀立像、烈士纪念堂、墓地碑林区(将军墓园)、烈士墓地、国防园等多个纪念建筑物组成,是国家级烈士纪念设施保护单位、爱国主义教育基地、民政部爱国主义教育基地、国家3A级旅游景区、国家国防教育示范基地。

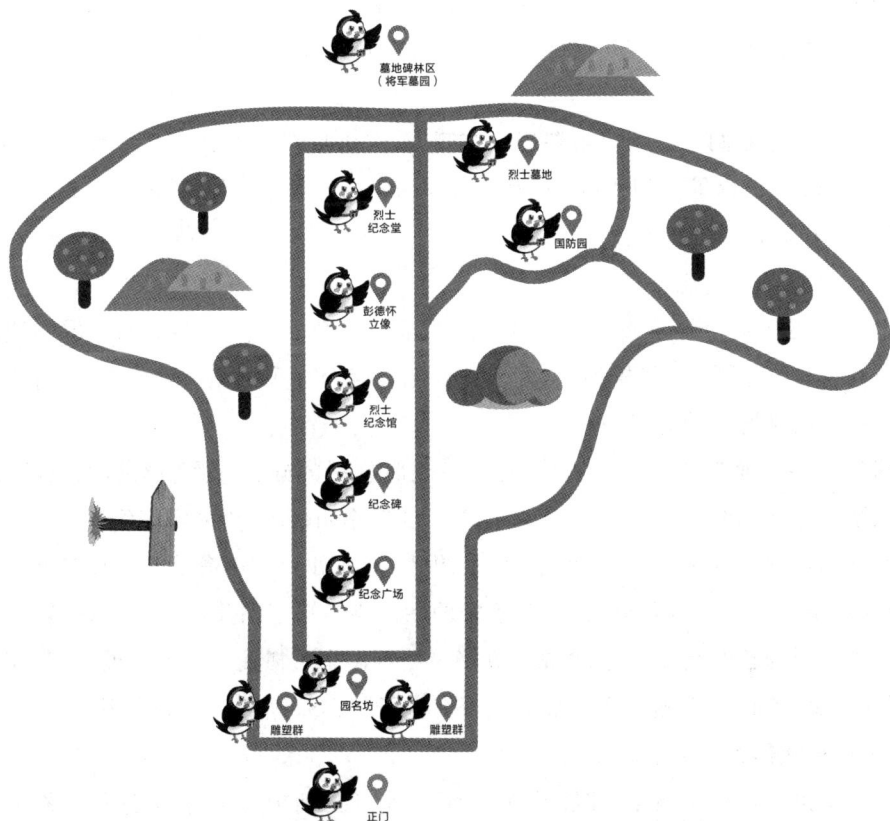

图2-26　湘鄂赣边区鄂东南革命烈士陵园游览线路图

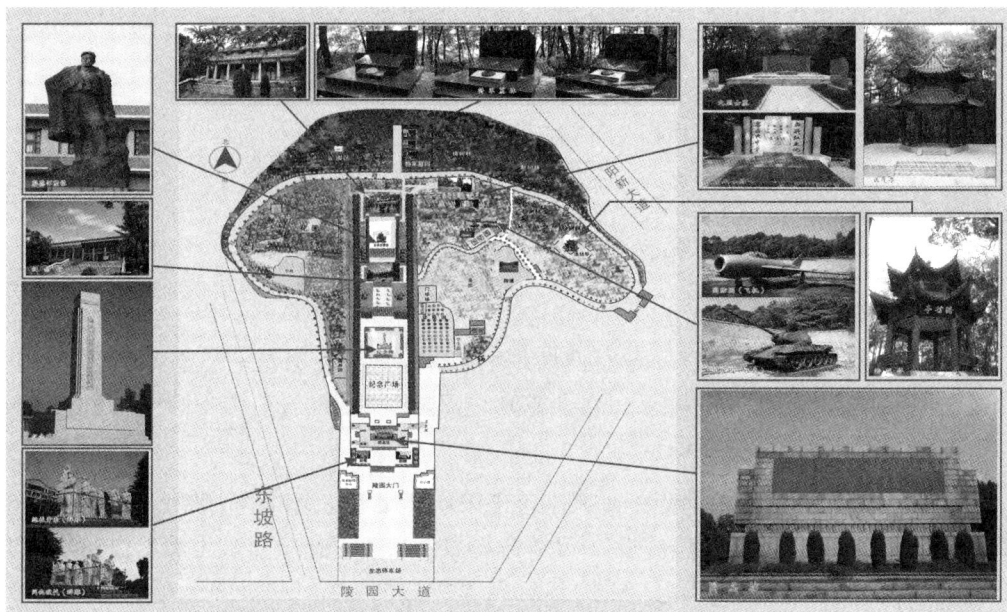

图 2-27　湘鄂赣边区鄂东南革命烈士陵园游览示意图

1）园名坊

园名坊是一座具有现代风格、横卧屏风式的麻石建筑,高 7.5 米,宽 11 米,正面镌刻的是李先念同志题写的"湘鄂赣边区鄂东南革命烈士陵园"的园名。

2）雕塑群

园名坊的左右两边是两组雕塑群。东侧为"同仇敌忾",以 1927 年震惊全国的阳新"二·二七"惨案为背景而创作;西侧为"继往开来",反映的是中国革命"三大法宝":统一战线、武装斗争、党的建设。

3）纪念广场和纪念碑

纪念广场和纪念碑是整个陵园最宏大的区域。矗立在广场中央的湘鄂赣边区鄂东南革命烈士纪念碑,气势雄伟,耸立云霄。纪念碑全部采用花岗岩外饰,碑身正面镌刻着杨尚昆同志题写的碑名。

碑的弥座正面为中共湖北省委、省人民政府撰写的碑文。弥座新增的三幅浮雕,分别以阳新"二·二七"惨案、"拥红扩红运动""红三军团成立"为内容创作。

第一幅浮雕生动展现了"九烈士"大义凛然、视死如归的革命精神。1927 年 2 月 27 日,天色阴沉,下着毛毛雨,突然,一阵紧密的锣鼓声打破了清晨的宁静,以阳新县旧商会会长朱仲炘为首的反动势力,将成子英等 9 位革命志士抓捕到城隍庙前,一帮匪徒冲着 9 位同志蜂拥而上,乱棍齐下。面对反革命分子的嚣张气焰,9 位同志不屈不挠,大义凛然,最后被熊熊大火活活烧死。

第二幅浮雕再现了当年"拥红扩红运动"。阳新县拥护红军、扩大红军工作十分突出,父送子、妻送夫参军,兄弟争着当红军的动人场面,当时到处可见。当地民谣"小小阳新,万众一心,要粮有粮,要兵有兵"生动反映了阳新人民拥红扩红的真实情况。

第三幅浮雕展现的是"红三军团成立"的情景。这幅浮雕再现了红三军团将士在彭德怀的带领下整装待发、工农群众欢欣鼓舞、斗志激昂的壮观场面。

纪念碑身的正北面镌刻的是彭德怀同志1957年写给阳新人民委员会一封信中的一句话,"先烈之血浇成了革命之花"。

4)烈士纪念馆

鄂东南革命烈士纪念馆位于纪念碑后面,是陵园主体工程之一,馆系大平台现代建筑,稳健大方,十分庄严。馆内由前厅和5个展室组成,再现了1919—1949年30年间湘鄂赣边区鄂东南人民革命斗争的光辉历史,重点介绍了革命烈士的英雄事迹。

纪念馆的前厅为大家展出的是以工农武装割据为背景创作的大型主题群雕"遍地鲜红鄂东南",展现了鄂东南红军一往无前、冲锋在前的革命精神,以及鄂东南人民拥红扩红的感人场景。纪念馆第一展室的主题是传播马克思主义,掀起工农革命运动。第二展室的主题是开展武装斗争,实行土地革命。第三展室的主题是坚持抗日民族统一战线,广泛开展全民抗日斗争。第四展室的主题是推翻黑暗统治,人民翻身解放。最后一部分是黄石地区的开国将军,其中有许多是阳新籍。

5)彭德怀立像

整座雕塑总高度5米,彭德怀的雕像高度3米。基座镌刻有彭德怀同志1930年在鄂东南的革命斗争事迹。这座雕塑是根据彭德怀同志1930年的肖像,结合他在鄂东南革命斗争的史料塑造的,再现了"谁敢横刀立马,唯我彭大将军"的光辉形象。塑像两边是桂花林和腊梅林,象征彭老总刚直不阿的性格。

6)烈士纪念堂

烈士纪念堂由阳新籍将军王平上将题写堂名。纪念堂共展出432名知名烈士的生平事迹及1276名鄂东南红军失散人员名单和709名阳新工农积极分子名单。

7)墓地碑林区(将军墓园)

墓地碑林区(将军墓园)由英烈纪念墙、烈士墓地、将军墓林三部分组成。

英烈纪念墙陈展了已查明的在册阳新籍烈士,以及因公牺牲的革命军人和工作人员等。阳新是革命老区,全国闻名的"烈士县",在中国革命的各个历史时期,许多英雄儿女献出了生命。他们的英名,与山川共存,与日月同辉。

烈士墓地用于安放烈士骨灰或遗体,部分陵园设有独立墓碑或集体安葬区。

九烈士墓安葬着在阳新"二·二七"惨案中壮烈牺牲的九名共产党人和革命志士。整个墓地由"墓冢""墓碑""墓志碑""正气亭"和"文物保护标识"组成。墓区平台周长49.517米,寓意1949年5月17日阳新县的解放日。墓冢由整块满山红花岗岩制作,盖石上雕刻一束九朵菊花,以示对九位烈士的缅怀和敬意。九烈士墓简洁大方,气势恢宏,凸显了"烈火中永生"这一主题,表现了九烈士视死如归、大义凛然的革命气节和高尚品德。

8）国防园

国防园存放有米格-15战斗机、坦克和"三七"高炮，它们都在抗美援朝战争中发挥过重大作用。1981年，该炮被调到阳新县气象局，担负着人工降雨的光荣使命，为阳新县的抗旱保丰收立下了汗马功劳。

（二）阳新龙港老街（红军街）

1. 游览路线

中共鄂东南道委旧址—鄂东南电台编讲所旧址—少共鄂东南道委旧址—鄂东南龙燕区苏维埃政府旧址—鄂东南工农兵银行旧址—鄂东南政治保卫局旧址—鄂东南欢乐园游艺所旧址—彭德怀旧居（劳动总社旧址）—鄂东南中医院旧址—鄂东南总工会旧址—鄂东南苏维埃遗址—鄂东南红军招待所旧址（见图2-28）。

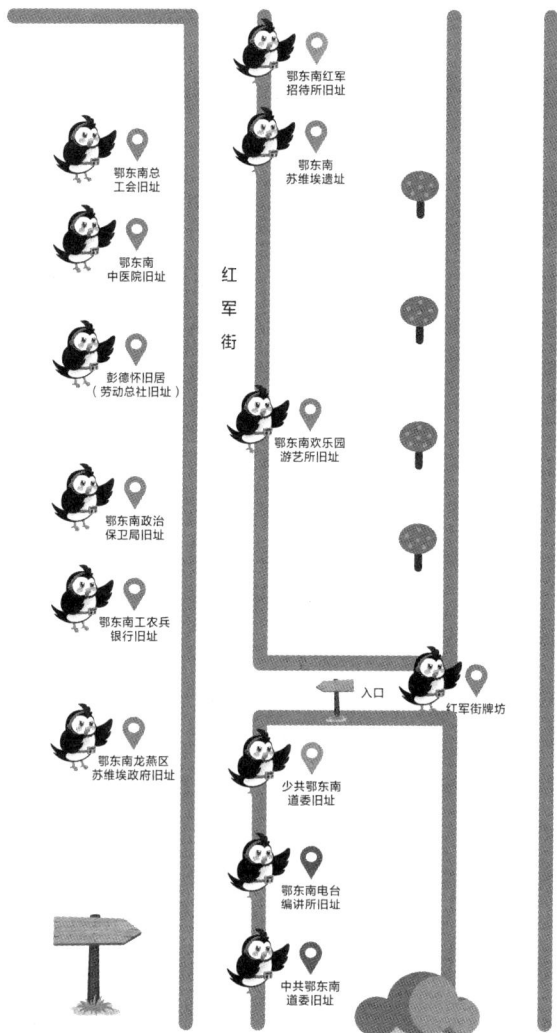

图2-28　阳新龙港老街（红军街）游览线路图

2. 景区概况

阳新龙港老街(红军街)是一条长600余米、宽约5米的小街,青石板路面。两旁矗立着的建筑,大多是二层单檐砖木结构,多数始建于明末清初。建筑均砌有两级石台阶,门板和地板都刷着红漆。这就是有名的"红军街",又称龙港老街、鄂东南革命一条街、革命旧址一条街。《阳新县志》记载,龙港老街的雏形,始于元代末年。明代鼎盛,官方遂在此设市,称龙川市。清光绪十一年(1885年),清朝政府在此设龙港巡检司,改称龙港市。清末民初,龙港街店铺鳞次栉比,旗幡招展,拥有商号、作坊300余家,甚是繁华,故有"小汉口"之称。

二、示例导游词

阳新龙港老街(红军街)导游词如下所示。

游客朋友们:

大家好！欢迎来到充满传奇色彩的龙港老街,它还有一个更令人热血沸腾的名字——红军街。它就像是一部活着的史书,每一块古老的石板、每一座陈旧的建筑,都弥漫着浓郁的历史韵味,流淌着深深铭刻于中华民族灵魂深处的红色基因。我是你们此次旅程的导游"石头",能站在这片神圣的土地上为大家讲解,我的心中满是自豪与荣幸。现在,就让我们怀揣着敬畏之心和对历史的无限追思,共同开启这场穿越时空、触动心灵的红色之旅,去探寻那些被岁月尘封却永不褪色的珍贵记忆,去领略这片土地独一无二、震撼人心的魅力吧！相信在这场旅程中,每一个瞬间都将成为我们心中永恒的瑰宝,让我们更加深刻地理解红色文化的内涵和价值。

龙港老街,又被亲切地称作"革命旧址一条街""红军街"。《阳新县志》记载,龙港老街的雏形,始于元代末年;明代鼎盛,官方遂在此设市,称龙川市;清光绪十一年(1885年),清朝政府在此设龙港巡检司,改称龙港市。清末民初,龙港街店铺鳞次栉比,旗幡招展,拥有商号、作坊300余家,甚是繁华,故有"小汉口"之称。在这里,彭德怀旧居、鄂东南龙燕区苏维埃政府、鄂东南工农兵银行等十多处意义非凡的革命旧址宛如一颗颗璀璨的明珠,镶嵌在岁月的长河之中。那遗留的标语、壁画等遗迹,就像是时光的信使,无声地向我们诉说着往昔那些惊心动魄、波澜壮阔的历史篇章。老街长600余米,宽约5米,街道两旁的二层单檐砖木结构瓦房,大多始建于明末清初,一进数重,店铺前的二级石台阶与红漆门板,散发着古朴而醇厚的气息。老街依河蜿蜒伸展,曲曲折折的布局,典雅的风貌,恰似一幅江南古镇的水墨画卷。

游客朋友们,前方这座砖木架构、覆着黛瓦的建筑石门左侧,一块镌刻着"中共鄂东南道委旧址"字样的铜牌,彰显着它作为重点文物保护单位的特殊身份与厚重历史底蕴。在那烽火连天的岁月里,这里肩负着管辖阳新、大冶、通山、瑞昌、武宁等多个县党组织的重任。在党的英明领导下,鄂东南军民不畏艰难险阻,成功地粉碎了国民党反动派的三次"围剿",将鄂东南根据地推向了辉煌。当时,道委的领导们以高瞻远瞩的战略眼光,精心谋划布局,积极组织群众开展生产自救,为前线浴血奋战的战士们铸就了坚实的后勤保障。在这里孕育出的一系列正确方针政策,犹如明灯照亮了根据地建设发展的道路。

1931年,随着革命形势的发展,中国共产党领导的鄂东南地区革命斗争持续深入。在此过程中,为了加强对各个根据地的领导与组织,迫切需要专门的机构来承担电信联络和政治宣传工作。于是,在龙港应运而生了鄂东南电台编讲所这一兼具通信与宣传功能的重要机构。鄂东南电台编讲所作为至关重要的通信与宣传枢纽,承担着对各根据地进行电讯联络和政治宣传的神圣使命。在电讯联络方面,它是信息传递中枢,承担着与各根据地间的电讯联系,是鄂东南地区和省委、中央苏区及其他根据地信息沟通的关键枢纽,保障了诸如上级指示接收、协同作战、战况汇报和战略决策制定等工作所需信息的及时准确传递,同时也是情报交流的桥梁,能接收外部信息并将本地情报外送出去,为革命斗争提供情报支持,增强两类革命力量。在政治宣传上,这里是思想教育阵地,编讲所通过编写资料、举办报告会等形式,向群众开展马列主义理论和革命形势教育,提高群众政治觉悟和思想认识,为革命队伍壮大奠定思想基础,许多村民受此影响投身革命;它还是精神鼓舞平台,通过宣传革命成果和英雄事迹,激发军民革命热情和斗志,为革命胜利提供精神动力。在组织领导层面,作为中共鄂东南特委的重要机构,它加强了党组织对本地革命斗争的领导,能及时传达党的政策、方针和指示,保证思想和行动与党中央一致,强化党的领导核心作用,同时促进根据地建设,在宣传党的政策主张过程中,动员群众参与根据地的经济、政权、文化等建设工作,有力地巩固和发展了根据地。总之,该旧址是革命历史的关键见证,有着非凡的历史价值和意义。

现在我们来到了少共鄂东南道委旧址,这里曾是土地革命战争时期重要的青少年革命组织的领导机构所在地。从1931年的春天到1932年的秋天,这里设立了青工、青农、少先队、儿童团等组织,主要领导各县少共对青少年进行马列主义和革命形势教育,进行武装训练,参加党的政治与经济斗争。在思想引领与教育上,通过出版《列宁青年》等刊物,向青年群体传播马列主义理论,使他们深入理解革命理论,树立正确观念,坚定革命信念;同时积极开展宣传教育活动,激发青年革命热情,为革命队伍注入新力量,培养出大批青年骨干。在组织建设方面,将鄂东南地区青年团员紧密团结,构建严密组织体系,强化组织纪律,形成强大合力,并且大力培养和选拔优秀青年干部,为党和红军输送大量人才，为革命持续发展筑牢组织根基。在革命斗争支持上，参与情报收集和传递，为红军和党组织提供关键信息，助力战略战术制定，还组织青年团员投身根据地建设和后勤保障工作，像筹集物资、运送弹药、护理伤员等，有力支持前线斗争。在文化建设方面，举办文艺演出、演讲比赛、读书活动等文化活动，宣传革命思想文化，丰富根据地人民精神生活，增强群众对革命的认同与支持，同时积极保护和传承鄂东南地区优秀文化传统，把革命文化与地方文化融合，留下宝贵的鄂东南革命文化遗产。

在少共鄂东南道委旧址对面院内的这栋建筑就是鄂东南龙燕区苏维埃政府旧址。该建筑为国家级文物保护单位、省级爱国主义教育基地。这幢建筑原本是大地主陈福堂的宅邸，共产党进驻龙港，鄂东南龙燕区苏维埃政府于1929年10月正式成立后，他深明大义地捐出了大宅，这里便成为政府的办公楼。在土地革命时期，鄂东南龙燕区苏维埃政府与鄂东南特委、鄂东南苏维埃政府等机关一起被称为"四十八大机关"。由于这些机关的汇聚，龙港一度成为当时的政治、军事、经济和文化中心，被誉为"小莫斯科"。鄂东南龙燕区苏维埃政府旧址展厅分为三个部分：第一部分是"革命火种播龙燕，农民运动掀高潮"；第二部分是"举行武装暴动，建立工农政权"；第三部分是"加强苏区建设，服务革命战争"。

游客朋友们，此刻在我们面前的是鄂东南工农兵银行旧址，它是鄂东南苏区经济发展历程至关重要的见证。其前身是"鄂东农民银行"，后更名为"鄂东南工农兵银行"。在那段波澜壮阔的革命岁月里，鄂东南工农兵银行承担着发行苏区货币、管理金融事务、筹集资金等一系列重大使命，为苏区红军和党政机关的开支提供有力保障，是苏区红军和党政机关得以正常运转的经济支柱。作为土地革命时期鄂东南革命根据地的核心金融机构，鄂东南工农兵银行有着不可估量的价值。它的存在和运营在打破敌人经济封锁方面发挥了中流砥柱的作用，让苏区经济在敌人的重重围困下得以喘息；它稳定了苏区物价，犹如定海神针，使苏区人民免受物价飞涨的困扰；它改善了苏区人民的生活，像春风化雨般滋润着苏区大地；它为革命战争提供了强大支持，成为前线战斗的坚实后盾。鄂东南工农兵银行，为苏区的巩固和发展注入了磅礴的经济力量，是中国共产党在革命战争年代金融探索与实践的璀璨结晶，为后世金融工作留下了无比珍贵的经验财富。

鄂东南政治保卫局成立于1931年4月，其建立于土地革命战争时期这一特殊历史背景之下。当时，革命根据地面临着复杂的斗争形势，一方面要应对敌人的军事进攻，另一方面还需维护内部的安全和稳定，这使得政治保卫工作显得尤为重要。鄂东南政治保卫局隶属于湘鄂赣省政治保卫局，在政治上接受鄂东南特委领导，业务上则归省局指挥。这种双重领导关系意味着，它既要遵循上级保卫局的业务指导，又要在当地特委的政治领导下开展工作,以此确保政治保卫工作能与当地的革命斗争紧密相连。鄂东南政治保卫局旧址是土地革命战争时期中国共产党在鄂东南地区开展政治保卫工作的重要见证,为保卫鄂东南革命根据地的安全、巩固和发展发挥了重要作用。

各位游客朋友,这里是鄂东南欢乐园游艺所旧址。早在1929年3月,中共阳新县委在阳新太子庙组建了阳新县青年文艺宣传队,1930年5月改名鄂东新戏团。到了1931年春至1932年秋,中共鄂东南特委为活跃苏区文化生活开办了鄂东南欢乐园游艺所。在艰苦的革命战争时期,它为苏区军民提供了珍贵的文化娱乐场所,在生活艰苦、战争压力大的情况下,其演出厅、歌舞厅、游戏厅、棋类厅、报刊厅等设施,使军民能在战斗和生产之余放松身心、缓解压力,极大地丰富了他们的精神文化生活。同时,这里还是关键的思想宣传阵地,为配合红军重大战役和苏区政治活动,通过自编、自演革命文艺节目,宣传党的革命思想、方针政策,开展马列主义理论和革命形势教育,有效提高了群众的革命觉悟,让更多人理解和支持革命事业。此外,它作为苏区军民交流互动的重要平台,增强了军民联系和团结,大家在共同娱乐和观看演出中增进感情,提升了苏区的凝聚力和向心力,对团结军民抵抗敌人、巩固和发展革命根据地意义重大。而且,鄂东南欢乐园游艺所的精彩表演和娱乐活动能激发苏区军民的革命热情和战斗意志,让军民在参与过程中感受到革命力量和胜利的希望,从而更坚定地投身革命斗争,为保卫和建设苏区贡献力量。鄂东南欢乐园游艺所旧址是土地革命战争时期中国共产党在鄂东南地区进行文化建设和思想宣传的重要场所,它为丰富苏区人民的文化生活、鼓舞军民的革命斗志、巩固和发展鄂东南革命根据地发挥了重要作用。它也是研究土地革命时期苏区文化建设和政治宣传工作的重要历史见证。

游客朋友们,现在展现在我们眼前的这栋古朴的建筑就是彭德怀旧居(劳动总社旧址)。该旧址为全国重点文物保护单位。走进古屋,有彭德怀的生平事迹展示。1930年5月,彭德怀率领红五军第二、四纵队挺进鄂东南,在龙港设立司令部。在这里,他深入基层进行调查研究,召开振奋人心的群众大会,传播毛泽东同志的红色武装割据思想和井冈山斗争经验,大力整训和扩充红军队伍,进一步巩固和扩大了鄂东南革命根据地。彭德怀同志在龙港积极创办了兵工厂、被服厂、红军后方医院以及彭杨学校等,还全力协助龙港组织发动群众"打土豪、分田地",轰轰烈烈地开展土地革命,与龙港人民建立了深厚的情谊,在龙港掀起了热烈的"拥红"高潮。红五军以龙港为坚实的依托,横扫赣北、鄂东、鄂南10余县的反动武装,巩固和扩大了鄂东南革命根据地。1930年6月,红五纵队迅速发展壮大到8000余人,并扩编为红八军;同时,红五军也不断发展壮大,与红八军合编为红三军团。1931年2月至1932年9月,特委在这里设立了鄂东南劳动总社、转运局,同时允许私营经济的存在，这一举措犹如一阵春风，让苏区商业焕发出勃勃生机，军民生活供给有了坚实的保障，为鄂东南革命战争立下了赫赫战功。

跨过两道门槛，我们来到了彭德怀曾经休息过的房间。左手边分别是李灿、何长工的房间，后面是警卫室。右手边的长方形卧室就是彭德怀休息的地方。由于斗争环境的艰苦且形势严峻，彭德怀即使在休息时也始终保持着高度的警惕。这间卧室别具匠心地设计了两道门，一前一后，这是为了在突发情况下能够迅速转移。转移的路径有三条：一是卧室后门右手边的楼梯可直达二楼；二是左手边的大门外是一条名为"同泰巷"的巷子直通龙港河，可以走水路迅速撤离；三是地下一条秘密地道，不过出于对游客安全的考虑，这条密道已经关闭。

离开彭德怀旧居后，映入大家眼帘的便是鄂东南中医院旧址。这座旧址是硬山顶砖木结构建筑，极具特色，值得我们细细品味。其屋顶设计尤为独特，仅第一进天井位于中央的纵向轴线上，其余天井分布在房屋两侧，与房屋山墙共同围合成三合天井。基于此独特布局，屋顶以房屋纵向轴线为脊，向两侧找坡形成屋顶，巧妙地将前后重房屋的屋顶连接起来，展现出"工"字形屋顶纵向拼接的奇妙形态。从空间结构来看，底层空间视线通透开阔，二层空间则相对封闭且层高较高，呈现出典型的下店上宅模式。房屋中间连续的开敞空间设计得十分精妙，这使得住宅内部交通极为便捷，物资运输也畅通无阻。回顾历史，医院创办之初，条件异常艰苦，仅有2名医务人员，而且没有任何医疗设备。后来，情况有了很大改观，医务人员也有所增加，医院设有诊断室、中药房、药材炮制室、病房等完善的医疗设施。在艰难险阻面前，医务人员展现出了坚韧不拔的精神，她们不畏艰辛，自行采集、制作中药，成功攻克了医药短缺这一难题。鄂东南中医院旧址见证了革命战争年代中国共产党对医疗卫生事业的高度重视和不懈努力，在保障红军战士和当地群众身体健康方面发挥了不可磨灭的作用，承载着厚重的历史意义。

现在我们所在的位置是鄂东南总工会旧址。它成立于1931年，下辖阳新、大冶、通山、鄂城（今鄂州）、蒲圻（今赤壁）、咸宁、崇阳，以及武宁、瑞昌等地的总工会。鄂东南总工会积极维护工人权益，不仅为工人争取合理的工作条件、工资待遇，保障其基本权益以提高生活水平，增强工人对革命的信心，还重视劳动安全，努力改善劳动环境，减少工伤事故。在组织生产活动方面，它有力地推动了根据地的经济建设，动员工人参与农业生产（如开垦农田、耕种和灌溉），以及手工业生产（如军需和生活用品制造），同时推动技术创新，开展劳动竞赛和征集合理化建议，提高生产效率和产品质量。总工会开展的宣传教育工作也意义非凡，对工人进行思想政治教育，宣传革命理论和党的方针政策，提升工人政治觉悟，让他们明确自身使命，还通过开办夜校、识字班等提升工人文化水平，为个人发展和革命建设助力。在支援革命战争上，总工会积极扩充红军队伍，组织工人参军，为红军注入大量有坚定信念和顽强斗志的战斗力量，同时全力提供后勤保障，包括运送物资、筹集粮食、制作军服和救护伤员等。此外，它还在团结凝聚力量方面发挥着积极作用。一方面建立广泛统一战线，与农民协会、妇女联合会等密切合作，团结其他阶层群众共同革命；另一方面在工人阶级内部增强团结协作，强化阶级意识和集体荣誉感，提高工人阶级的凝聚力和战斗力。鄂东南总工会是鄂东南地区工人阶级的重要组织，它的存在和发展对于团结和动员广大工人阶级参与革命斗争具有重要意义。它为鄂东南革命根据地的巩固和发展提供了坚实的群众基础和力量支持，是中国共产党领导下的工人运动在鄂东南地区的重要实践。

游客朋友们，在历史的演进中，鄂东南苏维埃遗址最初是1931年9月设立的湘鄂赣省苏维埃政府鄂东南苏维埃办事处。1932年6月，鄂东南苏区第一次工农兵代表大会在阳新龙港召开，正式成立鄂东南苏维埃政府。下属政治保卫局、电台、编讲所、工会、反帝大同盟、经济委员会等四十八大机关和红三师等地方红军武装，领导军民巩固、发展根据地。鄂东南苏维埃政府在政治、经济、军事、文化教育和社会等多个领域发挥了至关重要的作用。在政治上，它作为人民政权组织，代表工农群众利益，让人民当家作主，通过选举提升人民政治参与感，奠定地区政治稳定基础，同时作为革命根据地的政治核心，有力抵御国民党反动派压迫，保障根据地巩固发展。经济方面，积极开展土地改革，没收地主土地分给农民，激发农民生产积极性，还组织领导经济发展，兴办工厂和合作社，推动工业、商业和手工业进步，像建立的被服厂、兵工厂为红军供应物资且改善民生，并且建立财政体系，以税收等方式筹资支持革命与建设。军事上，大力建设红军和地方武装，招募训练士兵，加强军队政治教育和军事训练，提升战斗力，统一指挥军事斗争，制定战略战术开展战斗战役，还负责军队后勤保障，包括物资供应和伤员救治护理。在文化教育领域，积极宣传革命思想理念，借助文艺演出、标语、宣传册向群众普及马克思主义、共产主义思想，提高群众的思想觉悟，同时重视教育，兴办学校、开展扫盲运动，为革命培养有文化、有理想的人才，为根据地建设发展提供智力支持。在社会层面，关注民生疾苦，改善居住、医疗等条件，提高生活质量，如建立医疗机构服务人民，提倡男女平等，推动妇女解放，鼓励妇女参与社会生活提高其地位，还建立司法体系打击犯罪，维护社会秩序，保障人民生命财产安全，使根据地社会稳定、人民安居乐业。

最后，我们参观的是极具历史价值的鄂东南红军招待所旧址。鄂东南红军招待所，其发展历程见证了革命时期的复杂变迁。最初，它隶属于红五军后方留守处,之后转由鄂东南苏维埃政府管理。龙港,作为鄂东南革命的核心地带,掌控着湘、鄂、赣三省21个县的广袤区域,在当时的革命局势中占据着至关重要的地位。正因如此,南来北往的红军队伍川流不息,党政军干部也频繁在此活动,鄂东南红军招待所应运而生。创办伊始,招待所条件极为简陋,且仅为红军服务。然而,随着革命形势的发展,它逐渐壮大,其作用在革命历程中不可小觑。它是一座关键的接待中转堡垒,在交通与通信都极度受限的革命战争岁月里,为过往的红军战士、赤卫队成员以及党政干部撑起了一片栖息之所,成为他们在行军作战、执行任务过程中的临时港湾和重要中转站。这里更是一个充满活力的信息交流中心。来自不同地区、不同部队的人员汇聚于此,他们在这里分享各自的战斗经验,交流珍贵的情报,传达上级的指示,就像无数条溪流在此汇聚成河,有力地促进了革命队伍内部的沟通协调,保障了统一行动的高效开展。同时,招待所也是红军坚实的后勤保障后盾。它宛如一位默默奉献的后勤战士,为战士们提供食物、热水等基本生活物资,用温暖慰藉着每一位过往红军的身心,让他们在紧张激烈的战斗间隙能够获得充足的补给和悉心的照顾,重新积蓄力量投入新的战斗中。不仅如此,它还是组织各类革命活动的重要阵地。无论是严肃的军事会议、提升素养的政治培训,还是充满激情的联欢活动,这里都为其提供了理想的场地,为红军开展政治素养和军事技能提升等活动发挥了积极的助力作用。从历史意义层面审视,鄂东南红军招待所承载着鄂东南地区那段波澜壮阔、艰苦卓绝的革命记忆,每一块砖石都铭刻着红军战士们的英勇事迹和无私奉献,是研究当地革命历史不可或缺的实物依据。它更是一种伟大精神的传承载体,深刻彰显了红军艰苦奋斗、团结互助、为人民服务的崇高精神。这种精神如同璀璨的星光,穿越时空,在招待所的旧址上闪耀不息,并将永远传承和弘扬下去,激励着一代又一代中华儿女为了国家的繁荣富强、民族的伟大复兴而不懈奋斗。

如今,虽然硝烟弥漫的岁月已经远去,但当我们站在龙港老街(红军街),依然能够强烈地感受到当年那激昂的历史气息。龙港拥有70余处革命旧址,被赞誉为"天然的革命历史博物馆"。

龙港老街(红军街)不仅仅是一处历史遗迹,更是一座不朽的精神丰碑。它见证了革命先辈们的英勇无畏、无私奉献和坚定信念。希望大家在参观结束后,能够将这段波澜壮阔的历史铭记于心,将革命精神代代传承下去。

感谢大家的倾听与陪伴,期待大家下次再来阳新龙港老街(红军街),再次感受这段激情燃烧的岁月。祝大家生活愉快,旅途平安!

他山之石
▼

满门英烈
山下程

任务五　乡村旅游景区

任务导入

　　在当今时代,文化旅游产业蓬勃发展,它不仅是经济增长的新引擎,更是传承文化、促进乡村振兴的重要力量。习近平总书记高度重视文化旅游与乡村发展,强调要依托丰富的红色文化资源和绿色生态资源发展乡村旅游,助力乡村振兴战略的实施。党的二十大报告也提出推动绿色发展,促进人与自然和谐共生等理念,为文旅产业指明了方向。

　　大冶的上冯村、沼山古村桃乡以及龙凤山,正契合了这样的时代要求与发展理念。它们兼具丰富的自然景观、深厚的历史文化底蕴与独特的民俗风情。这些地方在发展过程中,不仅注重生态保护,还深入挖掘红色文化、古村落文化等资源,带动当地经济发展,促进村民增收,实现了文旅融合与乡村振兴的有机统一。对这些地方景点的深入了解与学习,能够更好地领悟如何在导游工作中学习贯彻习近平总书记重要讲话精神和党的二十大精神,为游客提供富有内涵、独具特色的乡村旅游体验,同时也为推动地方文旅事业的高质量发展贡献力量。

任务探究

一、景区介绍

(一)大冶上冯村

1. 游览路线

　　富贵树—上冯祖堂—中华枸骨王—千年树爹—方志敏办公室—古碑—樟树林—仙女晒布—北上抗日广场(祖屋)—小桥流水—涌泉—广场(见图2-29、图2-30)。

2. 景点介绍

　　上冯村,位于大冶市区南郊,是中国传统古村落、原生态环境百花园中的一朵奇葩,被誉为"灵秀湖北的九古奇村""诗画上冯"。

Note

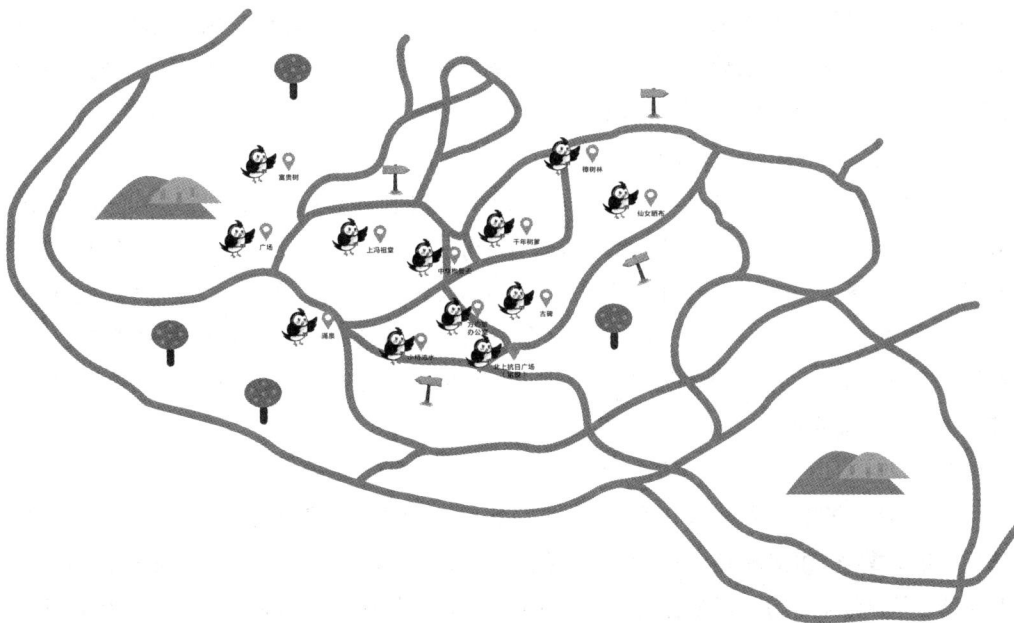

图 2-29 大冶上冯村游览线路图

图 2-30 大冶上冯村游览示意图

上冯村于元朝晚期至元年间由冯公惠五在此择基立业,由此走出子孙 4 万余众,遍及海内外,为振兴中华生生不息,建功立业。

上冯村三面环山,古村为龙角山、鹿耳山延脉簇拥。山上群峰叠翠,古木参天,鸟唱虫鸣,迭泉潺潺,惊叹天人合一的庐尚仙境;一面临溪,高山流水,溪边水塘、水田,宛若一线穿珠。村前绿水湾碧水如镜,雄山碧树倒映塘中分外妖娆。山下古宅傍山临溪而建,错落有致,山溪蜿蜒,灰墙矗矗,黛瓦鳞鳞,男耕女织,牧童夜读,宛如一幅雄山碧水灵泉、古宅朱轩曲巷的山水画。

作为国家3A级旅游景区,上冯村景区由上冯村和鹿耳山上的庐尚境风景区组成,分为"一心一核三区"。其中,"一心"即游客中心,"一核"即九古奇村,"三区"即金竹寺佛教朝圣区、楠竹海生态观光区、庐家塘森林度假区。这里汇集了古宅、古树、古井、古祠、古碾、古庙、古碑、古道和古沟渠等众多历史人文景观,全国罕见,故被称为"九古奇村"。行走在上冯湾,如同穿梭在时光隧道,令人感觉走进了古远静谧的历史,悠悠的怀古之情,会油然而生。

1) 古树

上冯湾百年以上古树有千余株。庐尚境现有楠竹、油茶、紫薇、杜鹃、松杉等原始丛林,树苍藤绕,林密深幽。房前屋后现有许多200年以上的古树,树种有樟树、枸骨、刺冬青、枫树等。其中,有被称为"中华枸骨王"的枸骨树,树龄在千年以上古树群落有"四世同堂""儿孙满堂"等。有一棵樟树被称为香樟"活化石"。"细细品尝古莞香,长命百岁不夸张。""绕着古树走一圈,升官发财都沾边。"上冯湾众多的古树未遭砍伐,林木植被保护完好,得益于严谨的祖训家风。先祖留下遗训:有乱伐林木者,杀一头猪请全族人吃饭,并公开赔礼道歉。千百年来,冯氏后人遵守祖训族规,细心呵护着周围的一草一木。

2) 古祠

古祠建于清嘉庆年间,形式如旧时打铁的风箱,越深,风箱劲道越足,火越大,寓意子孙后代兴旺发达。内有石柱、木柱百余根。前厅、中厅、后厅壮观雄伟,美轮美奂。厢房布局合理,虽经历史沧桑,雄姿犹在,古香古韵。冯氏祖堂位于村落正中央,是上风湾"立树堂"冯氏族人祭祀祖先、聚集议事、婚丧仪式、教育娱乐的文化场所。冯氏祖先身世显赫,声名远扬。东汉开国名将、军事家冯异"接母归顺刘秀"的孝义感动古今,传为美谈。北宋名臣、副宰相冯京"两娶宰相女,三魁天下元"成为千古佳话。冯京从小天资聪慧,好学上进。在乡试、会试、殿试中,他连中解元、会元、状元,被称为"三元及第",中国古代读书人获得这一称号者寥寥无几。时任朝廷宰相的富弼钦佩冯京的才德,先后将两位千金嫁给他为妻。历史上,冯氏家族将相辈出,英才云集,光耀神州。

3) 古宅

上冯湾原有大夫第等古宅百余栋,分为6个片区,现保存较好有40余栋。建筑风格为皖赣鄂南派,灰墙黛瓦,马头墙灵秀优美,屋内雕梁画栋,匾额对联,天井对称,石柱精巧。业内人士评价,保存这么完好,现存规模这么大,在湖北实属罕见。建于清朝咸丰年间的"矩范堂",飞檐翘角,行云流水,马头墙奔腾耸立,黛瓦层叠庄严,门楼砖雕精美雅致,"矩范高悬"的牌匾悬挂在门楼正上方。屋内天井、堂屋、卧室、走马楼一应俱全,大家风范不言而喻。

4) 古道

现存传统建筑工艺古道6条,蜿蜒曲折,拾级而上,路边溪水潺潺。

5) 古沟渠

至今保存完好的排洪渠,用石头精心垒砌而成,几百年来,排洪流畅,依然如故。正是这些充沛的生活用水,让这里成为"600年宜居之地"。

6) 古碾

在古代,人们称碾子为"石磨"。碾子主要是指用人力或畜力把高粱、谷子、稻子等谷物脱壳,或把米碾碎成碴子、面粉的石制工具。日常见到的石碾都是那种小型的,而上冯村的这个石碾却超乎寻常的大,需要用牛来拉,能碾100千克的谷物。

7) 古庙

金竹寺,建于清康熙年间,现扩建有山门、大雄宝殿、斋堂、客房等,一眼清泉从后山而出,滋润千家万户。

8) 古碑

目前已发现的古碑中,有一个是立于清道光年间的修路功德碑。

9) 天池

地脉被破坏,从那以后,塘就装不了水。山清水秀的庐尚境风景区,天池呈"心"形,池水洁净明亮,轻轻荡漾,在阳光的照射下呈青绿色,宛如一块镶嵌的翡翠。池边有大片的茶树林,树龄均在百年以上,是名副其实的古茶树。这里生产的茶油也具有很高的综合利用价值。

10) 龙腾狮啸

由于地壳运动,海洋隆起成为山峰和石林,满山石灰岩,形成了龙腾狮啸景观。有的石林像狮子在喝水,形象千姿百态,蔚为壮观。龙腾狮啸园生长着众多200多年的紫藤,杯口般粗壮的紫藤,或腾空缠树,或环绕攀岩编织成大大小小的藤网,置身其中,仿佛进入天然的网络世界。

（二）大冶沼山古村桃乡

1. 游览路线

沼山古村桃乡游客中心—笑天螺庄园—花间谷—桃花寨—沼山湖—半山集市—桃花潭—桃里农场—刘通湾—《桃花源里》山水实景演艺(见图2-31、图2-32)。

2. 景点介绍

湖北沼山古村桃乡景区,位于大冶保安镇,它是湖北省乡村旅游胜地、国家4A级旅游景区。古村桃乡景区以沼山湖为核心,包括桃家树湾、刘通湾、明家巷湾、熊文湾、杨文昌湾、张伏四湾、简张湾等多个村湾。沼山村先后获得全国文明村镇、全国乡村旅游重点村、全国乡村特色产业十亿镇亿元村、中国传统古村落(刘通湾)、中国美丽休闲乡村等称号。

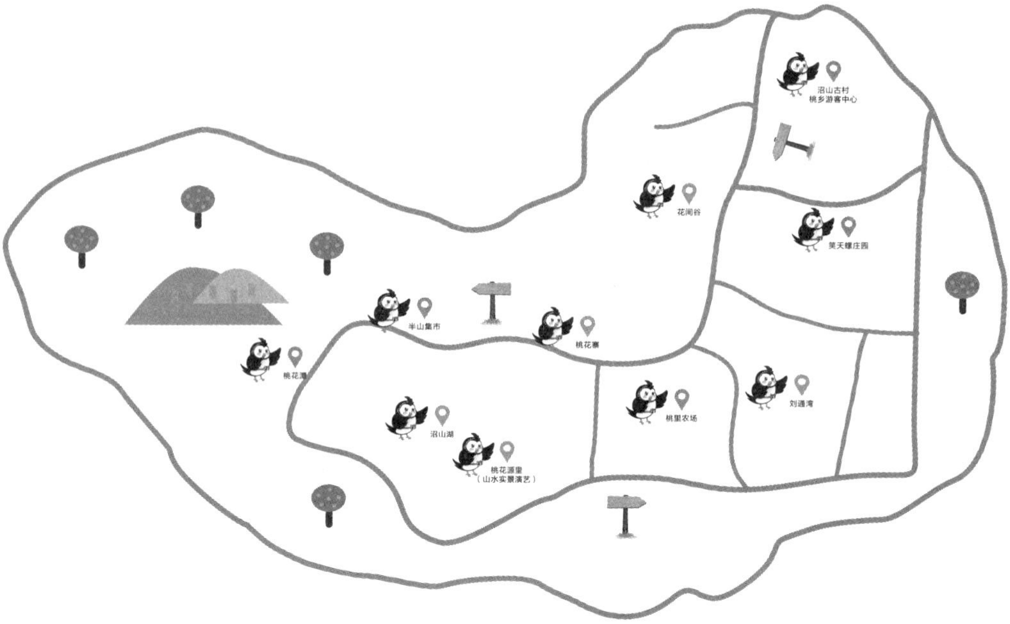

图 2-31   大冶沼山古村桃乡游览线路图

图 2-32   大冶沼山古村桃乡游览示意图

　　旅游区内山清水秀,人杰地灵,物阜民丰,桃花久负盛名。以狗血桃等农特产品种植为特色,以绿色自然的乡村田园风光为优势,以健康美好的乡村田园生活为引导,是以桃文化为主题的乡村田园休闲景区。主要景点有沼山叠翠、刘通湾、杨文昌湾、桃里农场、桃花潭、桃花寨等。

1) 沼山叠翠

沼山叠翠是"大冶八大胜景"之一,为幕阜余脉,主峰沼山。因主峰突兀,群峰簇拥,幽谷悬崖,层峦叠嶂,呈现"沼山叠翠"奇观。传说是秦始皇挥鞭赶山填海时走到这里的,因谐音又名"走山"。伴有龙井飞云、塔墩远眺、北崖积雪、石门望月、鸡冠耸翠、罗汉献脐、鲇鲅上水、破船装金龟等景观。身处沼山主峰,远眺保安湖碧波万顷,近观田园乡村阡陌交错,风光旖旎,尽收眼底。

2) 笑天螺庄园

笑天螺庄园位于笑天螺村湾小组,有狗血桃认养园区,以及丑橘、红心柚、酥梨采摘游乐区,还有农耕科普亲子体验区,是一个集水果种植、果蔬采摘、农耕科普、农家餐饮、婚礼摄影等于一体的综合性生态庄园。

3) 花间谷

花间谷位于盘茶村村委会对面,以观赏四季花卉为主,是集观光旅游、亲子娱乐及场景体验于一体的生态观光体验园。园区囊括春季早樱、桃花、红玉兰、杜鹃,夏季紫薇、芍药,秋季彼岸花、百合,冬季梅花等花卉品种,花卉种类丰富,呈现出"满树和娇烂漫红,万枝丹彩灼春融"的烂漫景色。

4) 沼山湖

沼山湖水面碧波如镜,倒映着四周的层峦秀色,尤逢每年鸟语花开时节,桃花烂漫,菜花相伴,民宅错落有致,远处一缕青烟,俨然一幅"世外桃源"般的山水画卷。

5) 半山集市(王祖湾夜市街区)

依托王祖湾传统民居美化、亮化改造契机,沿湖水堤岸增设外摆消费空间,以乡村田园健康生活为引领,网罗当地传统特色美食,引导当地青年村民返乡创业,形成"半山集市"夜市街区,与《桃花源里》山水实景演艺互动融合,配套星空露营基地,是景区重要的游览消费景点,也是景区夜游的重要集散地之一。

6) 桃花潭

桃花潭位于王祖湾,属小型水库,相传因龙王贪恋此处美景,龙涎横流,便有了沼山半腰间的这股清泉,成为桃花潭的潺潺水源,四周茂林修竹,青翠欲滴。每逢清明时节,桃红柳绿,菜花烂漫,相映争辉,满园春色倒映水中,美不胜收,令人流连忘返。桃花潭是景区十大核心景点之一,环库修建有木栈道、观景亭等休闲设施。

7) 桃里农场

桃里农场位于沼山湖大坝下方,采用"乡土风貌,沉浸体验;传统产业,现代需求;本土材料,低碳改造"的设计思路,对废弃土场厂房进行活化利用,形成了多元化的休闲体验空间,包括非遗体验、特产展销、文创市集、耕读教育、土场咖啡等,是一个集旅游集散、景点票务、文创展销、农耕研学等于一体的综合旅游基地。

8) 刘通湾

刘通湾是全国第三批中国传统村落之一。村内古迹遍寻,现今遗存的有古石桥、古树、古民居、古井、古庙等。一条古河道穿村而过,房屋错落有致,周边蔬果飘香,构

Note

成一幅"小桥流水人家"的自然景观,尽显"枝高落鸟飞,桥影聚行鱼"的乡愁诗意。村内依然保留着较多传统古法工艺,如布染、石雕、桃雕、刺绣、竹编、豆腐、果脯、酿酒等。

9)《桃花源里》山水实景演艺

《桃花源里》山水实景演艺剧场项目由中国山水实景演出创始团队——山水盛典倾力打造,依托沼山湖优越的山水田园资源,以水面和沿岸乡村为舞台背景,以当地村民为主要演员,以乘船漫游观演的演出形式,融入在地历史、人文、民俗、风情、产业、传说等内容,秉承"此山、此水、此人"的创作理念,打造春、夏、秋、冬四大篇章十余个场景,将"犬吠水声中,桃花带露浓"的原生态植入场景之中,蒙太奇般的表演于烟波浩渺的悠悠湖水上,既展现了大冶和美的山乡人文生活景致,又呈现出独具中国传统美学的乡村振兴田园画卷。

（三）大冶龙凤山

1. 游览路线

龙凤山新游客中心(黄石历史展馆)—爱国主义教育广场—国际垂钓中心—十八坊—生态餐厅—生态农业园—"一心三馆"(龙凤山老游客接待中心、历史记忆收藏馆、鄂东南红色纪念馆、江南农耕文化展览馆)—龙凤仙岭园(见图2-33、图2-34)。

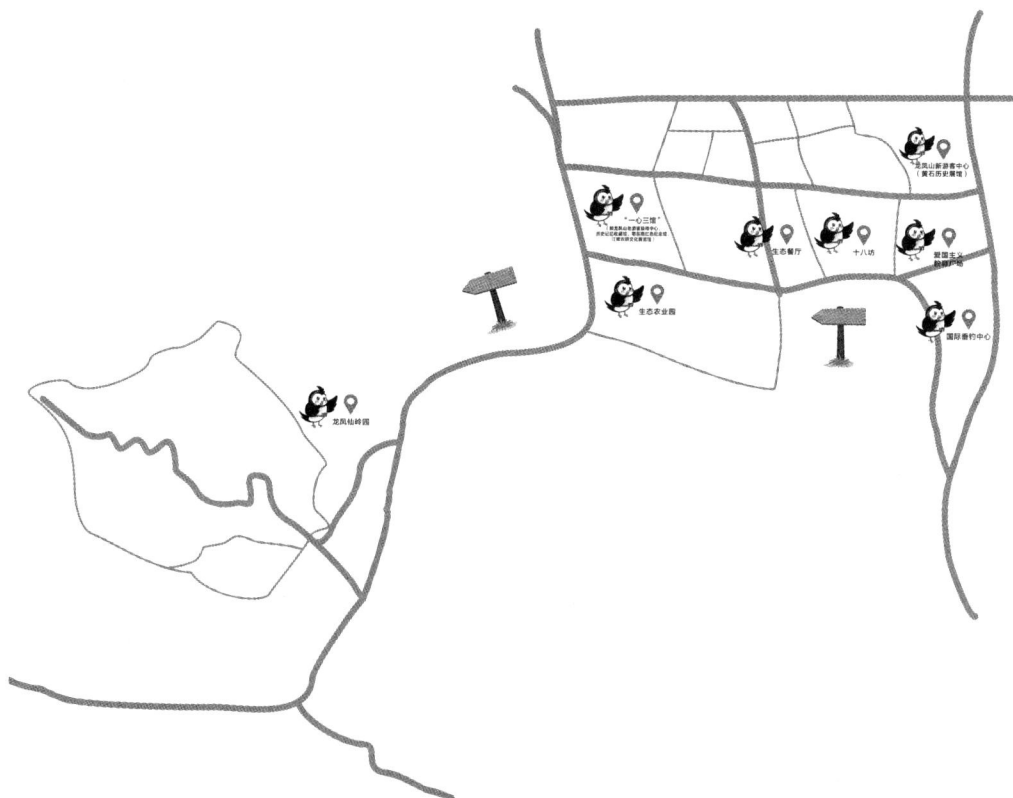

图2-33　大冶龙凤山游览线路图

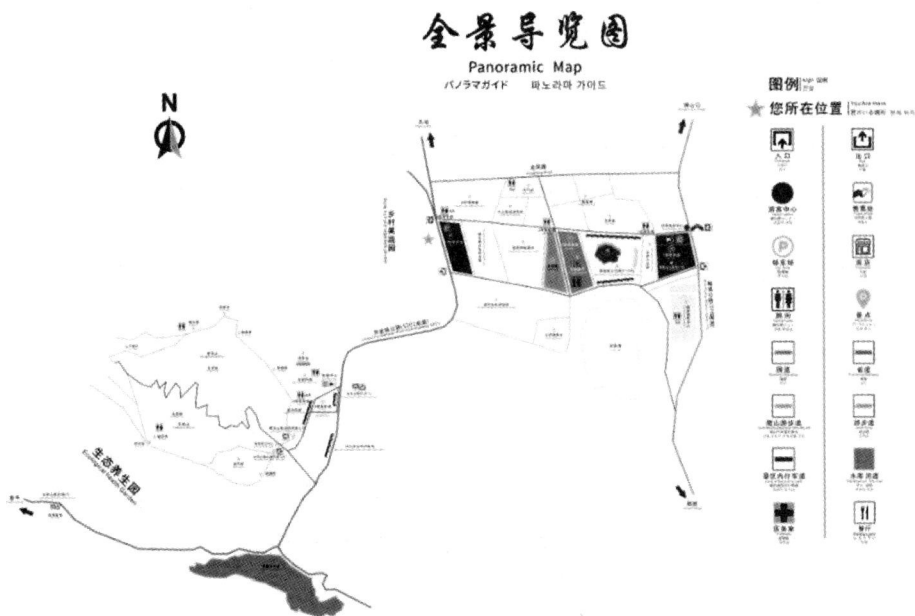

图 2-34　大冶龙凤山游览示意图

2. 景区概况

大冶龙凤山旅游景区位于大冶市刘仁八镇双港口山谷,秉持"建设绿色家园、发展乡村旅游"理念,已成为鄂东南热门景区与黄石十大美景地之一。目前,景区享有世界旅游联盟减贫案例、国家4A级旅游景区、中国森林体验基地、全国休闲农业与乡村旅游示范点等称号,是集多种功能于一体的三产融合乡村旅游胜地。

自然景观迷人。龙凤山有龙山凤山相互映衬,植被丰茂,湖光山色与云海交织。双港口水库水质好,适合垂钓。人文景观丰富,龙凤连心谷传说动人,凤头亭可观全景,生态游廊古雅,生态餐厅有江南韵味,还有历史记忆收藏馆与红色纪念馆可供缅怀先烈、感受红色文化。

旅游项目精彩纷呈。露营可赏夜景,采摘园水果多样,垂钓中心设施优,儿童乐园欢乐多,滑翔伞、威亚体验刺激。特色美食如苕粉肉、干笋炖港鱼等令人垂涎。住宿有临山民宿温馨舒适,商务会议室功能齐全。景区以其独特魅力,为游客带来全方位的优质旅游体验,让人流连忘返,是休闲度假的绝佳去处。

二、示例导游词

大冶龙凤山导游词如下所示。

各位游客朋友:

大家好!欢迎来到"宜居""宜游""宜业"的大冶龙凤山,这里既有历史的

沉淀，又有自然的馈赠，更有人情的温暖。我是你们的导游"石头"，我将竭尽全力为大家提供最优质的服务。现在，就让我们一同踏上这片神奇土地，开启幸福之旅吧！

　　游客朋友们，请允许我先为大家简要介绍龙凤山旅游景区的基本情况。龙凤山因青龙山和玉凤山双峰对峙而得名。景区森林覆盖率高，有80%以上，到处都弥漫着清新的空气负离子，是一个天然的大氧吧。早在2016年，龙凤山就凭借其出色的生态环境被评为"中国森林体验基地"，这无疑是对其生态品质的高度认可。更令人欣喜的是，龙凤山成功获批国家4A级旅游景区，是湖北省设施较为完备、功能较为齐全的乡村旅游体验乐园，堪称湖北省乡村旅游典范。景区内精心打造了70余处主题景点，今天我们要参观的主要景点有龙凤山新游客中心（黄石历史展馆）、爱国主义教育广场、国际垂钓中心、十八坊、生态餐厅、生态农业园、"一心三馆"（即龙凤山老游客接待中心、历史记忆收藏馆、鄂东南红色纪念馆、江南农耕文化展览馆）、龙凤仙岭园。

　　请各位游客朋友随我进入新游客中心。新游客中心配套设施完善，功能齐全。一楼建有服务厅、图书室，二楼是维权室，三楼是党团群会议室，四楼是中国共产党黄石历史展馆。说起龙凤山，不得不说到一个人，他叫刘合伍，出生在龙凤山脚下的刘贵湾，是一名退伍军人，也是一名优秀的共产党员，后来返乡创业。在这片贫瘠的土地上，他率领当地的村民一步步建设起这家聚集种植、养殖、农产品加工、农民培训等十大产业板块的大型农业综合体。他创造的农业开发"三字经"帮扶模式，即"你不种，我承包；你想种，我来教；你种了，我来销；种和肥，我先掏；丰收后，再补交；合作富，富得牢；共同富，激情高"，以及"三产融合"发展模式，分别入选世界旅游联盟旅游减贫案例，脱贫攻坚成果享誉世界。如今，龙凤山农业开发"三字经"像歌儿一样流传开来，以前当地百姓宁肯田地抛荒，也要出去打工，现在他们宁愿在家务农，也不外出打工。

　　目前，龙凤山农业开发集团有限公司已建成两大园区（生态农业园、生态养生园），形成十大产业（种植、水产养殖、禽畜养殖、林业、农贸公司、餐饮服务、农副产品加工、生态乡村旅游、户外拓展、农村实用人才培训）的发展格局。

　　昔日杂草丛生、满目苍凉的龙凤山，如今绿树成荫，四季瓜果飘香，成为接受爱国主义教育的红色文化基地、体验四时节气变化的农耕文化天地、感受果城里丰富多彩的民俗文化阵地、感知中华图腾的龙凤文化营地。现在，请各位游客随我上四楼参观中国共产党黄石历史展馆。

　　中国共产党黄石历史展馆的核心展陈内容是红三军团成立的故事。1929年，红五军第五纵队挺进鄂东南时，只有1000多人、500多支枪，实力并不强。随着红五纵队转战崇阳、通山、大冶、阳新、鄂城等地,连战连胜,不管是红军数量还是武器装备,都有了很大发展。1930年6月,彭德怀根据中共中央的指示,在大冶殷祖镇马对圩村召开大会,宣布将红五军第五纵队扩编为红八军。红八军成立后,积极开展"扩红"运动。许多贫苦出身的农民、工人、知识分子踊跃报名参加红军,前后有近10000人,黄石籍开国少将马龙也在这期间参加红军。6月16日,红五军、红八军军委在大冶刘仁八召开扩大会议,会议传达了中共中央、中央军委关于扩编红军第五军为红军第三军团和进攻武昌的决定。红三军团这支英雄部队,自刘仁八成立之后,攻城夺寨,战功赫赫。走出了彭德怀元帅,还走出了黄石籍的王平、余立金、伍修权、饶惠谭等百余位将军。这是中国革命的骄傲,是工农红军的骄傲,也是鄂东南苏区的骄傲!

我们走出游客中心后,便正式踏入了承载着厚重历史意义的爱国主义教育广场。广场配套设施齐全,涵盖休闲区、休息区与停车区。广场上的浮雕栩栩如生地呈现了当年战斗的众多情景与历程,其中包含武汉保卫战等重要历史事件。广场还建有将帅立像,包括伍修权、滕代远、何长工、邓萍、袁国平、王平等。我要着重向大家介绍的人物是祖籍为湖北大冶的伍修权。

伍修权出生于湖北武昌,是一位卓越的无产阶级革命家、军事家、外交家。青少年时期,在陈潭秋、董必武的引领下,伍修权毅然踏上革命之路。1923年冬,经陈潭秋介绍,他加入社会主义青年团。1925年,怀揣着对革命的炽热之情,伍修权奔赴苏联求学,先在莫斯科中山大学潜心深造,后转入莫斯科步兵学校。1931年,伍修权无惧艰难险阻回到祖国,投身于艰苦卓绝的武装斗争,并光荣地成为中国共产党党员。

在中央苏区,伍修权担任过多项重要职务。他积极参与编写军事教材、编译苏军战斗条令,为提升红军的军事素养贡献力量。在第三次和第四次反"围剿"战斗中,他奋勇作战,展现出非凡的勇气和军事才能。在芦丰战斗中,伍修权身负重伤,却依然顽强坚守,充分彰显了革命战士的坚韧品质。他曾担任共产国际派驻中共中央军事顾问的翻译,参加了具有重大历史意义的长征,列席遵义会议,坚定地拥护以毛泽东为代表的正确路线。遵义会议后,伍修权担任红三军团副参谋长等职务,在长征的关键进程中,于抢渡金沙江等重要战役战斗的组织实施方面发挥了积极且关键的作用,为红军长征战略转移的顺利推进贡献了力量。

抗日战争爆发后,1938年,伍修权担任八路军驻兰州办事处处长。在他的领导下,办事处成为中国共产党在西北地区的坚固"战斗指挥所"和温暖的"革命接待站",为抗日事业发挥了重要作用。之后他返回延安,担任中央军委一局局长等重要职务。抗日战争胜利后,伍修权奔赴东北,担任中共中央东北局委员、东北军区司令部参谋长等职。在此期间,他积极参与筹建了解放军第一所航空学校和第一所海军学校，为中国人民解放军海、空军的创建立下汗马功劳。

中华人民共和国成立后，伍修权先后担任外交部苏欧司司长、副部长、中国驻南斯拉夫首任大使等职务。1950年，他作为中国政府特派代表赴联合国安理会，以坚定的立场和犀利的言辞，严厉驳斥美国及其同伙对中国的诬蔑和诽谤，有力地维护了中国的主权和尊严。

伍修权在晚年依然笔耕不辍，撰写了大量回忆性文章，为后人留下了极其宝贵的精神财富。他的一生，波澜壮阔，为中国的革命、建设、外交事业做出了不可磨灭的卓越贡献，是大冶人的骄傲。

和伍修权一样，在龙凤山这片土地上的每一处景观都有着独特的价值，它们见证着不同时代的发展。

游客朋友们，现在呈现在大家眼前的这片青砖黛瓦的仿古建筑群便是十八坊。提及十八坊，就不得不说一说龙凤山旅游景区所在地大冶市刘仁八镇的民俗文化。其中，著名的民俗当属"土主会"，或称为"接菩萨"。

"土主会"是黄石市首批非物质文化遗产保护项目，也是黄石地区富有历史意义的民俗庙会。据说，"土主会"主要是供奉和祭祀当地一个抵御外敌、扶贫济困的英雄——土主老爷王文蔚。关于土主老爷王文蔚的传说众多，主要的说法是晚唐时期，为避战乱，出生于江西的王文蔚自幼随母亲黄氏逃到大冶果城里，安家在当地的青山和尖山一带。王文蔚从小聪明伶俐，深受四周乡人的喜爱。他少年时就随一位师傅学习佛学和武道，武艺高强。18岁那年，被朝廷召为刺史，因屡建奇功，后被朝廷封为银青光禄大夫。做官后的王文蔚更是爱民如子，尽忠报国。北宋咸平初年，王文蔚在黄连铺（地名）一狭口处为追剿顽匪与群寇激战时，身中数矢，仍然挥刀砍杀不止，最后卒于岩山（地名）。相传，王中矢阵亡后，尸首长时间不僵、不倒，战马在他身边嘶鸣不去，当地人见此情景，无不痛心流泪，于是将其就地安葬。为了纪念这位战场上的英雄，当地民众把他的形象雕刻成模板，制作成印子粑供奉，敬称为土主菩萨，为一方主神。"土主会"蕴含着从民众对英雄的敬仰逐步演变为对神祇的尊崇这一文化脉络，属于较为古老的原始信仰形态。每年农历二月十八至三月初三，当地村民会依照传统习俗，将身着红袍的土主老爷像抬下山，巡游本地所有村庄。此习俗传承久远，据说已延续千年有余，在漫长岁月中成为当地独特的文化标识与精神纽带，承载着一代又一代村民的情感寄托与文化记忆，彰显出深厚的历史底蕴与民俗内涵。

接下来，有一款极具特色的美食亟待向大家详细推介，那便是供奉土主菩萨的印子粑，其俗称为"果城里印子粑"。回溯历史的长河，印子粑起初乃是大冶殷祖、刘仁八、铜山口等山区农民用以敬献给土主菩萨的虔诚供品。尤为值得关注的是，经考证，大冶印子粑已然走过了1000多个春秋，悠悠千载岁月,仿若为其编织了一袭神秘且古朴的文化锦裳。至2015年,殷祖印子粑手工制作技艺荣耀入选黄石市第五批非物质文化遗产代表性项目名录,这无疑是对其深厚文化价值与独特手工技艺的高度认可与有力传承。

印子粑既是味美的食品,又是技艺精巧的民间工艺美术品,还是馈赠亲友极好的礼品。其制作流程十分考究,以稻米为主,掺适量的糯米,用碓舂成粉,加清甜的山泉水揉搓后,用"粑模"印成粑,蒸熟即可。"粑模"上刻有花卉、禽兽等各类图案,粑面上的花、鸟、鸡、鱼、龙、凤、猪、牛、狮子等,形象十分逼真,堆成的粑山,晶莹剔透,给人以美的享受。

这里每年做两次印子粑,第一次是年前做,俗称"过年粑"。第二次是二月花朝后做土主粑。当地人最隆重、最热闹的是第二次做印子粑,时间是农历二月十八到三月初三。土主粑的制作特别讲究,讨喜气,讲禁忌,成品要一白二清三酥,用来堆成粑山供奉果城里的守护神土主菩萨。

依据这种独特习俗,龙凤山精心建起了十八坊。这里主要以销售养生食品以及提供乡村体验活动为特色,划分为五谷现磨区、植物油鲜榨区、茗茶提炼区、养生蒸行家、酒坊、油坊、米坊、豆腐坊、刺绣坊、木雕坊、珍草坊、拼豆坊、糕点坊、特色美食坊等十八个区域。每逢节假日,"打糍粑,迎土主,逛十八坊",已然成为龙凤山传承果城里民俗文化的生动写照。十八坊前,还有非遗独竹漂等风格各异的民俗表演活动。

各位游客朋友,在十八坊的旁边,坐落着龙凤山旅游景区的生态餐厅。步入餐厅,花草树木错落有致,小桥流水潺潺流淌,环境极为优美。在此处就餐与其他地方大不相同,这里端出的每一道菜,皆是经过专业技能培训的"土阿姨"在土灶上精心炒制出的土菜,简称为"三土"。所用食材皆为基地自产,呈现出原汁原味原生态的特色。生态餐厅拥有20多个露天包厢,均以刘仁八镇的各个行政村命名。每当游子归来,他们总会去寻找属于自己村子的露天包厢用餐,心中会涌起强烈的归属感。游客朋友们,咱们游览完所有景点之后,就在这里品尝龙凤山旅游景区地道的土菜,感受独特的美食魅力。

接下来,请各位游客朋友跟随我的脚步,穿过800米的长廊,前去参观"一心三馆"。长廊两侧展板上展示的是红军将帅的威容和战斗历程,他们无愧于人民的子弟、国家的功臣、后辈的榜样。在长廊的两边一望无垠的绿色原野是龙凤山生态农业园。生态型、循环型、带动型、示范型"四型"是龙凤山发展农业的理念,也是践行中国传统农耕文化的金标准。龙凤山大力推广农耕文化主要体现在两大园上,一是生态农业园,二是生态养生园。

龙凤山生态农业园集观光、采摘、捕捉、烹调、品尝于一体,主要围绕"黑"字做文章。千方百计地谋求黑色品种,精心搞好生态种植养殖,让树上结的,林中跑的,土里长的,眼里看的,都有"黑"的特色,如黑葡萄、黑木耳、黑土豆、黑小麦、黑玉米、黑鸡、黑鸭、黑鹅、黑豚、黑猪等,将龙凤山打造成全国的黑色食品种养示范基地。

龙凤山，一年四季花香果甜，百果园里种有各种各样的水果，像李子、梨子、杏子、葡萄等。通过科学种植，绿色种植，发展林下经济，在果树下面，养殖鸡、鸭、豚、鹅等家禽，游客自己体验抓鸡、抓鸭、捡鸡蛋等系列活动，进一步提升附加价值。

刚才有游客询问生态养生园的位置，在此我给大家简要介绍一下。生态养生园在青龙山下，离我们这儿仅有5分钟的车程。那里堪称妙地，以龙凤文化为主题核心，匠心独运，如今广袤的园区内，各类林木郁郁葱葱，满是自然与人文相融的独特景致。走进其中，入目皆是一片葱茏翠绿，山林中的峰峦仿佛有灵，相互争秀，景色美不胜收。而且，那里还是一个多功能的好去处，集休闲观光、养生度假、娱乐体验、农家餐饮、户外拓展等多种功能于一身，无论是想要放松身心、享受自然，还是追求刺激、品尝农家风味，都能在那里找到乐趣。

游客朋友们，在前方不远处，有一幢别具一格的徽派建筑，那就是我们要参观的"一心三馆"。这里的"一心"指的是龙凤山老游客接待中心，而"三馆"，则分别是历史记忆收藏馆、鄂东南红色纪念馆以及江南农耕文化展览馆，集爱国主义教育、党员干部教育、军事、拓展、红色研学等功能于一体，现已成为广大公众进行革命传统教育和爱国主义教育的红色文化基地。目前，基地已获得全国五四红旗团支部、湖北省国防教育基地、黄石市爱国主义教育基地等多项荣誉。

请大家随我一同进入接待中心。一楼是服务大厅和历史记忆收藏馆。历史记忆收藏馆占地面积400平方米，馆内展品由民间爱好者提供，达万余件。每件展品都承载着一个时期的一段历史，传承着一段历史的美好回忆。展馆分为七个展区。第一展区展陈的是党史文献，包括伟人的光辉著作和文献读物，它们指引、教育和感召我们树立信党、爱党、颂党，听党话、跟党走的理想信念，让我们坚信：没有共产党就没有新中国，没有改革开放就没有今天新时代的历史辉煌。第二展区展陈的是票证时代相关物品。票证是计划经济的产物，尤其在20世纪50年代至80年代，由于物资紧缺匮乏，国家实行计划供应，如我们熟知的粮票、布票、肉票、自行车票、烟票、糖票等。所以说，今天的幸福是奋斗出来的。第三展区展陈的是文娱生活相关物品。20世纪六七十年代的文娱活动基本上是学样板戏、唱红歌、看战争题材的故事片。样板戏最初有8部，后来增加到了10多部；唱红歌，如《东方红》《大海航行靠舵手》；看的故事片有《南征北战》《地道战》《地雷战》等。第四展区展陈的是报纸杂志，主要收藏了不同时期的报纸，尤其是重大节日、重大事件相关的报纸。杂志类主要展示了20世纪六七十年代的部分《人民画报》《解放军画报》《解放军文艺》《中国青年》等。第五展区展陈的是连环画。连环画又称"小人书",是一种古老的中国传统艺术,以连续的图画叙述故事、刻画人物,题材广泛、内容多样,是老少皆宜的通俗读物。第六展区展陈的是烟标和搪瓷制品,主要反映了特殊时期烟标与搪瓷制品的时代特征。烟标是对历史的尊重和保留,搪瓷制品既具有永恒的主题特色,又彰显着文化艺术价值。第七展区展陈的是民俗物品:20世纪七八十年代的电视机、收音机、手风琴、手电筒、马灯、气灯、梳妆盒等,供参观者寻找老物件,唤醒历史记忆。三楼是江南农耕文化展览馆,以图片和文字的方式,展示江南农耕文化的历史面貌和遗产。四楼是鄂东南红色纪念馆,展示的就是20世纪30年代,我们的先烈在这块土地上谱写的壮丽史诗。

游客朋友们,参观完生态农业园,现在让我们一同乘车前往生态养生园,去探寻龙凤山独有的龙凤文化。龙凤,作为中华民族的精神象征,意义非凡。近年来,龙凤山精心打造了以"龙凤"为主题的龙凤仙岭园。这里的人文景观丰富多样,有龙凤楼、龙亭、凤头亭、龙凤连心阁、龙凤文化展馆、望月亭、快乐餐厅、露营基地等景点,还有露营基地以及滑翔伞基地。目前,这里正在建设民宿,以休闲养生为核心,致力于让游客融入自然,回归本心,实现养生养心、生态康养的美好体验。今日,我们将重点游览龙凤楼和龙凤天池这两处极具特色的景点。龙凤楼位于龙凤岭上,游客能在龙凤楼内舒缓身心,养精蓄锐。龙凤楼内装饰有中国传统特色的漂亮纹饰及山水画,顶楼为四面通透的阁楼,除了能观赏龙凤山美景,阁楼内设有女子瑜伽、养生静坐等养生项目,还提供笔墨纸砚,供游客挥毫泼墨。各位游客朋友,龙凤山最令人神往的,非龙凤天池莫属。龙凤天池有一个美丽的传说。相传,(青)龙和(玉)凤自天庭相识后,一见钟情,便相约私奔人间,降落于果城里。他们在此地搭建茅舍,升起了人间炊烟,过着男耕女织的生活。他们相互体贴,相敬如宾。凤爱美,龙就为凤造了天池,直接接下"无根水"(雨露),这种无污染的水夏入池湛蓝,冬结冰皓白。因富含氧分,具有天然的洁肤美白功效。太上老君将龙、凤化为山时,龙、凤在池中相拥而泣,池水中便留下了他们的泪水。从此,这水便有了龙、凤灵气,夫妻共浴,心有灵犀。

游客朋友们,龙凤山之旅即将画上圆满的句号。在这片神奇的土地上,我们一同领略了深厚的历史韵味。从红三军团成立的故事中,我们感受到了革命先辈们的英勇无畏和坚定信念;伍修权等革命前辈的传奇人生,更是为我们留下了宝贵的精神财富。爱国主义教育广场上的浮雕和将帅立像,让我们铭记那些波澜壮阔的历史时刻。我们也沉醉于迷人的自然风光,龙凤山森林覆盖率有80%以上,是天然的大氧吧。生态农业园里四季花香果甜,百果园的水果种类丰富,太空莲种植基地别具特色。还有那令人神往的龙凤天池,美丽的传说让人心生向往。浓郁的人文气息同样令人难忘。退伍军人刘合伍带领当地村民建设的大型农业综合体,创造的农业开发模式脱贫攻坚效果享誉世界。十八坊传承着当地的民俗文化,"土主会"的故事和印子粑的习俗,展现了普通民众对英雄的崇拜和对美好生活的向往。"一心三馆"则成为广大公众进行革命传统教育和爱国主义教育的红色文化基地。"生态养生园"以龙凤文化为核心,拥有丰富多样且相互交织的人文景观,众多休闲养生项目汇聚于此,龙凤天池的传说更增添了独特韵味,自然与生态完美融合,让大家能够尽情享受康养怡情的全新境界。

龙凤山可谓四季花香、四季果甜、四季菜绿、四季客满,这里环境宜人、生态迷人、特产诱人、服务感人、情景动人,正以其独特的魅力吸引着八方游客。希望大家在这次旅行中收获难忘而幸福的回忆,也期待着大家再次踏上这片充满魅力的土地,继续感受它的美丽与神奇。最后,感谢大家的一路相伴,祝大家生活愉快,旅途平安!

他山之石

安吉、"两山"理念发源地如何引领乡村振兴 3.0（节选）

任务六　旅游度假区

任务导入

党的二十大报告指出,推进以人为核心的新型城镇化,加快农业转移人口市民化。以城市群、都市圈为依托,构建大中小城市协调发展格局,推进以县城为重要载体的城镇化建设。此外,《中华人民共和国国民经济和社会发展第十四个五年规划和2035年远景目标纲要》提出建设19个城市群,这19个城市群面积占全国国土面积的31.08%,2020年常住人口和2019年国内生产总值(以下简称GDP)分别超过全国的80%和90%。由此可见,未来人口将进一步向城市集中,城市休闲旅游市场潜力巨大。

黄石市委、市政府紧紧围绕"建设生态文旅宜居城、打造武汉都市圈周末休闲旅游目的地"这一目标定位,在全域旅游的理念下,紧紧围绕资源、客源、服务三大要素,积极做好"全区域布局、全季节体验、全产业融合、全业态创新"四篇文章,推动实现文旅蝶变、发展嬗变,逐步探索出具有老工矿城市特色的文旅发展路径。在此背景下,黄石华侨城恐龙奇域旅游度假区的开发建设,为黄石文化旅游添加了精彩的新画卷。另外,阳新仙岛湖旅游度假区也达到省级旅游度假区标准,被批准为省级旅游度假区。目前,阳新仙岛湖旅游度假区计划到2030年成功创建为国家级旅游度假区,到2035年成为国内知名的高品质湖岛湿地康养度假目的地。

通过对旅游度假区的了解与学习,读者能够举一反三,了解度假区的全面知识;能够结合习近平总书记重要讲话精神和党的二十大精神,在工作中为游客提供独具特色的都市休闲旅游体验,同时也为推动黄石文旅事业的高质量发展贡献力量。

Note

任务
探究

一、旅游度假区介绍

（一）阳新仙岛湖旅游度假区

1.游览线路

仙岛湖游客中心—望仙崖—观音洞—王平将军纪念园（游船码头）—仙龙岛—仙湖画廊—王英镇—天空之城—欢乐岛（见图2-35、图2-36）。

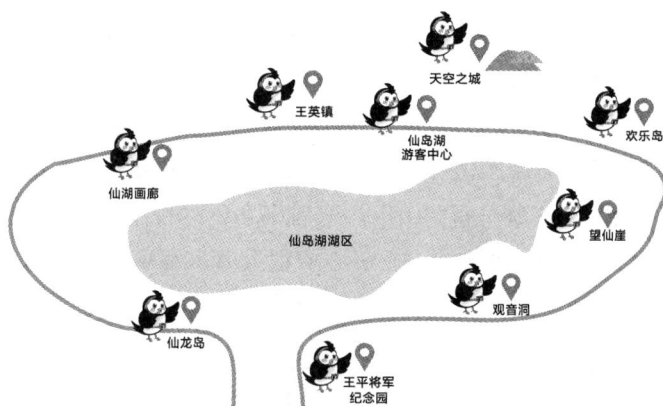

图2-35　阳新仙岛湖旅游度假区游览线路图

图2-36　阳新仙岛湖旅游度假区游览示意图

2. 度假区介绍

阳新仙岛湖旅游度假区位于阳新县境内、幕阜山北麓,地处庐山与九宫山旅游黄金线中心,距武汉市区140千米,距黄石市区70千米,距阳新县城40千米,大广高速、杭瑞高速擦境而过,区位优势明显。

目前,仙岛湖旅游度假区已经初步形成了以湖岛观光、旅居度假、运动拓展为核心,以文化体验、夜游演艺、研学教育、乡村休闲为补充的度假产品体系。度假产品丰富多样,有观光类、运动类、康养类、文化体验类、儿童亲子类、主题娱乐类、科普研学类、夜游类等不同类型,特色鲜明,主题突出,具有较强的体验性和参与性。

仙岛湖旅游度假区住宿设施类型多样,设施齐全,服务品质高,住宿环境优。截至2024年9月,度假区有仙岛湖国际温泉度假村、仙岛湖山居秋暝民宿、湫实•汀岛民宿、仙岛湖丽景酒店、仙岛湖粤港湾大酒店、仙岛湖蓝溪酒店等住宿设施,涉及高星级度假酒店、经济型宾馆、湖景度假民宿、生态帐篷营地等不同类型,能够满足各类游客的住宿需求。各类度假住宿设施的总客房数已超3000间,其中,高质量度假住宿设施增至20处,总客房数335间(仙岛湖国际温泉度假村246间、丽湖枫月民宿14间、仙岛湖山居秋暝民宿53间、湫实•汀岛民宿22间)。度假区在硬件设施和软件服务上下功夫,各类住宿设施品质均处于国内领先水平,贴心的度假管家服务让游客宾至如归,受到了国内外游客的一致好评。

阳新仙岛湖旅游度假区建有一条湖鲜美食休闲街,有尹记土菜馆、仙岛渔村生态馆、鱼乐岛餐厅、鱼头泡饭、礼义餐厅等富有特色的餐饮场所,旅游景区、星级酒店、精品民宿也配套有主题餐厅和休闲餐饮设施,各类餐饮设施达100多处,总餐位数达1600多个。推出了湖鲜、山珍、养生、农家四大系列美食,湖鲜系列有银鱼、刁子鱼、胖头鱼、虾、蟹等特色渔获,山珍系列有野菜、竹笋等山野美食,养生系列有果蔬、药膳等健康食品,农家系列有豆腐宴、鸡、鸭等风味美食。其中,"仙岛湖全鱼宴"享誉省内外,有铁锅炖鱼头、银鱼炒鸡蛋、豆腐鱼汤、银鱼蒸蛋、油焖参子鱼等代表性菜肴。度假区有川菜、粤菜、西餐等国内外不同地方菜系,类型丰富,能满足不同地域游客的就餐需求。

阳新仙岛湖旅游度假区旅游资源如下。

1) 仙岛湖生态旅游风景区(国家4A级旅游景区)

仙岛湖因湖畔山崖上悬有一块"灵通仙岛"的古匾而得名。这里原本无湖,唯群山起伏,云雾缭绕。1971年,一道巍巍大坝斩断云水,涓涓溪流山泉汇集成了一个浩瀚大湖。1002个小山头浮出水面,错落有致地点缀在碧波之中。从此莽莽青山之间,有了这翡翠般的湖水,珍珠般的小岛,如画般的美景。"山不在高,有仙则名",仙岛湖云山雾水,仙气十足,诸多景点均以"仙"字冠名,如望仙崖、仙龙岛、仙居洞、仙福山等。

2) 天空之城(国家3A级旅游景区)

天空之城景区位于阳新县王英镇,坐落在享有"荆楚第一奇湖""世界三大千岛湖之一"美誉的仙岛湖北麓。浪漫的爱情主题文化、得天独厚的观景视角以及惊险刺激的娱乐项目,使得天空之城蜚声中外,并受到广大年轻群体的热捧。天空之城景区被评为湖北旅游新地标、湖北年度人气文旅品牌,2020年获得博鳌国际旅游奖"年度精品目的地大奖"。2021年4月,黄石天空之城作为湖北旅游新名片,亮相了外交部湖北全球特别推介会。

3）欢乐岛景区

欢乐岛景区位于阳新县王英镇,是一个融合了自然美景和现代游乐设施的旅游目的地。景区有惊险刺激的玻璃观景台,有挑战自我的极限蹦极,以及夜景灯光秀等。夜晚的灯光秀,如星河般美丽,为游客提供视觉上的享受;还有专为儿童打造的无动力乐园、旋螺式过山车。直升机观光,从空中俯瞰仙岛湖的美景,提供独特的视角体验。

（二）黄石华侨城恐龙奇域旅游度假区

1.游览线路

恐龙小镇—恐龙梦工厂入园—黑铁镇—青铜谷—黄金城—萌龙湾—爱晴海—恐龙潮玩馆—卡乐星球·恐龙水世界(见图2-37、图2-38)。

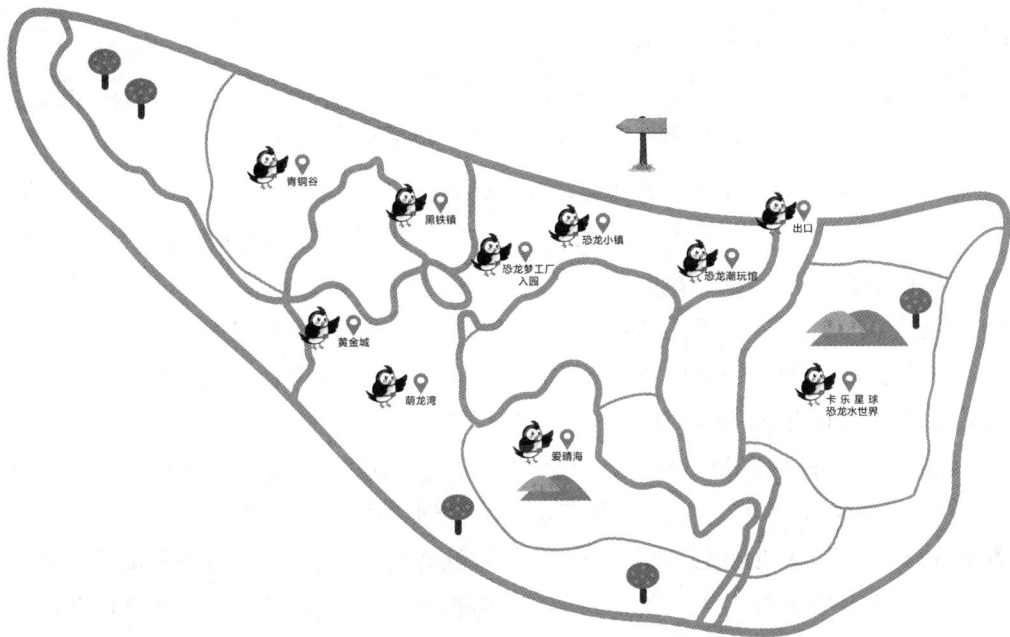

图2-37　黄石华侨城恐龙奇域旅游度假区游览线路图

2.度假区介绍

黄石华侨城恐龙奇域旅游度假区位于黄石市大冶湖畔,是汇集现代科技和黄石元素的全新大型综合旅游度假区。度假区在产品上融合了主题游乐、文化演艺、休闲商业、特色餐饮、度假酒店、生态康体、活动庆典等多种业态,并在整体规划上采用了开闭结合的大度假区统筹规划与运营模式,最大限度兼容游客与市民双重客群的多元消费场景,为每一位游客朋友带来前所未有的震撼体验。这主要体现在四个方面。

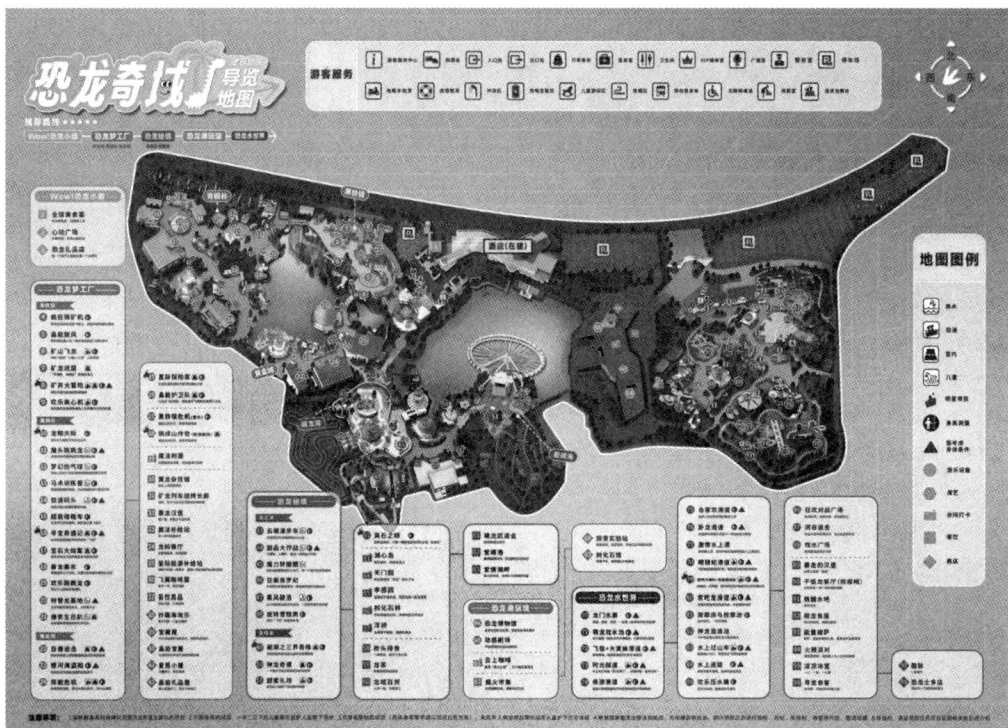

图 2-38　黄石华侨城恐龙奇域旅游度假区游览示意图

第一，识别度高。黄石华侨城恐龙奇域旅游度假区突出恐龙主题塑造，是全国乃至全球少有的、全省唯一一家以"恐龙"命名的旅游度假区，通过恐龙角色 IP 化、矿晶景观主题化，展现草龙、暴龙、翼龙、矿龙等庞大家族。度假区包括恐龙梦工厂、恐龙水世界、恐龙秘境、恐龙小镇、恐龙潮玩馆五大恐龙主题区域，标刻鲜明的恐龙印记。恐龙主角与地方文化（如以铜绿山为代表的矿冶文化、以鄂王城为代表的鄂楚文化等）、特色资源（如恐龙化石、矿晶等）深度融合，打造了极具识别度的城市文化 IP。

第二，功能齐全。对比周边的主题乐园，黄石华侨城恐龙奇域旅游度假区精准填补了 360 度全球幕、多维度轨道车、摇臂车、动感车＋巨幕、"鬼屋"等省内欠缺游乐项目类型，选择了 11 个独创性强、市场口碑好、科技化程度高、运行稳定性高的沉浸式单体项目，包括全球首创的 720 度超大球形 LED 影院项目——天地剧场、全球首创全屏覆盖高科技娱乐项目——星际电梯、全国首创场景瞬间转换大型文化演艺剧目，以及世界一流的太阳飞车、时光飞车、影视飞板等产品，为游客朋友带来了自由翱翔的全新体验。同时，度假区围绕"城市客厅"功能定位，融合了主题游乐、文化演艺、休闲商业、特色餐饮、度假酒店、生态康体、活动庆典等多种业态，充分满足游客多样化需求。

第三，画面感足。度假区内融合了黄石园博园的自然基底与园林景观，有世界规模最大的树化石林（包含世界最高和最粗、最重的树化石），度假区与黄石第一大湖泊大冶湖隔岸相望，内部近半为湖泊水域，大湖、小湖相互连接，灵气十足，恐龙梦工厂、恐龙水世界双姝左右俏立，爱晴海、萌龙湾点缀其中，形成湖畔度假区独有风貌。登上摩天轮"黄石之眼"俯瞰黄石城市全景,远望湖天一色,一幅绝美的城景融合生态长卷将展现在游客朋友面前。

第四,引流点多。度假区由亚洲第一主题公园标杆企业华侨城集团运营团队提供全方位专业服务,城市有轨电车直达"恐龙奇域站"。格兰云天·阅园博酒店、希尔顿花园酒店等星级酒店将以完美的服务为游客留下美好的记忆。800米漂流河、8000平方米恐龙主题造浪池、顶级进口滑道设备"眼镜蛇"、国内首创的电磁弹射双轨水上过山车等沉浸式水上游乐项目,让游客徜徉水世界,享受别样清凉。1314棵亿万年前树化石,述说大自然的沧桑变迁,诠释一生一世的"亘古之恋"。栩栩如生的巨大恐龙骨架,让孩子们在与"史前巨兽"的近距离接触中,了解恐龙、矿冶、星际等知识。集装箱潮流街区汇聚了各种特色商品,更显人间烟火味。

二、示例导游词

黄石华侨城恐龙奇域旅游度假区导游词如下所示。

各位游客朋友:

大家好! 欢迎您来到山水园林市、最美工业城——黄石观光旅游,我是你们的导游"石头"。在我们"遇见青绿不须归"之际,我要向您强烈推荐黄石文旅项目最靓的一张名片——华侨城恐龙奇域旅游度假区。

华侨城恐龙奇域旅游度假区由恐龙水世界、恐龙梦工厂、恐龙秘境、恐龙小镇、恐龙潮玩馆五大主题区组成,我们现在所在的恐龙小镇是一个集度假酒店与商业街于一体的开放式街区。街区入口处是大冶湖核心区首家五星级酒店——希尔顿酒店。我们眼前的这个霸王龙毋庸置疑地成为恐龙奇域旅游度假区新的景观和文化标识。在恐龙小镇,你可以享受一流的舒适的度假酒店体验和商业服务。商业街汇聚了众多一线连锁餐饮品牌,在品味美食的同时也能感受现代都市的繁华。无论是中式佳肴还是西式美馔,都能在这里找到你的心头好。

我们今天游玩的第一站是恐龙梦工厂。恐龙梦工厂又分为黑铁镇、青铜谷、黄金城三个区域,命名上非常直接地体现了黄石的矿冶历史文化。进入黑铁镇,眼前这个项目是陆公园众多项目中非常受欢迎的项目之一,能让游客体验无拘无束、自由飞翔的感觉,享受无穷乐趣,这就是晶能旋风,也叫"高空飞椅"。游客乘坐在椅子上,边旋转边上升到高空,围绕立柱作圆周飞旋。如果用饕餮盛宴来比喻恐龙奇域旅游度假区,那么我们不妨用味蕾来贴标陆公园游乐项目的刺激程度吧!

这个能让游客不急不躁地旋转空隙还有机会一览周边的景观和项目,酸爽舒适,可谓是一个很好的游园"开胃菜"。在高空飞椅上,你可以看到最近的地方有一个项目,游客坐在欢乐离心机的座椅上,随着机器的大臂膀时而冲上云霄，时而被甩入谷底，仿佛置身于茫茫宇宙，天旋地转，感受无穷无尽的刺激。这个被我们俗称为"大摆锤"的项目则算得上是"香辣菜"了。当然，如果你觉得不够刺激，那就高举双手随摆臂飞舞大声尖叫吧！像这样的"香辣菜"还有许多，比如矿山飞龙（悬挂式过山车），游客们悬坐在座椅上，在轨道上体验高速俯冲、高空翻转和螺旋推进等惊险刺激之旅；疯狂筛矿机（UFO）的玩法是游客乘坐在彩绘玻璃钢和彩灯装饰的大圆盘上，沿着弧形轨道来回滑行，同时圆盘在驱动装置的带动下作顺、反时针旋转，让游客体验疾风驰骋、自由舞动的快感……

比"香辣菜"更高一个级别的当然属"辣爆菜"了。矿井大冒险（星际电梯）则是"辣爆菜"之一，它是全球首创在超高银幕内垂直运动体验的高科技娱乐项目。急速提升和降落与3D影视画面的对冲结合，让游客连续感受身体失重带来的刺激。暴龙赛车（超炫过山车）是一种户外休闲游乐设备，乘客经过提升至最高点之后，马上进入720度螺旋下降，经历大俯冲、水平螺旋环、垂直螺旋环等一系列精彩刺激的环节，最终平安回到起点，带给乘客失重、超重、回转的丰富乘坐体验。尖叫指数拉满的暴龙过山车，胆小族就不要来凑热闹了！同样味觉的"辣爆菜"还有龙翔天际（闪电过山车），是一款"地心引力都抓不住"的闪电飞车。异能危机（太阳飞车）是国内领先的室内高速沉浸式过山车项目，运动轨迹复杂多变，配有轨迹转换、轨道断裂，以及翻转、升降、高速俯冲等多重遇险体验。游客需佩戴3D立体眼镜，按照既定的故事线，穿梭于变化多样的虚实结合场景内，体验一场绝处逢生的刺激之旅……

当然，在园区，不是全部都是"香辣菜""辣爆菜"，除了"开胃菜"，我们还有"微辣菜""甜品"等种类的项目。

"微辣菜"的游乐项目有很多：矿龙迷窟是国内领先的高科技互动"鬼屋"项目，集游览性、探索性、竞技性、互动性、挑战性于一体，以实景特技、影视特效及互动交互等形式，打造变幻莫测、动静结合的恐怖空间，令游客在既定的游览路线中探索惊险刺激的多重感官体验；极速码头让乘客在高速旋转的同时体验"开船"的乐趣，其乐无穷；超能碰碰车的玩法是游客乘坐在车内，用脚踏开关控制开车和停止，转动方向盘来控制行车方向，因车边备有气胎缓冲器，故可任意碰撞，带给游客欢乐、刺激的体验；欢乐跳跳龙是一种以跳跃为主题的飞行塔类游乐设备，16座座舱沿着竖直的立柱轨道作上升、下降和连贯的跳跃运动，使乘客在超重、失重的过程中体验惊险与刺激，第一视角体验青蛙跳，也是一种勇气和胆量的考验；晶能护卫队是世界一流、国内领先的全新抓举式动感车体验项目，其载人平台的翻转、晃动、360度旋转等体感动作，能完美呈现行走式飞行的体验效果，结合形状各异的超大球幕、双曲幕呈现的多维度影视表演，使游客体验一场凌空飞翔的极速穿行之旅。类似这样的还有寻宝奇遇记（动感飞行影院）、宝石大劫案（Dark Ride）等。

　　属于"甜品"的项目则有梦幻热气球(子母观览车)是由6个造型新颖、灯光华丽并配有动听音乐的独立座舱组成,模拟摩天轮作圆周运动,如梦如幻、充满童趣,深受儿童游客喜爱。玩过这个项目的游客都称赞其为"抵得住蜜雪冰城甜蜜蜜的诱惑,也抵不住的梦幻热气球"。马术训练营(豪华转马)则是有60匹神态各异的彩马以中心线为轴线呈放射状分布在巨大的转盘上。设备运行时,欢跃奔腾的彩马与流光溢彩的装饰画面、五彩缤纷的彩灯、优美的音乐交相辉映,组成一幅唯美的画卷,让游客犹如置身于梦幻世界,享受童话世界里才有的惬意和轻松。爆笑生日趴采用超清LED屏,结合幻影成像、同步影音播放、人机虚拟交互、实景机模等技术,以虚拟卡通角色与观众进行知识问答、互动游戏的方式,生动演绎趣味搞笑的脱口秀表演,是世界主流的互动脱口秀剧场项目。星际探险家(全景天地剧场)是全球唯一720度超大球形LED影院剧场,可视面积达2400平方米,直径达28米,配有可以容纳160人的大型升降载人玻璃平台,将游客送至球幕中心,体验高达16K超高清的宏大视觉盛宴,一同探索浩瀚星球的奥秘。

　　公园里大大小小惊险刺激及平缓的项目有25个,其中有8个是室内项目,最大限度地保证了各个年龄段的游客能在各种天气下不虚此行。至于项目名字我这里就不一一赘述了,各位游客朋友有机会自己去体验体验个中乐趣哦!大家3个小时后在陆公园出口处集合,我们去看看恐龙秘境开放区。

　　游客朋友们,我们现在所在的位置就是原黄石园博园的核心区,现在的恐龙秘境开放区。园区里有10个单次收费的项目,分别有序地在游览动线中呈现在我们面前。像这个云端漫步车(高空轨道车),是欣赏置身云端之上的天际美景,是打卡绝美地;甜品大作战(疯狂水母)是一种类似旋转木马的游乐设备,带给游客愉悦的游戏体验;魔力转圈圈(迷旋)、狂飙侏罗纪(卡丁车)、旋转雪糕筒(链椅)、磁湖之三界奇缘(360度环球影院)、神龙奇谭(环境4D影院)、甜蜜礼炮(跳楼机)、乘风破浪(激流勇进)这样的项目在陆公园中也有类似的,考虑到有些游客不愿意在陆公园一票制中去体验,那么这里就可以随机随心随性地选择一二,来度过自己美好的闲暇时光。在恐龙秘境开放区,唯一不要错过的两个点分别是国际树化石林和"黄石之眼"(摩天轮)。

　　在欣赏硅化树之前,我们先了解下硅化树的背景资料:在距今1亿5千万年的中生代侏罗纪,由于地壳运动或火山爆发,古代森林瞬间被泥沙碎石或火山熔岩掩埋,与外界和空气完全隔绝。在地层的压力、挤压和高温作用下,经含有高浓度二氧化硅溶液地下水的长期浸泡,树木中的有机质逐渐被二氧化硅所取代,经过漫长岁月,形成了与石头一样的硅化木。中国是世界上硅化木较丰富和发现较早的国家,国内多个省均有产出,黄石园博园的1314棵硅化树,毋庸置疑地成为世界规模最大的树化石林。这些树化石全部由古生物专家、化石收藏家、深圳古生物博物馆馆长张和教授捐献。按照产地和种类,分为中国、蒙古国、美国、埃及、南非、印尼、缅甸等8个展区,按照植物学划分有9属30多种类型。目前树化石林已经拥有两个世界之最!其中竖立的一棵新疆树化石最高达17.6米,为世界目前竖立最高的树化石;竖立的一棵蒙古国树化石直径2.8米,重达19吨,是目前世界上竖立最粗、最重的树化石。除此之外,在亘古之恋广场,一对亿年的情侣树,成为见证爱情纯真和永恒的代言人,如果今天来此的有夫妻或情侣的,不妨在此拍个照,沾沾情侣树的福泽,我也在此祝福天下有情人恩爱到白头,白首不分离。

树化石林对面的黄石之眼(摩天轮)主要由直径92.7米的旋转大盘及42个球形吊箱组成。乘客坐在吊厢内,随着大转轮的转动逐渐升高,隔窗远眺,视野逐渐开阔,可尽情地观赏城市美景、秀丽山川,令人大饱眼福、心旷神怡。游客乘坐摩天轮旋转一周约20分钟,足够有情人说上好多次"我爱你"。在这种环境中,表白成功率也超乎常规,"黄石之眼"也被戏称为"脱单加速器"。各位身边如果有表白困难的亲朋好友,不妨推荐他们来这里坐坐摩天轮,转转运,或许有意想不到的收获哦!

我们从恐龙秘境开放区一路过来,经过了萌龙湾、爱晴海,就抵达了恐龙潮玩馆。这是一个充满神秘与奇幻的乐园,带领游客穿越亿万年前的恐龙时代,感受大自然的鬼斧神工与生命的奇迹。这里恐龙博物馆、树化石馆,动感剧场与烟火集市交相辉映,为游客呈现一场视觉与心灵的盛宴。走进恐龙博物馆,仿佛踏入了时空隧道,回到了遥远的恐龙时代,馆内陈列着逼真的恐龙骨架和模型,让游客近距离感受这些史前巨兽的震撼与神秘。在恐龙潮玩馆二楼,有一个神秘的古生物实验基地。在这里,有专业的化石修复工具,可以体验化石挖掘、化石修复、有孔虫筛选等一系列动手实践课程。在体验化石修复的同时,了解化石的年代,掌握化石的基本结构,全面体验科学家的日常工作,参与到实践中来。

出了恐龙潮玩馆,再往前,就是恐龙水世界了。来恐龙水世界游玩,可以根据游客属性选择亲子型、挑战型的线路。亲子线路中,按照刺激指数分为五星级、四星级、三星级,对应的项目为"飞毯和大黄蜂滑道""时光隧道""龙门水寨""神龙造浪池""合家欢滑道"。挑战型游玩线路中,按照高潮指数分为五星级、四星级,对应的项目为"水上过山车""旋风大喇叭&巨兽碗滑道""疾风滑道""卧龙滑道""贪吃龙滑道""眼镜蛇滑道""时光隧道""激情水上漂""神龙造浪池"。但不论是亲子还是挑战线路,不论是刺激指数还是高潮指数,以上所有的项目,欢乐指数全部为五星级,是值得游客过来消暑和度假的好去处!

在"龙门水寨"大小13条滑道,配备了93件喷水设施,还有种类繁多的景观小品;水滑梯、喷头装置、互动戏水等项目融于各种雕塑造型;楼梯、网桥、攀爬网、隧道等错综连通;滑水、冲淋、攀爬,一应俱全;在"萌龙戏水池"各式迷你可爱的水上滑道让宝娃自由穿行,匹配儿童身高的浅水池,让儿童安全自在地与水嬉戏,尽情释放童心,是专属宝娃的戏水乐园;"飞毯和大黄蜂滑道"项目中,游客乘坐皮筏在蜿蜒曲折的滑道中顺流俯冲而下,踏着浪尖划出360度优美弧线,在风驰电掣的滑道上,体验离心与自由的冲浪刺激,整个旅行畅快淋漓。

来到恐龙水世界,几乎每位游客都会去打卡的一定是"神龙造浪池"了。面积超8000平方米的华中地区超大恐龙主题沉浸式造浪池,临空有4只巨大的机甲恐龙,分别是黄色、灰色、青色、黑色,在蓝天白云的映衬下,甚是壮观!3米高的巨浪带领游客体验波涛汹涌和搏击浪花的酷爽;夜幕下的造浪池伴随着四周巨大恐龙的怒吼及喷出的火焰,让游客尖叫连连。池子上空热辣劲爆的音乐将炎炎夏日的酷暑响彻,在造浪池的浪涛洗礼中,人们的幸福指数节节高升。"合家欢滑道"则是乘坐在装满全家欢乐的皮筏中,在蜿蜒的合家欢滑道中急速穿梭,宛如暗夜的雨林神秘多彩,与家人一同体验激爽自由的完美过程,合家同乐、幸福共享。"时光隧道"里,奇幻的"时光隧道"加入了各种类型的光圈,犹如身处梦境般忽明忽暗、光影交错;在这里,游客既能体验水滑道的惊险,又有盗梦空间般的神奇与无穷回味。"激情水上漂"有近千米长的休闲懒人河,是华中独具特色的人工漂流河,平躺在特别设计的浮圈之上随波漂流,悠然自得地饱览丛林风光,领略神秘新奇的异域风情,尽情享受徜徉溪流的美妙乐趣。漂流过程还可与岸边游客喷射戏水,激情互动,在惊喜挑战中感受奇幻神秘的亲水之旅。坐过陆公园的闪电过山车,就不要以为水世界的过山车没啥意思。这里的"水上过山车"是由电磁弹射的双轨水上过山车脱离地心引力在侏罗纪的原始丛林中上下起伏翻飞;从落差15米的起点出发,以最快每秒11米的速度,一路急速前进,瞬间体验心跳加速感。"旋风大喇叭和巨兽碗滑道"需要你从六层楼高的平台滑行,飞一般地冲入巨大的喇叭形滑道,落差20米的旋风大喇叭让游客的呼喊声此起彼伏;体验深海漩涡"巨兽碗"时,就如同被卷入龙卷风般的山呼海啸里,顿时吞没般地螺旋下降,刺激的同时欢乐无比。"疾风滑道"将颠覆传统,带给游客倒立滑行的全新体验。游客高速环滑在五颜六色管状滑道中,经历360度天旋地转,继而沿着色彩斑斓的滑梯急速坠落,穿越一系列起伏的"驼峰"后终于到达终点。独具竞技特性让游客欲罢不能,谁能在激爽刺激的游戏中拔得头筹,我们一起拭目以待!类似这样刺激的滑道的还有"卧龙滑道""贪吃龙滑道""眼镜蛇滑道",几乎都是从高高的平台上俯冲而下,途中左旋右转,或急速下降,或惊险刺激,适合与水来一次亲密的接触,体验安全无忧的极限运动。

各位游客朋友,经过了一整天的游玩和打卡,想必大家都精疲力尽、饥肠辘辘了吧?没关系,待会儿回到恐龙小镇,你可以尽情品尝各种美食小吃,让美食刺激你的味蕾带来幸福感的同时,也让这种幸福延绵加倍,加深你对此

他山之石
▼

阳新仙岛湖:玩转"海陆空"争创国家级旅游度假区

慎思笃行
▼

黄石,一个"点石成金"的地方

次在华侨城恐龙奇域旅游度假区的美好记忆,加深对美好生活的向往吧! 如果"石头"在服务过程中有不周之处也请大家多多包涵和体谅,最后衷心祝愿大家的每一次旅行都能达到旅行最高境界:行价值之旅、获破界之识、得莫逆之交! 祝大家安康幸福、平安顺遂!

项目考核

导游讲解评价表

评价项目与内容				分值	实得分
礼仪礼貌(5分)		衣着打扮端庄整齐,言行举止大方得体,符合导游人员礼仪礼貌规范		5分	
迎接游客(5分)		佩戴导游证,在景区(点)入口处、车站等显要位置候客并主动确认游客,清点人数,提醒相关事项,带领游客进入景区		5分	
操作内容	景点讲解（80分）	致欢迎词	"五语";真诚、热情、大方开朗、幽默自然	5分	
		语言技巧	基本语言发音优美,语速得当	6分	
			讲解有深度,重点突出,层次分明	15分	
			信息发布清晰、准确,具有规范性	10分	
			安全提示清晰、准确,亲切热情,提示委婉,富有情感	5分	
			融洽游客关系,态度真诚,耐心风趣,尊重理解游客	5分	
		服务技巧	熟悉并能正确运用服务规范	7分	
			掌握导游服务技能,导游服务程序正确完整	10分	
			思维反应敏捷,情绪控制稳定	5分	
			考虑问题周到,具有及时处理突发事件和特殊情况的能力	7分	
		致欢送词	"五语";真诚、感激、自然	5分	
	总结工作(10分)		物品归还、工作总结	10分	
评语					
总分					

Note

项目拓展

项目任务

任务 1：结合本土红色景区的历史特点，解读红色旅游资源魅力，浅谈其作为弘扬爱国主义精神重要载体的意义。

任务 2：以"记得住乡愁"为主题，延伸黄石市相关景点的乡愁文化，拓宽讲解范围，加强深度练习。

任务 3：全域旅游强调旅游与其他产业的深度渗透与交融，突破了传统旅游的狭隘界限，将旅游的范畴从孤立的景区拓展至整个区域。请从实现区域资源有机整合、产业融合发展、社会共建共享，以旅游业带动和促进经济社会协调发展等方面论述导游工作的各项拓展面。

在线答题
▼
项目二

项目三
寻味黄石

项目导读

俗话说,"民以食为天"。在现代旅游"食、住、行、游、购、娱"六大基本要素中,"食"位居首位。食,也就是吃,宛如一场舌尖上的旅行,是旅途中最具体验感的环节,更是旅游发展不可或缺的重要部分。从旅游发展的视角来看,美食往往是留住游客的关键所在。但凡旅游发达的城市,无一不借助美食,尤其是地方特色美食,可以为城市增色,近几年爆火的某些城市,就是靠美景与美食两张名片成为旅游新宠。

美食旅游兴起于20世纪80年代,从最初旅途中的日常饮食,到后来特色菜肴与风味小吃的涌现,美食在旅游目的地形象塑造中的重要性日益凸显。

黄石,作为湖北省的重要城市,不仅拥有丰富的工业历史底蕴,还蕴藏着诸多令人惊喜的旅游胜地与美食。黄石地处吴头楚尾,是鄂楚文化发祥地之一,独特的地理环境孕育了源远流长的历史文化,其中地方饮食文化尤为突出,众多特色菜肴与地方小吃亟待发掘与发扬。本项目将从黄石的特色菜肴和特色小吃两个方面,带领大家一起寻味黄石的美食。

学习目标

【知识目标】

1. 了解黄石地区的主要特色菜肴,掌握几道代表性菜肴的特色内容及推荐方法。

2. 掌握黄石地区几道主要特色名点小吃,介绍其基本内容及推荐方法。

【能力目标】

1. 能够为游客讲解黄石主要特色菜肴和名点小吃,重点介绍几道著名菜肴的特色。

2. 能够根据具体情境为游客提供美食攻略,根据游客要求合理安排本地特色菜餐食。

【素养目标】

1. 热爱黄石,增强家乡认同感,厚植家乡历史人文情怀。

2. 培养学生的审美素养。

3. 传承与弘扬黄石绿色健康饮食文化。

思维导图

```
                              ┌─ 奶汤汆西塞鳜鱼
                              ├─ 煎酿太子豆腐
                              ├─ 阳新鹄汤
                              ├─ 大冶苔粉肉
                              ├─ 腊味炖金牛千张
           体验黄石特色菜肴 ──┼─ 清蒸芋头圆
                              ├─ 银鱼炒土鸡蛋
                              ├─ 四斗粮鸡杂汤
                              ├─ 清蒸韦源口螃蟹
                              └─ 折子粉炒肉
  寻味黄石 ──
                              ┌─ 黄石港饼
                              ├─ 黄石老四门猪油饼
           体验黄石特色小吃 ──┼─ 黄石土豆片
                              ├─ 铜山口牛肉粉
                              └─ 大冶糊面
```

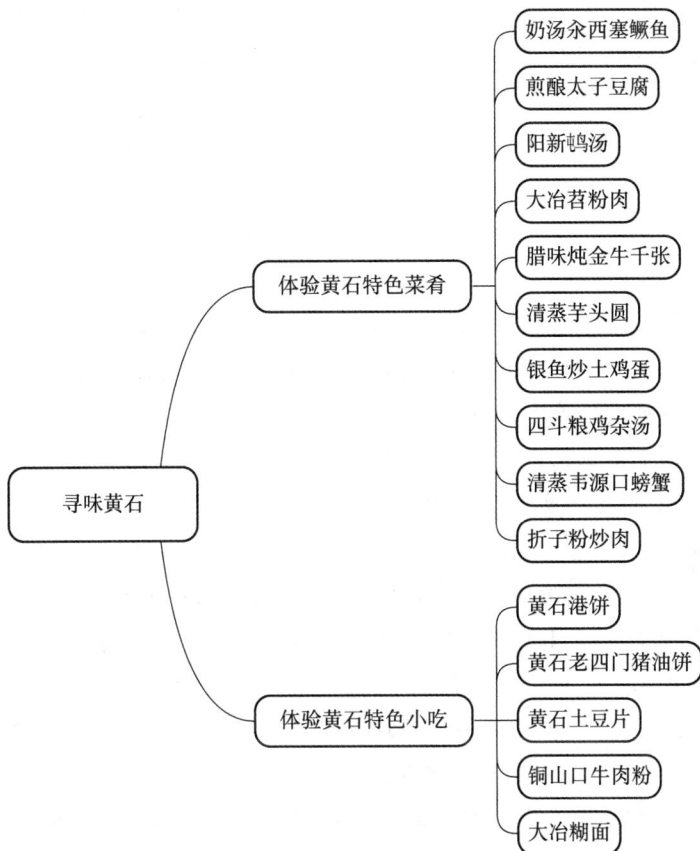

任务一 体验黄石特色菜肴

任务导入

习近平总书记始终将人民群众的"小事",当作党和政府的大事。老百姓生活中的点点滴滴,从房前屋后的琐事到柴米油盐的日常,无一不是总书记

Note

心头的牵挂。近年来,总书记多次在考察调研中关注地方小吃。他走进北京前门石头胡同的小吃店,踏入老字号西安饭庄看望劳动者;在福建三明沙县夏茂镇俞邦村,在小吃摊边与乡亲们亲切交谈;在广西柳州螺蛳粉生产集聚区,详细了解螺蛳粉特色产业带动就业、助力农民增收等情况。小小小吃,背后关联着大产业、大民生,更承载着千家万户对幸福生活的殷切期盼。

对于资深"吃货"而言,黄石的"钟楼烟火"美食街是必去之地。这条以宋代古镇风格为特色,集美食、休闲、观光于一身的多功能复合式特色小巷,汇聚了众多老字号美食,总是人气爆棚,是远近闻名的夜生活首选之地。

弘扬黄石餐饮文化,打造黄石餐饮名片,人人有责。新年将至,地陪导游"石头"即将接待一个来自广东的老年旅游团。若你是"石头",在接下来的行程中,你将如何为这个旅游团精心安排餐食呢?

任务探究

远在春秋战国时期,就有"楚国之食贵如玉"之说。荆楚美食文化是伴随着楚文化的崛起而兴旺发达起来的。所以,不仅有人把湖北菜称为"鄂菜",也有学者将湖北菜称为"楚菜"。而黄石作为鄂东南菜系的引领者,在楚菜的发展中占据重要地位。其特色鲜明,注重用油与火候,擅长红烧、油焖、爆炒等技法,精于烹饪豆制品,口味偏重。

黄石菜,不仅是对水产山珍的精心烹制,更是乡土情怀的细腻呈现;它澎湃着思想的浪潮,积淀着深厚的文化底蕴;从视觉上的色泽诱人,到嗅觉上的香气扑鼻,再到味觉上的美味可口,以及背后所蕴含的动人故事,全方位地展现着独特魅力。

黄石依山傍水,水资源得天独厚。厨艺精湛且富有创新精神的黄石人,对淡水河鲜有着独到的见解与烹饪手法。

2024年9月,黄石商务部门正式公布"黄石乡愁一桌菜"的名菜、名小吃、名特产名单。其中,名菜20道,名小吃16道,名特产18款。这份名单涵盖热菜、凉菜、汤类、主食等,还搭配了酒水饮料、伴手礼等,全方位呈现出黄石独具特色的人间烟火气。

一、奶汤汆西塞鳜鱼

"西塞山前白鹭飞,桃花流水鳜鱼肥。"在这如诗如画的西塞山,不仅有着令人陶醉的自然风光,山下的江边更孕育出肉质细嫩、滋味鲜美的西塞鳜鱼(见图3-1)。以其为主料的奶汤汆西塞鳜鱼,承载着深厚的地域文化,与西塞山紧密相连,成为黄石美食文化的一张独特名片。

图 3-1　西塞鳜鱼

(来源:湖北日报客户端,跟着"黄马"吃遍黄石港)

西塞鳜鱼的烹饪方式丰富多样,清蒸、红烧、糖醋等各有千秋,但奶汤氽制的手法却独树一帜。这种独特的烹饪方式,能让鳜鱼的滑嫩口感与奶汤的清甜滋味完美交织,不仅演绎出一场美妙的味蕾狂欢,还具有滋养脾胃、美容养颜的功效,堪称美食佳品。

若要烹制这道佳肴,需遵循以下精细步骤。

首先,挑选新鲜的鳜鱼,除去鱼鳃、内脏,确保鱼身干净无杂质。之后,切掉鱼鳍尖,将鳜鱼放入八成开的热水锅中短暂烫煮,让鱼身两面均匀受热,随即捞出放入凉水盆中,耐心刮净鱼身上附着的黑皮,这一步骤能进一步提升鱼肉的口感。接着,用干布轻轻吸干鱼身表面的水分,再小心地切开鱼的下唇骨。完成预处理后,在鱼身上精心划出间隔2厘米宽的坡刀口,翻面后再划成象眼块,如此一来,既能让鱼肉在烹饪过程中充分吸收汤汁,又能使菜品在外观上更加美观。划好刀后,将鱼的两面均匀地沾上干面粉,让每一处鱼肉都裹上一层薄薄的"外衣"。与此同时,切好葱段、姜片备用。

准备工作就绪后,便进入关键的烹饪环节。将炒锅置于中火之上,倒入适量的熟猪油,待油温烧至五成热时,轻轻将鳜鱼放入锅中。此时,需手持小铲,不时地轻轻翻动鳜鱼,使其在热油中均匀受热,直至炸至鱼身挺实,呈现出诱人的色泽,随后捞出,沥干多余的油分。锅中留油适量,保持中火状态,当油温升至六成热时,放入先前切好的葱段和姜片,随着"滋滋"的声响,葱、姜的香气逐渐散发出来,炸至颜色金黄。紧接着,加入精心熬制的奶汤,再放入花椒、八角等香料,同时撒入适量精盐,轻轻搅拌均匀,让各种味道相互融合。随后,将炸好的鳜鱼缓缓放入锅中,转至旺火,让锅中的汤汁欢快地翻滚。待鱼熟透,鲜香四溢时,将葱段、姜片、花椒、八角一一捞出,只留下鲜美的汤汁与鳜鱼相互交融。

最后,便是装盘的点睛之笔。将煮好的鳜鱼小心地盛放在大盘之中,沿着鱼身缓缓倒入散发着醇厚香气的黄酒与鸡油,为鱼肉增添独特的风味。再缓缓倒入浓郁的奶汤,让奶汤将鳜鱼温柔包裹。最后,撒上事先准备好的冬菇、火腿、冬笋等配料,它们犹如五彩斑斓的宝石,点缀在鱼身上,为这道菜品增添了丰富的色彩与口感层次。至此,一道色香味俱全的奶汤氽西塞鳜鱼便大功告成,宛如一件精美的艺术品呈现在人们眼前。

二、煎酿太子豆腐

在大冶湖南岸、父子山下的阳新县太子镇,诞生了一款闻名遐迩的传统小吃——太子豆腐。据史料记载,太子豆腐拥有长达1700多年的制作传统,不仅是黄石人餐桌上的常客,更是黄石美食文化中不可或缺的重要部分。但凡来阳新的客人,若未品尝到太子豆腐,便会深感遗憾。太子豆腐以鲜嫩可口、风味独特著称,素有"荆楚一绝"的美誉,在古时还曾是宫廷贡品。

太子豆腐之所以声名远扬,一方面得益于太子人独特的传统制作工艺,另一方面则要归功于当地富含多种人体必需微量元素和矿物质的山泉水。用这种水制作的豆腐,不仅保留了原食材的有益成分,还能化合出人体必需的各种氨基酸。如今,太子豆腐已在湖北省工商局注册"太子庙"牌商标,其系列产品,像豆腐、白干、黑干、香干、臭干、熏干、酱干、卤干、麻辣干、豆皮、豆丝、豆果、腐竹、腐乳、千张、素鸡等,畅销武汉、黄石、九江、武穴、鄂州、咸宁、黄冈、大冶、蕲春等地。

煎酿太子豆腐是一道极具浓郁地方特色的美食。它味道鲜美,但制作工艺颇为复杂,需历经多道工序。当地大厨强调,最正宗的太子豆腐,必须搭配最地道的烹饪技艺。在煎制时,选用小榨菜籽油,能让豆腐快速均匀受热,既避免粘锅,又能保证豆腐外酥里嫩,还增添了独特风味。

制作煎酿太子豆腐,需准备的材料包括阳新太子豆腐、猪前夹肉、姜末、葱花、生抽、食盐、味精、米醋、白糖、淀粉,以及适量菜籽油等。制作时,先将猪前夹肉剁成肉蓉,放入姜末、葱花、食盐、淀粉拌匀制成肉馅备用;接着把太子豆腐改刀成长方形,用小勺在中间挖孔,酿入肉馅;再把生抽、食盐、味精、米醋、白糖一起调制成酱汁;最后,将锅置于火上,倒入适量菜籽油烧热,放入酿好肉馅的豆腐块,煎至一面金黄后,淋入调好的酱汁,小火烧至入味,收汁装盘,撒上葱花即可。

此道菜肴口感外酥里嫩,香气浓郁,色泽诱人,滋味咸鲜。煎制过程中,豆腐充分吸收菜籽油的香气,风味更加丰富。搭配各种调味料后,口感层次愈发分明,令人回味无穷。轻轻咬上一口外焦里嫩的豆腐,那舌尖上的香气唤醒心底最深处的纯真与美好,让家乡的儿时味道具象化。太子豆腐,一口鲜嫩,满含回忆,它串联起过去与现在的情感,每一块细腻的豆腐,都藏着无数黄石人童年的欢声笑语。

三、阳新鵼汤

隆冬时分,阳新的各大餐馆内,一锅色泽淡黄、肉质细嫩、清香甘甜的鵼汤,堪称餐桌上的常客。阳新土鵼(tún),作为阳新独有的物种,学名"阳新番鸭",其外形独特,似鸭非鸭、似鹅非鹅(见图3-2)。当地人为之自创"屯+鸟"这一组合字,用以称呼它,遗憾的是,字典中并未收录此字,长久以来只能以"屯+鸟"暂代。不过,在2023年,阳新县积极申请为其正名,功夫不负有心人,工信部于2024年正式收录"屯+鸟"组合字,并发布相关标准。

图 3-2　阳新鹅

（来源：百度百科，阳新鹅）

阳新鹅汤的独特魅力，首先体现在其无与伦比的口感上。选用的鹅本身肉质极为细腻，经过精心炖煮后，肉质愈发鲜嫩，口感层次也更为丰富。炖煮过程中，融入多种香料，使得汤品散发着一种独特诱人的香气，瞬间便能勾起人们的食欲。

不仅如此，阳新鹅汤还具备极高的营养价值。它富含蛋白质、矿物质以及各类维生素，对人体健康大有裨益。传统医学认为，鹅汤具有温中益气、补精填髓、益五脏、补虚损等功效，对于身体虚弱、乏力、腰膝酸软等症状有着良好的调理作用。

当人们品尝阳新鹅汤时，那独特的香气扑鼻而来，细腻的肉质入口即化，仿佛一场美妙的味觉盛宴。再加上其丰富的营养价值，无论是当地居民日常滋补，还是外来游客体验地方美食，阳新鹅汤无疑都是绝佳之选，绝对不容错过。

四、大冶苕粉肉

在大冶的民间美食中，有一道名为"苕粉肉"的佳肴，别看名字带有"肉"字，很多人会误以为是荤菜，实际上它是用红薯粉精心制作而成。"红薯"，在当地也被称作"红苕"，经当地人灵巧双手的加工，摇身一变成为口感Q弹的美味，有着肉的丰腴质感，却没有肉的肥腻，宛如"红烧肉"一般软糯。

在过去物资匮乏的年代，苕粉肉可是能替代肉满足人们口腹之欲的珍馐。即便在如今物质丰盛的时代，它依然意义非凡。不仅作为传统菜肴在节日里承载着特殊意义，而且对于许多因健康原因需控制肉类摄入量的老人来说，苕粉肉是他们享用年夜饭时，既能满足口福，又符合健康需求的必备菜品。在各类聚会或宴席上，也常常能看到这道菜肴的身影。

从营养学角度而言，红薯属于粗粮，其制成的红薯粉热量相对较低。每 100 克白米饭的热量约为 116 大卡，而每 100 克红薯粉的热量约为 340 大卡。红薯粉富含 β-胡萝卜素、维生素C、维生素B6、叶酸和钾，还含有大量膳食纤维，既能补充丰富的营养，又能促进胃肠蠕动,对保护心脏、预防心血管疾病大有益处。同时,它饱腹感强且升糖缓慢。用红薯粉制作的"苕粉肉",采用素菜荤做的方式,营养丰富,深受各年龄段人群喜爱,是极具地方特色的绿色食品。

在当地,这道原本极为平常的农家菜——苕粉肉,深受大众喜爱,因为它不仅见证了时代的变迁,还体现了人民的勤劳与智慧,更寄托着人们对美好生活的无限向往。大冶人对红薯怀有特殊的情感,善于利用红薯制作出各式各样花样百出的美食。现今,大冶人还常将苕粉肉精心烹制,作为待客佳肴来款待远道而来的客人。

苕粉肉的制作方法十分简单,大冶本地家家户户都能轻松上手。较为常见的做法是:先往锅中倒入适量食用油,用大火将油烧热,接着缓缓倒入搅拌好的苕粉水,同时用锅铲慢慢将其烫平,直至苕粉水凝固成饼状。此时,将整块饼状苕粉从锅中铲出,放置在砧板上,切成块状或条状。最后,把切好的苕粉放入锅内,加入适量的水焖熟,并佐以肉末、青椒、葱蒜、香菇等进行调味。如此一来,一道绵软香甜、油而不腻、色香味俱佳的苕粉肉就大功告成了。其独特的味道颇有红烧肉的韵味,因而享有植物中的"红烧肉"的美称。

五、腊味炖金牛千张

金牛千张,作为黄石大冶金牛镇的传统特产美食,实则就是我们日常所见的豆腐皮。其质地独特,薄如纸张却韧性十足,呈现出"隔视可见人影,捏角不会破碎"的奇妙特质,因而被金牛人亲切地称作"千张皮子""金牛皮子"或"豆腐皮子"。

金牛千张的制作技艺,是金牛民间独有的传统手工艺。史料记载,豆腐由西汉时期汉高祖刘邦之孙淮南王刘安发明,而不久之后,另一豆制品"千张皮子"便在古镇金牛诞生。宋代时,此地商业日益繁荣,油盐、柴米、布匹等生意兴盛,城乡豆腐店数量增多,豆浆、豆花和豆果等品种不断翻新,千张皮也开始大规模制作。起初,"千张皮子"指的是金牛豆腐皮子的日产量,随着时间推移,它既代表日产量,也成为豆腐皮子的别称。随着多家作坊产量提升,日产量达到千张皮子已不足为奇,金牛千张逐渐成为金牛皮子的雅称,并一直沿用至今。

金牛千张的历史可以追溯至汉代,当时制作千张是本地几乎家家户户都掌握的手艺。历经千年岁月洗礼,其生产工艺愈发精细,质量稳步提升,生产规模不断扩大,影响力也日益广泛,已然成为极具金牛特色的风味美食。

金牛千张的独特风味与当地水质紧密相关。其水源来自金牛虬川河的源头毛铺水库,水质优良。唯有采用虬川河流域的水制作出的千张,才堪称地道的金牛千张。它选用当地优质黄豆为原料,是天然绿色食品,营养价值极高。成品的金牛千张呈半透明状,色泽淡黄,晒干后变为金黄色,煮熟时则呈现乳白色,煮出的汤如乳汁般醇厚,且越煮越软,散发着清香,味道鲜美,已然成为金牛地区一张亮丽的美食文化名片。

根据传统,在黄石大冶及鄂州、咸宁等地,群众在婚丧宴请或节日请客办酒席时,金牛千张是必不可少的佳肴。席上的第一道菜往往就是千张皮,称为"皮子席",在历史上其地位仅次于殷实之家举办的"海参""鱼翅"席。金牛千张皮不仅在当地声名远扬,在湖北其他地区,如浠水、黄冈、武汉等同样备受欢迎。南来北往的旅客,但凡来到金牛,在一饱口福之余,总会记得带上几把金牛皮子,或留作自食,或馈赠亲友。

金牛千张因其味道鲜美,吃法丰富多样。其中,腊味炖金牛千张便是一道融合了腊味与千张独特风味的美味佳肴。制作这道菜,需将适量的腊肉、腊肠切片,适量的千张切丝或切块,适量的青椒、红椒切块,以及适量的姜片、蒜瓣、盐、生抽和清水。具体做法为:先将腊肉和腊肠切片,青椒和红椒切块备用;接着,将千张切丝或切块后,用开水焯烫约3分钟,以去除豆腥味,捞出沥干水分;随后,热锅倒油,放入姜片和蒜瓣爆香,加入腊肉和腊肠片,翻炒至腊味透明且微微出油,最后加入青椒和红椒块,继续翻炒均匀,盛入砂锅炖一下即可。

六、清蒸芋头圆

在阳新,芋头圆堪称当地过年时家家户户必不可少的传统美食,承载着浓浓的节日氛围与深厚的文化底蕴。它的由来,源自红苕与芋头的奇妙结合,在过去物资并不充裕的年代,阳新人将这些常见食材巧手加工,使其成为过年餐桌上的珍贵佳肴,一直延续至今。每逢新年初一,无论身在何处,阳新人都会满心欢喜地围坐在一起,吃上一碗热气腾腾的芋头圆,以这种质朴而温暖的方式,开启新一年的美好生活,寓意着"团团圆圆、事事圆满"。

芋头圆之所以备受青睐,除了其美好的寓意,还在于它那丰富多样且独具匠心的馅料组合。白萝卜的清甜爽脆、豆干的醇厚质朴、肉丁的鲜嫩多汁、粉丝的爽滑劲道、花生米的香脆可口,这些食材巧妙搭配,构成了经典的馅料基底。而在一些特殊时刻,或是人们想要追求更多风味层次时,竹笋的鲜嫩、胡萝卜的甘甜、虾皮的鲜美、香菇的馥郁也会被纳入其中。食材越丰富,芋头圆的味道便越美妙,每一口都能带来新的惊喜。制作时,将所有食材切成丁状,依次放入热油锅中精心炒熟。随着翻炒,各种食材的香气逐渐释放、相互交融,弥漫在整个厨房。此时,让人忍不住尝上几口,咸香的滋味瞬间在舌尖绽放,多种味道交织碰撞,令人欲罢不能。

而芋头圆的外皮,则是用红薯粉和芋头混合揉成的面团制成。这一过程同样充满了生活的温情与趣味。先将蒸熟的芋头碾成细腻的芋泥,再与红薯粉按一定比例混合,加入适量的热水,在反复揉搓中,面团逐渐变得柔韧有劲道。制作时,揪下一小团面团,在手中轻轻旋转、按压,巧妙地捏成碗状,这需要一定的技巧与耐心,而也正是这种亲手制作的过程,赋予了芋头圆别样的温度。接着,将备好的馅料满满地填入其中,再轻轻包起,把开口处捏紧,一个椭圆形的芋头圆便成型了。待芋头圆放入沸水锅中煮熟出锅,其颜色虽偏深,却丝毫不影响口感。外皮Q弹十足,每一口咀嚼都充满乐趣,仿佛在与这美食进行一场有趣的互动。而里面的馅料咸香四溢,多种食材的味道相互交融,形成一场丰富而和谐的味觉盛宴。倘若你有机会前往黄石,一定不要错过这道饱含阳新风味与新年祝福的芋头圆,它不仅是一道美食,更是阳新文化与情感的独特载体。

七、银鱼炒土鸡蛋

仙岛湖银鱼炒土鸡蛋,堪称一道汇聚美味与营养的舌尖杰作,尤其适合体质虚弱、营养匮乏人群用于调养身体。银鱼,作为这道菜品的核心食材,犹如大自然精心雕琢的瑰宝,属于高蛋白、低脂肪的优质食材。其味甘、性平,据传统医学经典《日用本草》中记载,银鱼具有补脾胃、宣肺利水的显著功效,能为人体补充元气,增强免疫力。

阳新仙岛湖,水域广袤无垠,湖水晶莹澄澈,能见度常年保持在2米以上,是银鱼繁衍生息的理想家园,故而盛产的银鱼品质超凡脱俗。特别是每年10月,阳新仙岛湖迎来银鱼的最佳捕捞期。此时的银鱼,肉质细腻,呈现出近乎透明的色泽,仿若一件精美的艺术品。其口感鲜滑,恰似在味蕾上舞动的精灵,风味堪称一绝,尝过之人无不称赞有加。当把鲜银鱼与土鸡蛋、韭黄在锅中共同烹饪时,奇妙的变化悄然上演:银鱼洁白似雪,土鸡蛋蛋黄如金,二者交相辉映,宛如一幅描绘丰收盛景的画卷,寓意着金银满仓、吉祥如意,承载着人们对美好生活的期许。

这道佳肴的烹饪过程,操作难度并不高,即便厨艺尚浅的新手,也能在厨房中轻松复刻。首先,将捕捞上岸的银鱼小心清洗,用细密的滤网轻轻冲洗,确保银鱼表面的杂质与污垢被彻底清除,随后将其放置在干净的纱布上,充分沥干水分。接着,在碗中倒入少量料酒,放入银鱼浸泡15—20分钟。料酒中的酒精能够有效溶解并带走银鱼的腥味,同时赋予其淡淡的酒香,为后续的烹饪增添独特风味。之后,把新鲜的土鸡蛋打入碗中(挑选鸡蛋时,应选择表面粗糙、摇晃无声音的新鲜蛋),加入少许盐和鸡精,按照顺时针方向轻轻搅拌,让调味料均匀融入蛋液中,使得蛋液的味道更加鲜香细腻。紧接着,将浸泡好的银鱼放入蛋液中,再次搅拌均匀,使银鱼均匀分布在蛋液的每一处,确保每一口都能品尝到银鱼的鲜美与鸡蛋的醇厚。准备妥当后,在热锅中倒入适量的食用油,以大豆油或玉米油为佳,待油温升至七成热,将混合好的蛋液缓缓倒入锅中。此时,随着"滋滋"的美妙声响,蛋液迅速凝固成型,用锅铲轻轻翻炒,让鸡蛋均匀受热,直至变为诱人的金黄色,且边缘微微卷起,这道色香味俱全的仙岛湖银鱼炒土鸡蛋便大功告成,可以盛盘上桌,为餐桌增添一抹亮色。

八、四斗粮鸡杂汤

"吃粮四斗,不如喝鸡一汤。"在316国道旁的大冶金湖,有一个村落名叫"四斗粮"。此地原名"大路铺",最初指的是大冶刘召塆一块4亩大小的农田。因其背靠大箕山,拥有得天独厚的原始自然环境,当地人在此放养土鸡。

1947年,一条公路穿田而过,刘拥军的祖辈——爹爹刘群香、奶奶熊合奴,在路旁开办了一家小吃店,售卖祖传的鸡汤。改革开放伊始,当地人便敏锐地嗅到商机,尝试开设餐馆。他们将现宰的土鸡置于砂锅中,以炭火慢慢煨炖,炖出的土鸡汤清肉烂,鲜味十足。随后,一位兰姓卖瓦罐的商人到此开店,越来越多的生意人汇聚于此,逐渐形成了一个小镇。当路过的客人询问地名时,众人皆称大路铺。为了给这块生意场地取一个更合适的名字,大家齐聚商议。奶奶熊合奴提议:"这儿是四斗田,田能产粮,咱们既盼着多打粮,也希望生意兴隆,就叫'四斗粮'吧。"众人纷纷赞同,这一名字便由此传开。1997年,刘拥军将"四斗粮"成功注册为鸡汤馆的商标。

四斗粮鸡杂汤历经四十余载而长盛不衰,其成功秘诀不仅在于鸡杂与鸡肉同煨这一独特技法。还在于汤料制作的三大关键:其一,选用优质土鸡,确保食材品质;其二,采用独特的配制秘方,赋予鸡汤独特风味;其三,精准把控煨炖火候,待火候恰到好处,鸡的土腥味散尽,油腻感减轻,鸡汤的香味愈发醇厚、甘甜。最终炖出的鸡汤清澈见底,令人回味无穷。

四斗粮鸡杂汤作为特色美食,备受广大市民青睐。其汤浓味香,鲜而不腻,口感别具一格。鸡汤色泽清淡,能够清晰看见碗底,香气中带着丝丝甜味。杂汤中的心、肝、肫、血、肠等食材各具风味,尤其是肠卷成小卷,形似小麻花,一口咬下,杂汁四溢,每一块鸡肉都香浓可口,每一勺汤都香气扑鼻。

九、清蒸韦源口螃蟹

作为阳新韦源口镇标志性的特产,韦源口螃蟹声名远扬。俗话说,"螃蟹长得好,全靠水和草",韦源口螃蟹生长在水质优良的大冶湖、海口湖流域。这里生态环境得天独厚,湖泊水草覆盖率极高,水质清澈且水系独立,水产品丰富多样。在这样的环境中,螃蟹无须人工饵料,完全采用纯天然养殖方式,因此出产的螃蟹体大膘肥,具有青壳白肚、金爪黄毛的显著特征。其背壳坚硬,隆凹纹路似虎,颜色青黑,腹部呈青白色,腹下有脐,雄蟹脐尖,雌蟹脐团,脐内长有硬毛,也就是人们常说的大闸蟹,享有"蟹中极品"的美誉。2015年,韦源口螃蟹成功获得地理标志认证。

清蒸韦源口螃蟹的做法如下:首先,挑选新鲜且鲜活的韦源口螃蟹。接着,将螃蟹放入45 ℃左右的温水中,降低其活跃度,方便后续清洗。用刷子仔细刷洗螃蟹的正反面、蟹嘴、腹盖以及关节等部位,确保干净无杂质。在盘子里铺好葱姜蒜,加入少许料酒,随后将洗净的螃蟹蟹爪朝上摆放在盘子上,并在螃蟹身上均匀地撒上少量盐粒。将盘子放入蒸锅,盖上盖子,先用中火将水烧开,再转小火蒸,关火后焖几分钟。

判断螃蟹是否蒸熟,可以通过掰开螃蟹观察蟹黄或蟹膏是否凝固来确定,若已凝固,则表明螃蟹已蒸熟。食用时,还可以准备美味的蘸料。将生姜切末、小葱切成葱花放入味碟,加入生抽、香醋、少许白砂糖和芝麻油,再倒入适量清水,搅拌均匀。如此,蒸好的螃蟹搭配调好的蘸料,味道堪称一绝。

十、折子粉炒肉

阳新折子粉,这一承载着深厚文化底蕴的美食,距今已有300多年历史,在鄂赣边

Note

区久负盛名,深受广大消费者的喜爱。自明朝起,阳新便有人从事折子粉的手工制作,这门技艺传承至今,绵延不绝。据当地制作折子粉的老人们讲述,在历史上,折子粉还曾作为进贡朝廷的"贡品",其独特风味备受赞誉。2013年,阳新"折子粉制作技艺"成功入选湖北省第四批非物质文化遗产代表性项目名录,这无疑是对折子粉价值的高度认可。

折子粉口感细腻滑爽,烹饪方式多样,无论是凉拌、炒制还是汤食,都能在餐桌上绽放出独特的美味。它有着类似臭豆腐的奇妙特质,闻起来带有一股因自然发酵而产生的"臭味",然而,一旦采用合适的烹饪方法,便能将其鲜美滋味彻底激发出来,令人回味无穷。

以折子粉炒肉为例,这道佳肴的制作过程虽稍显复杂,但充满趣味。在动手制作前,需准备好折子粉、猪肉,以及适量的植物油、盐、酱油、胡椒粉和鸡精等。需要注意的是,折子粉一定要提前浸泡,若是准备作为早餐享用,前一晚就应将其放入清水中浸泡,如此第二天只需直接冲洗干净即可使用。同时,将猪瘦肉洗净切片备用。

正式制作时,先在锅中倒入植物油,待油烧热后,放入切好的猪瘦肉开始翻炒,直至炒出香味。若喜欢肥腻口感,可以加入适量的肥肉一同炒制。接着,倒入清洗干净的折子粉,转大火迅速翻炒。在翻炒过程中,可沿着锅边烹入少许清水,这能使折子粉均匀受热,口感更佳。炒香后,便进入关键的调味环节,依次放入盐、酱油、胡椒粉,并持续翻炒,让调料充分融入食材,直至入味。随后,加入少许鸡精提鲜,为菜品增添醇厚风味。倘若偏好辣味,此时还可以放入少许辣椒油或辣椒面,翻炒均匀后,这道香气四溢的折子粉炒肉即可出锅,为你带来一场舌尖上的美妙盛宴。再次提醒,折子粉在食用前务必经过长时间浸泡,通常晚上将其放入清水中,次日早上捞出洗净,便可直接用于烹饪,如此方能保证其最佳口感与品质。

他山之石
▼

当"舌尖上的旅行"成为流量密码——旅游消费新现象观察之八

任务二　体验黄石特色小吃

任务导入

黄石,不仅有着辉煌的工业文明历程,更是一座实打实的美食之城。这里的每一道特色美食,都像是一把钥匙,能打开黄石深厚的文化底蕴与具有独特风情的大门。

当你们踏入黄石交通路步行街,那热闹非凡的景象,琳琅满目的商铺,香气扑鼻的小吃摊,定会让你们瞬间沉浸在美食的海洋里。而今天,我要带你们开启一场特别的黄石美食探索之旅。

从拥有170多年历史、制作工序复杂的"中华老字号"黄石港饼,到清朝

时期就已诞生、游子们心心念念的黄石老四门猪油饼;从承载着黄石人童年
记忆、制作讲究的黄石土豆片,到源自乾隆年间御厨手艺的铜山口牛肉粉,还
有蕴含着大冶独特文化传承的大冶糊面。这些美食,每一口都能触动食客的
味蕾,每一道背后都有一段值得诉说的故事。

　　接下来,就让我们一同深入了解这些黄石特色小吃,开启这场精彩绝伦
的美食探索课程,为你们即将到来的黄石美食之旅做好充分准备!

任务探究

　　每个人都有记忆中的美食,每座城市都有独具特色的味道。黄石,一座活力四射
的城市,见证了中华民族工业文明的辉煌历程。黄石,更是一座名副其实的美食之
城,每一道特色美食都是这座城市独特的文化符号,在品鉴中感受黄石的深厚底蕴与
无限风情。无论是老派特色小吃,还是新式改良特色料理,黄石的美食味道足以打动
人的味蕾,背后的故事总值得向他人诉说。关于美食,我们传承的不仅仅是技术,还有
文化,以及背后的故事。

一、黄石港饼

　　在湖北黄石,各类饼品琳琅满目,烧饼、葱油饼、千层饼等成为黄石人日常生活中
不可或缺的早点或小吃。然而,若要论及最能代表黄石的饼,则非黄石港饼莫属(见
图3-3)。

图3-3　黄石港饼

(来源:湖北日报客户端,跟着"黄马"吃遍黄石港)

　　黄石港饼由面粉、芝麻、冰糖、小麻油、金钱桔饼、糖桂花等十余种上等原料精心制
作而成。其外观独特,边缘如同敲起的铜锣,呈弦鼓状,表面麻色黄亮。品尝起来,口
感松酥爽口,味道甜润清香,不仅能顺气开胃,还拥有浓郁的天然麻香味,回味悠长。
凭借这些独特风味,黄石港饼声名远扬,在湖北地区家喻户晓,并畅销全国。黄石港饼
已拥有170多年的历史,被商务部授予"中华老字号"的荣誉。

Note

（一）历史渊源

黄石港饼的历史渊源颇为有趣。传说中的"龙凤喜饼"，直径比碗还大，饼面上绘有龙凤呈祥的精美图案，馅料部分由芝麻、糖、香油、桂花等原料精制而成，色泽金黄，口感松酥爽口。如今的黄石港饼，据说与之有着一脉相承的关系。

清朝嘉庆年间，在大冶刘仁八地区的刘丰泰杂货铺里，有一位名叫刘合意的糕点师。为吸引顾客，他在龙凤饼的基础上，加入桔饼等原料，并在饼的两面粘上芝麻，由此创造出了合意饼。到了同治年间，大冶木排商人殷华与马礼门合伙驾木排到苏州一带经商。一次，他们驾排顺流而下，行至黄石港时，因木排行水迅猛，避让不及，撞翻了迎面驶来的盐船。盐商不依不饶，官司一路打到京城。殷、马二人担心官司败诉，进京时特意挑选了当地名产合意饼作为礼品。到京城后，他们将合意饼赠送给各位官员，并附上一首诗："排来如山倒，行船似燕飞。鸣金三下响，为何燕不飞。"同治帝看到此诗后，觉得言之有理，便判定木排商无罪。官司胜诉后，木排商本想以厚礼答谢皇上，可因打官司耗费巨资，囊中羞涩，只好硬着头皮将合意饼献给同治帝。没想到，同治帝品尝后对这酥松爽口、香气四溢的合意饼赞不绝口，还欣然赐名"如意"。因此，合意饼又被称作"如意饼"。

清代后期，黄石港镇逐渐形成。此地作为鄂东南阳新、黄州、蕲春、浠水、广济、黄梅等八县（市）区大量农副产品的流通市场，同时也是武汉至九江长江轮船的重要停泊港口，常有中外客货轮进出，商贩云集。随着合意饼的销路越来越广，因其饼面布满芝麻，且多由商贩运输至城乡销售，当时采用纸包十个成筒，再用箩筐装挑的方式售卖。消费者们口口传颂着黄石港所产麻饼的独特风味，久而久之，大家便习惯将其称为"港饼"。后来，它以产地为名，正式定名为黄石港饼。

（二）制作工序

黄石港饼的制作工序繁杂精细，所需原料如下：皮料，包括特制粉、饴糖、苏打粉、水；酥料，包括特制粉、植物油、猪油；馅料，包括熟标准粉、白砂糖、绵白糖、植物油、芝麻屑、冰糖、桔饼、桂花；贴面料，包括白芝麻，等等。具体制作步骤如下。

（1）和皮时，先将特制粉过筛，在案板上摊成圆圈，倒入饴糖、水和苏打粉，搅拌均匀后揉成软硬适中的面团。将面团分块，静置使其缓劲，包酥前经拉白处理后再分成小剂子。

（2）和酥时，同样将特制粉过筛，加入猪油混合擦制。需注意擦酥时间不宜过长，以免面团生筋或泻油，一般5千克左右的油酥大约擦20分钟即可。擦好后，分块切剂备用。

（3）制馅时，把熟标准粉过筛，摊成圆圈，将冰糖等敲碎成豌豆大小的颗粒，放入各种小料，加油搅拌均匀，再与熟标准粉充分擦匀，使其软硬适宜。为保证馅料的口感，最好将其提前一天备好，让原料充分胀润，便于后续捏馅。

（4）成型时，采用小包酥方法，将皮酥包好后压扁，擀成长片，搓成卷再折三折，接着擀成圆形，包入馅料，捶成圆饼。将五六个饼坯叠放在一起，在周边滚上淀粉。在饼的表面刷上水，然后放在麻机上两面均匀沾上芝麻，要求芝麻既不掉落，也不会出现分布不均的情况。

（5）烘烤时，将饼坯放入炉中烤制。炉底温度控制在100 ℃，面火温度保持在150—200 ℃。烤制过程中，麻饼需要翻两次面，确保两面麻色一致。烤好后出炉冷却，最后进行包装。

判断黄石港饼的质量优劣，可以从以下几个方面入手：正宗的黄石港饼呈正圆形，两面平整光滑，芝麻分布均匀，周边整齐；颜色方面，两面呈深黄色，周边为乳白色；饼的皮厚薄均匀，馅料紧密充实，无空腔；口感上，松酥甜润，带有浓郁的芝麻香味。

二、黄石老四门猪油饼

猪油饼，又名"猪油糕"，作为黄石市的传统糕点，它承载着深厚的地方饮食文化底蕴。猪油饼主要以面粉、猪油、白糖为核心原料，运用独特的水烫面和油酥制作工艺精心打造而成。成品猪油饼色泽黄亮诱人，口感油而不腻，质地酥而不脆，呈现出外酥内嫩的美妙口感，口味咸甜恰到好处，香甜滋味令人陶醉，是黄石地区当之无愧的传统美食代表。

猪油饼在黄石的历史源远流长，相传其起源可追溯至清朝时期。历经岁月的沉淀，它在黄石地区拥有广泛的群众基础。这不仅得益于其独特的口感，还在于其制作过程极为讲究，需要制作者投入十足的耐心与精湛的技巧。除了制作讲究，猪油饼的馅料选择也丰富多样，芝麻、豆沙、枣泥等都可作为馅料，能够满足不同人的口味偏好。而且，黄石猪油饼全程纯手工制作，风味独特，是湖北黄石独一无二的传统美食特产。

对于从黄石背井离乡的游子而言，猪油饼承载着他们对家乡深深的眷恋，常常令他们魂牵梦萦，盼望着能再吃上一口猪油饼。这种独特的美味不仅让黄石本地人难以忘怀，也凭借其独特魅力征服了外地食客。也有一些来自周边地区的"吃货"，偶然间品尝到黄石人带去的猪油饼后，瞬间被其美味所吸引，迫不及待地想要再次品尝，以满足自己的味蕾。

猪油饼的制作工序极为考究，每一步都蕴含着传统工艺的精髓。制作伊始，需挑选优质面粉，加入适量白糖与温水，均匀搅拌，制成皮面。与此同时，将适量面粉与猪油充分混合，制成油酥。面团发酵时间需根据气温灵活调整。随后，将皮面与油酥分别擀成薄片，把皮面片覆盖在油酥片上，卷成圆柱状，再切成薄片，进一步卷成圆形皮酥片。馅料制作也别具匠心，将从猪内脏上剥下的网状"花油"剁碎，加入少许椒盐、辣椒面、葱花搅拌均匀。接着，把馅料放入皮酥片中，包好封口，制成饼状。最后，在面饼的一面打上花刀，撒上芝麻，另一面沾上少许水，贴于炉的内壁，或是放入烤盘中烘烤。当饼身烤至金黄色，油脂微微下溢时，香气四溢的猪油饼便大功告成，即可取出享用。

三、黄石土豆片

　　土豆,又被称为"洋芋",在美食的世界里,它有着千变万化的姿态。除了为人熟知的西式炸薯条和奶油土豆泥,在中国各地,土豆也以不同的美食形式展现着独特魅力,像陕西的洋芋搅团、兰州的麻辣洋芋片,都声名远扬。而在黄石,土豆片更是不可或缺的美食象征,承载着黄石人满满的童年回忆。在"万物皆可炸"理念下诞生的炸土豆片,再叠加灵魂酱料,成为黄石人童年最初的美食印记。一碗正宗的黄石土豆片,从精确控制油温到精心调配酱料,每一个细节都凝聚着制作者的匠心,每一口都能给味蕾带来深深的诱惑。

　　制作黄石土豆片,方法看似简单,实则讲究。首先要准备好食材,主料选个头较大的土豆为佳;调料方面,需要葱、姜、蒜、生抽、辣椒面、干辣椒、醋、酱油、淀粉、孜然粉、盐、料酒和油等。制作时,先将土豆仔细刨皮,切成薄片后放入盆中,用清水浸泡1小时,让表面的淀粉充分洗出,随后捞出晾干。与此同时,将葱切成葱花、蒜切成蒜末、姜切成姜片备用。接着制作灵魂酱汁:把干辣椒切成段,与蒜末、姜片一同下锅,用油炸出香味后,加入适量清水煮开;依次加入酱油、生抽、醋、辣椒面,再倒入用淀粉勾好的芡,以及适量孜然粉,然后转小火慢慢煎熬,直至酱汁变得浓稠;待油锅烧热,放入土豆片开始炸制,先以小火慢炸,使土豆片内部熟透,再转大火,这样便能根据个人喜好炸出或嫩或焦的口感;炸好后,将土豆片捞出沥干油分,盛入碗中,趁热淋上精心熬制的酱汁。一般来说,还可以用蒜切成米粒状的蒜米,加入适量醋调制成蒜米汁,浇在酱汁上作为点缀,让整道美食的味道更加丰富。盐和辣椒的比例可依据个人口味灵活调配,满足不同人的味蕾需求。

四、铜山口牛肉粉

　　在湖北大冶,铜山口牛肉粉堪称美食界的传奇存在,承载着浓厚的地域文化与几代人的温情记忆。

　　大冶素有"青铜古都"的美誉,其深厚的历史底蕴同样滋养了丰富的饮食文化,铜山口牛肉粉便是其中的杰出代表。据说,它的起源与大冶往昔的矿业发展紧密相连。早年,铜山口矿区的矿工们劳动强度极大,急需一种既能饱腹又美味滋补的食物,铜山口牛肉粉便应运而生。

　　铜山口牛肉粉的制作工艺极为考究。汤底是这碗粉的灵魂所在,店家精选牛大骨,搭配多种秘制香料,依次放入大锅中,用文火精心熬制数小时。期间,牛大骨中的营养成分与香料的醇厚滋味充分融合,熬出的汤底色泽乳白,香气浓郁醇厚,飘散在街头巷尾,吸引着往来食客。

　　牛肉的选用与烹制也毫不含糊。只选用当天新鲜的上等黄牛肉,将其切成大小均匀的薄片后,放入特制卤汁中慢卤。卤汁由多种天然香料调制而成,卤制时火候与时间的把控精准到位,使得牛肉鲜嫩多汁,卤香四溢,每一丝纹理都饱含着浓郁的味道,入口轻轻咀嚼,便能感受到牛肉的鲜嫩与卤香在舌尖上跳跃。

搭配的米粉也独具特色。选用优质大米,经传统工艺精心制作,米粉粗细适中,口感爽滑劲道,不仅保留了大米原本的清香,还能完美吸收牛肉汤的醇厚滋味。当夹起一筷子米粉,便能看到它们根根分明,晶莹剔透,吸满汤汁后,入口瞬间,鲜美的汤汁在口腔中爆开,伴随着米粉的爽滑与牛肉的鲜香,口感层次丰富,令人欲罢不能。

在大冶,无论是繁华的商业街,还是静谧的小巷深处,总能寻到铜山口牛肉粉店的身影。店内,食客们或是行色匆匆,大口嗦粉,为开启忙碌的一天补充能量;或是悠闲地坐在角落,细细品味这碗饱含家乡味道的美食。

如今,大冶铜山口牛肉粉不仅是当地人钟爱的日常美食,更是作为大冶饮食文化的一张闪亮名片,吸引着八方来客,让更多的人领略到大冶独特的风味与魅力。

五、大冶糊面

一方水土孕育一方美食,每个地方都有其极具代表性的特色佳肴。提及武汉,热干面首当其冲,那浓郁的芝麻酱香气弥漫在大街小巷;说到潜江,小龙虾凭借其鲜美的滋味和丰富多样的烹制方式,成为美食榜单上的热门之选;孝感的麻糖,以其香甜酥脆的口感,承载着无数人的甜蜜回忆;恩施小土豆,凭借软糯的质地和独特的风味,让人印象深刻。在黄石大冶,大冶糊面则是当之无愧的美食名片。

大冶糊面起源于大冶农村,是一种深受当地人喜爱的民间美食。它以制作工艺独特、味道纯正可口、价格实惠且百吃不厌的特点,在大冶地区流传至今。在大冶,糊面还有一个充满温情的别称——“嫁面”。按照当地传统,大冶女子在出嫁前,会与亲朋好友围坐在一起,一边品尝着热气腾腾的糊面,一边唠着家常、叙旧谈心。对大冶人而言,糊面早已超越了一碗普通面食的范畴,它承载着家乡的文化,凝聚着浓浓的亲情与乡情,是家乡记忆的重要载体。

制作大冶糊面,面条是关键原料,搭配瘦肉丁、豆腐丁、香菜等丰富配料。大冶糊面所选用的面条,与常规面条有着显著区别——它一定是咸味的油面,最大特点在于“短”。在煮面时,特意将面条弄至1—2厘米的长度,随后放入热锅中炒制。待炒出香味后,陆续加入冷水,同时将瘦肉丁、豆腐丁等一同下锅烹煮。当食材快要煮熟之际,放入精心调配的作料,继续搅拌炖煮。此时,锅中的面逐渐呈现出糊状,面条与汤汁相互交融,达到面中有糊、糊中有面、糊面相融的独特状态,极具大冶地方特色。

值得一提的是,大冶糊面的做法因人而异,每位制作者都有自己的独特心得,这也使得糊面的味道变化万千。人们常佐以五花肉、豆腐、土芹菜等各种配菜丰富口感,而麻花更是为糊面增添独特风味的灵魂所在。咬上一口酥脆的麻花,再嗦上一口浓稠的糊面,那独有的香味,早已深深烙印在每个大冶人的记忆深处,无论走到哪里,都难以忘怀。

他山之石
▼

“黄石乡愁一桌菜”登上“美食号”有轨电车

项目
考核

导游讲解评价表

评价项目与内容			分值	实得分
礼仪礼貌(5分)		衣着打扮端庄整齐,言行举止大方得体,符合导游人员礼仪礼貌规范	5分	
迎接游客(5分)		佩戴导游证,在景区(点)入口处、车站等显要位置候客并主动确认游客,清点人数,提醒相关事项,带领游客进入景区	5分	
操作内容	景点讲解(80分)	致欢迎词 "五语";真诚、热情、大方开朗、幽默自然	5分	
		语言技巧 基本语言发音优美,语速得当	6分	
		讲解有深度,重点突出,层次分明	15分	
		信息发布清晰、准确,具有规范性	10分	
		安全提示清晰、准确,亲切热情,提示委婉,富有情感	5分	
		融洽游客关系,态度真诚,耐心风趣,尊重理解游客	5分	
		服务技巧 熟悉并能正确运用服务规范	7分	
		掌握导游服务技能,导游服务程序正确完整	10分	
		思维反应敏捷,情绪控制稳定	5分	
		考虑问题周到,具有及时处理突发事件和特殊情况的能力	7分	
		致欢送词 "五语";真诚、感激、自然	5分	
	总结工作(10分)	物品归还、工作总结	10分	
评语				
总分				

在线答题
▼

项目三

项目拓展

项目任务

任务1：以小组为单位,收集黄石市最具代表性的美食,撰写黄石美食导游词,并进行模拟讲解。

任务2：分组合作,以黄石的一种特色菜肴为主题,设计一份详细的导游词。要求导游词涵盖该菜品的特色亮点、文化内涵、相关历史背景等内容,并结合实际导游带团场景,思考如何在讲解过程中与游客进行有效互动。

任务3：以小组为单位,针对"黄石乡愁一桌菜"制作一份详细的黄石美食文化宣传手册,最后在班级内进行展示与交流。

项目四
栖居黄石

项目导读

　　黄石市住宿业呈现出丰富多元且层次分明的格局,能够全方位契合不同游客的住宿需求。

　　在豪华酒店板块,星级酒店方面,黄石市拥有多家四星级酒店、三星级酒店以及二星级酒店。这些星级酒店凭借完备的设施设备与优质高效的服务,为游客营造出舒适惬意的住宿环境。同时,未评星级的豪华酒店也有许多,如黄石未苏湾花间亭·飞花等。它们凭借独特新颖的设计理念与高端贴心的服务品质,在黄石市住宿市场中占据着重要地位。

　　精品民宿同样特色鲜明、亮点突出。东方山爱宇山庄·桔子民宿巧妙地将当地文化与自然景观相融合,让游客在住宿期间能够深度领略黄石独特的地域特色。仙岛湖山居秋暝民宿拥有超多客房,不仅具备多种特色功能,还将国家级非遗"阳新布贴"融入其中,为游客带来别具一格、富有文化内涵的住宿体验。

　　此外,黄石市住宿新业态正蓬勃发展。连锁酒店依托集团平台优势,积极拓展下沉市场,不断扩大市场份额。在民宿领域,创新举措层出不穷,出现了结合自然文化元素的帐篷民宿、由知名品牌主理运营的特色民宿、由废弃厂房巧妙改造而成的创意民宿,以及流浪矿山项目里备受瞩目的"网红民宿"与露营基地。与此同时,房车营地为自驾游客提供了便捷的旅居场所,森林木屋则以新奇独特的体验吸引着追求与自然深度融合的游客。这些新业态共同构建起了黄石市充满活力、极具创新创意且能满足各类需求的住宿新生态体系。以下将重点聚焦于黄石的豪华酒店以及精品民宿,将为大家深入介绍它们的独特魅力与优质服务。

学习目标

【知识目标】

1. 了解黄石豪华酒店及精品民宿的地理位置等基本信息。

2. 掌握黄石豪华酒店及精品民宿的特色及推荐方法。

【能力目标】

1. 能够为游客讲解黄石豪华酒店及精品民宿的基本信息。

2. 能够为不同类型的游客推介、预订住宿,定制住宿攻略。

【素养目标】

1. 通过对黄石精品民宿的介绍,弘扬乡土文化,厚植家乡情怀。

2. 培养学生的服务意识,使学生养成全面审视事物的良好习惯。

思维导图

```
                                    ┌─ 磁湖山庄酒店
                                    ├─ 未苏湾花间亭·飞花
                                    ├─ 闻泰花园酒店
                         体验黄石豪华酒店 ┼─ 金花大酒店
                                    ├─ 大冶市梅红生态酒店
                                    ├─ 阳新国际大酒店
                                    └─ 仙岛湖国际温泉度假村
             栖居黄石
                                    ┌─ 丽湖枫月民宿
                                    ├─ 湫实·汀岛民宿
                         体验黄石精品民宿 ┼─ 仙岛湖山居秋暝民宿
                                    └─ 爱宇山庄·桔子民宿
```

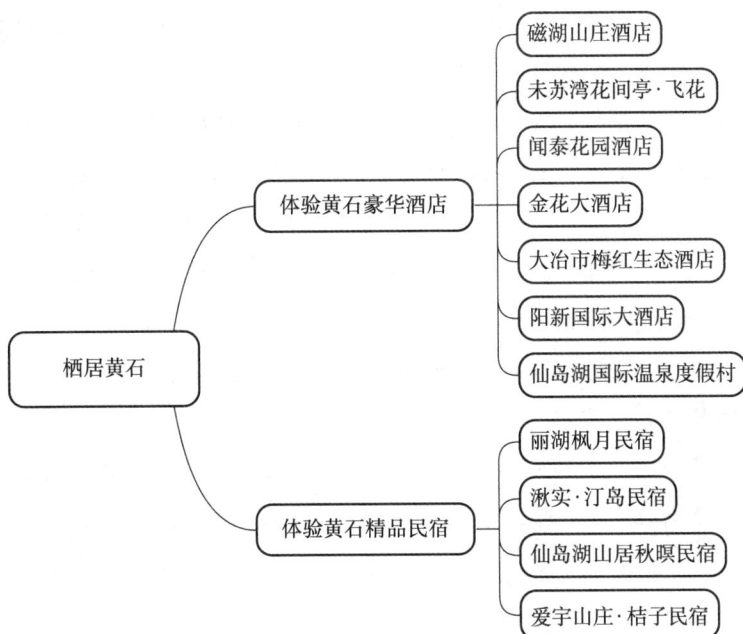

任务一 体验黄石豪华酒店

任务导入

　　习近平总书记强调:"人民对美好生活的向往,就是我们的奋斗目标。"在充满魅力的黄石,酒店行业正以实际行动践行着对高品质生活服务的追求与担当。

Note

　　黄石磁湖山庄与黄石未苏湾花间亭·飞花,依傍磁湖,青山绿水环绕,仿若世外桃源;其客房配备智能设施,为宾客营造便捷且舒适的休憩空间;餐饮品类丰富多样,契合各类饮食偏好;康体中心设施完备,助力宾客舒缓身心,全方位营造惬意的旅居体验。与之不同,闻泰花园酒店紧邻人民广场、广电中心与体育中心,巧妙融合意大利风情与现代优雅,独具迷人魅力;酒店内湖景客房视野极为开阔,特色餐厅提供的美食令人垂涎,休闲娱乐设施多样且完善,无论是商务出行还是休闲度假,均可在此收获愉悦体验。位于市中心繁华核心区域的金花大酒店,作为城市的经典地标,历史底蕴深厚;酒店设施完备,服务品质卓越,长期秉持服务初心,致力于为宾客打造优质的接待环境,充分彰显城市酒店业的深厚内涵与责任担当。大冶市梅红生态酒店隐匿于郊外葱郁之地,客房与别墅风格独特,设计独具匠心;餐饮注重养生理念,食材选用讲究,烹饪手法独特,特色鲜明;休闲娱乐项目丰富多样,且设有康养堂,为宾客带来别具一格的养生感受。阳新国际大酒店凭借国际化的运营模式与服务标准,在阳新地区酒店行业中占据领先地位,精心为商务与休闲旅客打造高端的下榻之选。最新开业的仙岛湖国际温泉度假村毗邻天空之城景区,湖景客房景色绝美。在此,宾客既能享受天然温泉带来的舒适,又可品尝特色美食,二者相得益彰。此外,酒店会议活动功能一应俱全,可以满足不同宾客的多样化需求。

　　这些豪华酒店如同璀璨明珠,镶嵌在黄石大地之上。它们不仅是黄石城市发展的生动注脚,更是满足人民对美好生活向往在旅游住宿领域的有力体现。接下来,让我们深入探究这些酒店的特色与魅力,以便在导游工作中更好地向游客推介。

任务探究

一、磁湖山庄酒店

(一)基本概况

　　磁湖山庄酒店坐落于黄石市下陆区湖锦路1号,位于黄石市团城山经济技术开发区的磁湖湖畔,周边山水相依,青山环绕,景色宜人,为宾客营造出清幽秀丽的环境(见图4-1)。自1999年开业以来,磁湖山庄酒店凭借多年积累的行业经验与优质服务,在当地酒店行业树立起标杆地位。

图 4-1 磁湖山庄酒店

　　磁湖山庄酒店具有雄厚的硬件基础,具备强大的服务承载能力,能够满足各类宾客的多样化需求。其地理位置优越,西侧紧邻大泉路,与武黄高速公路相连,交通便利,距离黄石北站、武汉天河国际机场及鄂州花湖国际机场均较近,为宾客出行提供了极大便利。

　　磁湖山庄酒店发展历程成绩斐然,曾获得"突出贡献奖""年度最佳服务创新酒店""湖北名牌产品""湖北最受欢迎宴会酒店"等诸多重要奖项。2023年8月,黄石城发集团(全称黄石市城市发展投资集团有限公司)完成对其收购,为酒店发展注入新活力,带来更多资源整合优势与发展机遇。

(二)酒店设施及服务

　　磁湖山庄酒店由主楼和贵宾楼组成,拥有182间(套)商务、行政、豪华套房。客房全面覆盖无线网络,并采用国际先进的智能系统,客人在前台办理手续时即可提前开启房间空调;若有整理房间需求,按下服务按钮,系统便能及时响应。其中,总统套房尽显尊贵,商务、行政房提供私密空间,豪华标准房则带来居家般的舒适体验。

　　酒店设有10余间功能各异的大、小会议厅,配备先进的音频、视频设备,可充分满足会议、洽谈、展览等多种活动需求。

　　餐饮方面,1000平方米的豪华"圣湖厅"是黄石目前最大的宴会场所,通过移动屏风可实现无间隔连通,其浓郁的西式风情与独特布局,使之成为大规模宴请的首选之地。风格各异的贵宾包厢,可容纳12—30人,适合举办高规格宴请。全新装饰的多功能宴会厅,能为单位汇报演出、年度表彰等活动提供专业一流的舞美环境。菜品丰富多样,涵盖粤菜、谭府宫廷菜、海鲜及特色地方鄂菜等,食材均来自环保有机时蔬基地,还有独家特色菜肴及本地农家菜,汇聚各地美食风味。

　　康体中心经过升级,提供游泳、健身、瑜伽、SPA等服务。

磁湖山庄酒店始终秉持"尊重送到您的心中"的服务宗旨,以真诚、主动、热情、礼貌、周到、细致的服务,为宾客营造归家般的温馨体验,凭借专业且个性化的服务赢得广大顾客好评。

二、未苏湾花间亭·飞花

(一)基本情况

黄石未苏湾花间亭·飞花,源自华住集团高端全服务度假酒店品牌花间堂,作为花间堂精选度假系列的一员,自诞生起便备受关注。花间亭依傍山湖之畔,致力于为每一位到来的宾客打造一处兼具优雅舒适环境与卓越品质服务的城市桃花源(见图4-2)。

图4-2　未苏湾花间亭·飞花

在湖北的酒店版图中,这家花间堂系列酒店别具一格。它巧妙地顺应水岸走势,借助依山傍湖的生态地景优势,搭配退台式建筑设计,将大自然的奇妙景观与深厚人文情怀深度融合,精心构建出一个满溢新中式禅意、尽显雅致格调的休闲度假胜地。

未苏湾花间亭·飞花酒店位于黄石市下陆区桂林北路未苏湾D2号,地理位置得天独厚。与市中心距离极近,前往鄂州花湖国际机场20多千米,驾车大约35分钟;到黄石北站更是便捷,仅3.2千米,驾车10分钟便能抵达。此外,宾客还可以乘坐有轨电车,轻松直达未苏湾站点,为出行增添更多便利与乐趣。

2024年,酒店盛装开业,初次亮相便惊艳众人。凭借其优越的地缘优势以及便捷完善的周边配套,迅速吸引了各界目光,拥有极为璀璨的发展前景,未来势必在度假酒店领域大放异彩。

(二)酒店设施及服务

酒店精心打造了124间高端度假特色客房,类型丰富,有园景大床房、湖景大床房、湖景双床房、高级亲子房以及豪华湖景套房。下榻于此,宾客不仅能享受各类雅致房型,还可以漫步湖边,尽情感受大自然的宁静与和谐,成为黄石旅游度假的优质选择之一。

除了多样舒适的客房,酒店在度假体验营造方面也独具匠心,注重为宾客提供全方位、沉浸式的花间度假体验,让宾客尽享深度旅憩时光。从踏入酒店的那一刻起,宾客便能感受到独特的品牌魅力,比如品味融合品牌特色的"花间迎客茶",或是品尝别具风味的"一碗风味"美食。酒店还巧妙融入园区文创活动:清晨,可以参与舒缓身心的太极课程,开启活力满满的一天;夜晚,在特色疗愈活动中,伴着轻柔的水波声放松身心。这些"花间小日子"活动,无论是旅游出行的游客,还是亲子度假的家庭,抑或是寻求身心疗愈的人士,都能在此找到属于自己的惬意时光。

在设施配备上,酒店充分考虑不同宾客的多元需求。室内设有设施齐全的健身房,方便宾客在度假期间保持活力;静谧幽雅的行政酒廊,是商务洽谈或休憩放松的理想之所。户外设有无边泳池,让宾客在畅游的同时饱览周边美景。考虑到亲子及宠物友好需求,酒店设有充满趣味的宠物咖啡厅,为携带萌宠出行的宾客提供温馨的交流空间。酒店凭借这些精心布局与贴心服务,全力为宾客打造独具黄石磁湖特色的高品质旅游度假生活方式。

三、闻泰花园酒店

(一)基本情况

在黄石市景色迷人的磁湖之畔,闻泰花园酒店仿若一方远离都市喧嚣的宁静绿洲,凭借其静谧且高雅的独特气质,为那些渴望摆脱尘世纷扰的都市人精心营造出梦寐以求的心灵栖息之地。酒店周边林木繁茂、四季常绿,馥郁的花香在空气中肆意弥漫,共同勾勒出一幅灵动秀美的自然图景,令每一位到访者都能心旷神怡、沉醉其中。

酒店坐落于黄石市下陆区团城山广会路18号,自2013年正式营业以来,凭借自身独有的魅力,吸引着来自五湖四海的宾客。其设计灵感源于经典的意大利美学理念,在传承经典的同时,巧妙地融入现代优雅元素,将每一处空间都精心雕琢成舒适与温馨完美融合的旅居佳境,每一个细节都淋漓尽致地展现出对品质与舒适的极致追求。

酒店所处的团城山开发区风景秀丽,山水相依,与周边环境相互映衬,相得益彰。酒店毗邻人民广场、广电中心、体育中心以及团城山万达广场,这使得宾客在享受大自然宁静氛围的同时,还能轻松畅享城市的繁华与便捷,尽情体验丰富多彩的都市生活。

交通方面,酒店的地理位置得天独厚。距离黄石北站仅约15分钟车程,前往鄂州花湖国际机场也只需大约40分钟车程。如此便捷的交通网络,无论是对于有着高效出行需求的商务人士,还是追求悠然度假时光的休闲旅客而言,闻泰花园酒店都堪称理想的下榻之选。

（二）酒店设施及服务

优越的地理位置之外,酒店的设施与服务同样令人称道。酒店拥有320间宽敞且布局现代的各类客房与套房,部分房间可以饱览独特的磁湖美景,室内设施一应俱全。

餐饮方面,酒店设有两家特色餐厅。马可·波罗西餐厅别具风味,尚湖一品中餐厅的扬州炒饭备受赞誉。拥有开阔湖景视野的大堂吧,提供各类精致饮品与小食,是宾客享受悠闲时光的绝佳之地。酒店精选优质食材,凭借精湛厨艺,为宾客呈上无与伦比的美食盛宴,早餐种类尤为丰富多样。

酒店的会议与宴会设施完备,设有可同时容纳600位宾客用餐的宴会厅以及8间多功能厅,无论是大型宴会还是小型会议,都能完美承接。

休闲娱乐设施同样出色。健身中心配备国际品牌健身器材,助力宾客在旅途中保持良好状态。酒店设有室内恒温游泳池,以及紧挨着湖水的室外无边泳池与室外湖景游泳池,宾客在畅游的同时,可尽情欣赏迷人的湖景。

此外,酒店极为注重细节,致力于为宾客提供无微不至的服务。从桑拿浴室、接机服务、24小时前台服务到会议厅,全方位满足宾客需求,为宾客开启魅力非凡的难忘之旅。

四、金花大酒店

（一）基本情况

在黄石市繁华的核心区域,金花大酒店傲然矗立。它凭借得天独厚的地理位置,以及无与伦比的奢华体验,成为城市天际线中璀璨的标志性建筑。当你身处酒店之外,都市的喧嚣与繁华如潮水般扑面而来,令人深切感受到这座城市蓬勃的活力与生机;而一旦踏入酒店内部,瞬间步入静谧雅致的梦幻之境。这里的每一处空间、每一个角落,都经过精心雕琢,巧妙营造出宁静祥和的氛围,为在繁忙都市生活中奔波的人们构筑起安心栖息的温馨避风港。

酒店坐落于黄石市中心繁华的颐阳路,自1993年正式开业运营以来,便以其独特的魅力吸引着八方来客。2019年,酒店斥巨资完成全方位的华丽蝶变,实现了从硬件设施到软件服务的全面升级。作为黄石市首家将新颖设计理念、独特建筑造型以及完备功能设施完美融合的现代化综合大酒店,早在2011年,它就凭借过硬的软硬件条件,被评定为四星级饭店。多年来,金花大酒店拥有深远影响力,在当地酒店行业举足轻重。

在交通便利性方面,金花大酒店优势显著。酒店距离黄石北站约10千米,至鄂州花湖国际机场约40千米,前往武汉天河国际机场约150千米的路程也能通过便捷的交通网络轻松抵达。此外,酒店周边配套设施一应俱全,各类商场、餐厅、娱乐场所等应有尽有。在这里,宾客既能尽情畅享都市的繁华与热闹,又能在商务出行或休闲度假时,享受到无微不至、高品质的旅居体验。凭借出色的综合表现,金花大酒店多年来始终保持卓越非凡的口碑,成为众多宾客心目中的理想之选(见图4-3)。

图4-3　金花大酒店

(二)酒店设施及服务

在优越的地理位置与良好口碑的基础上,金花大酒店的设施与服务同样值得深入了解。自开业以来,酒店凭借卓越的品质圆满地承办过众多全国及省市会议,并接待外宾与各界知名人士,已然成为黄石市对外接待与展示城市风貌的重要窗口。

酒店拥有244间(套)丰富多样的客房,涵盖标准间、单人间以及各类套房,房型多元,一应俱全,满足不同宾客需求。其中,商务客房以豪华装修、别具一格的设计脱颖而出,并贴心地配备电脑等办公设备。此外,酒店还为宾客提供多项贴心福利,如免费双早、免费宽带上网,部分客房更配备高档棋牌娱乐设施,让宾客尽享惬意时光。

餐饮方面,5000平方米的金花美食城是一大亮点。美食城规模宏大,能同时接待1100人进餐,内部设有可容纳320人的大宴会厅、200人的精品宴会厅、190人的简约典雅宴会厅、40—80人的温馨小型宴会厅、80—100人的西式自助餐厅,以及14个风格迥异、典雅舒适的特色包厢。这里汇聚粤菜、川菜、湘菜及地方菜,巧妙融合各种风味,全方位兼顾各层次消费需求。加之宽敞舒适的就餐环境与细致周到的服务,无疑是宴请宾客、商务洽谈的理想之选。

会议设施同样出色。酒店设有6个大、中、小型会议室,其中包括1个可容纳300人的多功能会议厅和2个可容纳60—100人的多媒体会议室。所有会议室均配备多媒体投影仪、电子写字板、实物展示仪、环绕音箱等现代高档会议设备,无论是品牌展示、学术研讨、新闻发布,还是商务洽谈、联谊活动,都能在此完美举办。

除了上述设施,酒店还设有商务中心,提供打字、复印、传真、上网等商务服务,以及预订火车票、飞机票等票务服务。购物中心、洗涤中心等设施一应俱全,为宾客提供便利。在停车方面,酒店现有2个停车场,配备闭路电视监控系统,进出口分设,并有专职停车管理员24小时监管;后院立体停车场可容纳多个车位,同样配备专职管理员。

酒店始终秉持"黄石金花,酒店精华"的口号,高度重视服务质量,致力于为每一位宾客打造优质的服务体验。

五、大冶市梅红生态酒店

(一)基本情况

大冶市梅红生态酒店(原梅红新都度假酒店),宛如一颗被大自然珍藏于大冶市郊外葱郁翠影中的明珠,散发着迷人魅力(见图4-4)。酒店周边,森林茂密,溪流蜿蜒清澈,二者相依相伴。清新泥土气息与花草芬芳弥漫在空气中,让每位踏入的宾客瞬间忘却尘世纷扰,沉浸于宁静祥和的氛围,心灵得到深度慰藉。

图4-4　大冶市梅红生态酒店

酒店位于大冶市灵乡镇坳头村梅红山风景区腹地。此地山势险峻,山林深邃,水流清幽,奇石嶙峋,拥有别具一格的自然风光,是探秘寻幽、避暑纳凉、休闲娱乐、强身健体的绝佳去处。2016年,梅红山风景区凭借得天独厚的自然景观与完善配套设施,成功获评国家3A级旅游景区。

凭借卓越硬件设施与贴心服务,酒店顺利通过评审,被评定为四星级酒店,这既是对过往努力的认可,也是未来发展的有力背书。

从地理位置看,酒店处于鄂、赣、湘、皖四省核心枢纽地带,交通优势显著。从武九高铁大冶北站出发,仅需40余分钟车程即可抵达;距离武汉天河国际机场约132千米,经省道可轻松直达。综合酒店周边如诗如画的自然环境,以及自身凭借庞大投资打造的高端硬件设施,以高星级标准提供的优质服务,大冶市梅红生态酒店无疑是商务出行人士高效洽谈的理想驿站,也是旅游度假宾客尽享悠然时光的不二之选。

（二）酒店设施及服务

基于如此优越的地理位置与深厚底蕴，大冶市梅红生态酒店在设施与服务方面同样表现卓越，为宾客提供丰富多样的住宿、餐饮、会议及休闲娱乐体验。

住宿方面，酒店拥有160余间（套）客房与别墅，房型多样。有单体木屋别墅群、彰显尊贵的总统套房、可饱览湖光山色的豪华湖景房与豪华山景房、充满趣味的麻将房，以及洋楼别墅等。客房设计精巧时尚，秉持自然理念，营造清新惬意的休闲风格。房间内配备步入式衣帽间、独立沐浴房、宽体浴缸等设施，部分别墅区还设有开放式厨房，满足宾客对舒适与便利的追求。

会议与宴会设施涵盖多种规格场地，配备先进设备，能充分满足不同规模的会议、商务活动及宴会需求，无论是大型商务会议还是盛大宴会，均可在此圆满举办。

休闲娱乐设施丰富多样。酒店配备户外拓展基地、真人CS场地、射箭场，让宾客尽情释放活力；室内设有健身馆、乒乓球、台球以及水上高尔夫等项目，满足不同运动喜好。KTV、桑拿等娱乐场所，为宾客提供放松身心的好去处。酒店重点打造的康养堂养生养老调理中心，契合中国中医思想。此外，还设有砭石汗蒸房、高能理疗、菌草堂等特色设施，全方位呵护宾客身心健康。

六、阳新国际大酒店

（一）基本情况

阳新国际大酒店屹立于阳新县东城区环城公路与陵园大道的黄金交会点（陵园大道特1号），得天独厚的地理位置，使其成为城市繁华脉络中的闪耀之星。酒店由湖北三磊集团打造，规划之初便对标国际四星级标准，品质卓越，定位高端。

2010年，酒店开启对外试营业。在随后两年多时间里，全体员工齐心协力，致力于运营优化与服务升级。凭借不懈努力与出色表现，2012年，酒店获得国家四星级旅游饭店称号，这是对其前期努力的充分肯定。

酒店区位得天独厚，地处交通枢纽核心位置。周边公路、干道纵横交错，形成密集交通网络，为宾客出行提供了极大的便利。随着区域经济快速发展，周边配套设施日益完善。无论是商务出行人士对高效办公与便捷交通的需求，还是度假游客对舒适环境与优质服务的期待，阳新国际大酒店都能凭借完备的软硬件，全面、深度满足，让每位宾客满意而归。

酒店周边环绕阳新独特的山水风光，山峦起伏，湖水澄澈，环境清幽静谧，宛如一处世外桃源。酒店建筑风格独具现代气息，外观采用简洁明快的线条勾勒出宏伟轮廓，大面积玻璃幕墙不仅增强视觉冲击力，还将自然光线引入室内，营造通透明亮的空间感，尽显时尚活力。步入宽敞的酒店大堂，现代简约又不失高雅的风格映入眼帘。精致艺术品与繁茂绿植相互映衬，营造出宁静祥和、高雅脱俗的氛围，让宾客瞬间感受到宾至如归的温馨。

作为阳新地区规模最大、档次最高的星级酒店,阳新国际大酒店已成为阳新县的一张亮丽城市名片。它承载着阳新县高品质旅游接待形象,凭借过硬实力与卓越服务,成为阳新县政府指定接待单位,在当地旅游及政务接待等领域发挥着关键作用,为阳新县经济发展与城市形象提升贡献了重要力量。

（二）酒店设施及服务

基于这样的卓越定位与优势,阳新国际大酒店在设施及服务方面也为宾客精心考量,打造全方位优质体验。

酒店拥有许多精品豪华客房,设计风格紧跟时尚潮流,设施完备,多种房型满足各类需求。客房内设施涵盖高速网络通讯类,如超高速宽带上网、国际直拨免提电话;安全与便捷生活类,有人性化设计淋浴间、私人电子保险箱、迷你吧等,为宾客打造舒适便捷的居住环境。

酒店的会议与宴会设施同样出色,拥有国际会议中心,场地完善,能轻松承接大规模商务会议及各类活动与宴会。

休闲娱乐设施方面,酒店配备SPA护理中心与足浴中心,帮助宾客在旅途中放松身心,享受惬意时光。

七、仙岛湖国际温泉度假村

（一）基本情况

仙岛湖国际温泉度假村位于阳新县王英镇全丰村倪家山组1号,与闻名遐迩的仙岛湖天空之城相邻。度假村坐落于仙岛湖绝美风光之中,周边山水相依,湖泊澄澈如镜,清新空气弥漫着花草与泥土的芬芳,构成了如诗如画的自然景观,是度假休闲的理想之地(见图4-5)。

图4-5　仙岛湖国际温泉度假村

在交通便利性上,度假村距阳新站约38.4千米,驾车仅需约50分钟,轻松实现城市与自然的快速切换,让游客能开启一场说走就走的惬意之旅。自2024年正式开业以来,度假村以崭新的姿态为游客带来全新的惊喜体验。

酒店提供高品质住宿服务。房间布置精心,设施配备贴心,更有24小时管家服务随时待命,满足游客需求。酒店员工均经过严格专业培训,秉持"服务至上"理念,从贴心问候到细致服务,无论是推荐美食还是安排行程,都致力于为游客营造舒适、宾至如归的住宿体验。

凭借周边令人陶醉的自然景致和便捷的交通条件,仙岛湖国际温泉度假村无疑成为游客们放下疲惫、畅享悠闲假期的理想之地。在未来的当地旅游市场中,它如同蓄势待发的新星,必将绽放耀眼光芒,收获众多游客的喜爱与青睐。

（二）酒店设施及服务

依托如此优越的自然与交通条件,仙岛湖国际温泉度假村在设施及服务方面同样亮点十足,为不同需求的宾客打造理想之选。

酒店拥有246间客房,涵盖湖景大床房、双床房、亲子温馨套房、情侣湖景大床房等多种房型,满足独自旅行、家庭出游、情侣度假等不同需求。房间设计注重舒适与美观,设施齐全,部分房间可全方位饱览仙岛湖的绝美风光。

餐饮方面,酒店餐厅提供丰富多样的美食,既有当地特色菜肴,让宾客品尝独特的地域风味,又有各类常见菜品,满足不同食客的口味偏好。

休闲娱乐设施精彩纷呈。酒店设有温泉设施,让宾客在温热的泉水中舒缓身心,尽享惬意。此外,还有户外拓展等丰富项目(具体项目以实际为准),为宾客的旅程增添活力与乐趣。

在会议与活动场地方面,酒店配备完善的场地及相关设备,可承接商务会议、公司团建、婚礼等各类活动,无论是商务洽谈还是欢乐庆典,都能在此圆满举行。

他山之石
▼

君澜打造高质量度假酒店产品的秘诀

任务二　体验黄石精品民宿

任务导入

在黄石的青山绿水间,隐匿着众多别具风情的民宿。它们既是游客温馨的休憩处,更是领略黄石独特魅力的绝佳窗口。得益于乡村振兴战略,黄石大力推进美丽乡村建设,民宿产业蓬勃兴起,成为乡村发展新亮点。

东方山半山腰的爱宇山庄·桔子民宿,似遗世桃源。小木屋藏于竹浪与桔园间,空气清新,满是翠竹与柑橘香。在此,可静听山风、饱览翠色,品尝地道乡村美食,参与多样娱乐,尽享悠然时光。

来到仙岛湖畔,山居秋暝民宿令人眼前一亮:它融合中式典雅与北欧简约风格,打造独特的居住空间;53间风格各异的客房皆精心雕琢;24小时管家贴心服务;"网红泳池"增添活力。伴着湖光山色,游客可以享受惬意假期,感受枕山听湖的美好。其兴盛体现了乡村生态优化、旅游市场火爆为乡村振兴注入了活力。

丽湖枫月民宿以复古城堡为主体,周边特色建筑环绕,湖光山色尽收眼底,每一处角落都魅力独特,为乡村增添了一抹亮色。

湫实·汀岛民宿隐匿于湖心小岛,融合日式宁静与法式浪漫,功能区丰富,服务周到,为游客营造了独特的居住体验。

作为导游,规划黄石之旅时,这些风格各异的精品民宿是行程亮点。它们将为游客带来难忘的体验,让游客沉醉于黄石的迷人风情中。

任务探究

一、丽湖枫月民宿

丽湖枫月民宿坐落于风景如画的仙岛湖之畔,宛如梦幻之境,地址为阳新县王英镇新屋村水礁龙50号。于此,湖光山色尽收眼底,绮丽风光令人陶醉。踏入其中,仿若置身世外桃源,静谧之感扑面而来(见图4-6)。

民宿名为"丽湖枫月",蕴含诗意。"丽湖",指代眼前美不胜收的仙岛湖;"枫",承载悠悠思念;"月",寓意团圆祈愿。在这仙岛湖畔,它成为契合思念与团聚的温馨之所。

图4-6　丽湖枫月民宿

其主体建筑似一座复古城堡,巍峨矗立,散发着典雅古韵。四周环绕着三角木屋、帐篷酒店、太空舱以及星空房,巧妙地将古典韵味与现代风尚融合,营造出独一无二的氛围。特别是那秘境中的沉浸式湖景房,让宾客仿若与自然湖泊融为一体,全身心沉浸于山水之间。

这座独具特色的民宿于2022年开业,自此开启为游客提供独特旅居体验的征程。踏入民宿,能看到精心规划的14间风格各异的客房,每一间都凝聚着设计团队的巧思。湖景房凭借绝佳的景观优势,成为游客竞相选择的热门房型。民宿在房型打造上独具匠心,满足不同游客的个性化需求。独行的游客,能在此享受静谧;阖家出游的家庭,可选择宽敞套房共享天伦;结伴同行的朋友,能在活力房型中畅谈欢笑。无论何种游客,都能在此找到契合自己的舒适空间,畅享惬意假期。

2025年1月,凭借卓越的硬件设施、贴心的服务品质以及对细节的极致追求,丽湖枫月民宿脱颖而出,被评为国家乙级旅游民宿,成为当地民宿行业的标杆典范,引领着行业的发展潮流。

二、湫实·汀岛民宿

湫实·汀岛民宿,宛如一颗遗世独立的璀璨明珠,镶嵌于黄石市阳新县王英镇泉丰村大屋倪小区74号。此地毗邻仙岛湖与天空之城景区,地理位置优越。民宿隐匿于宁静的湖心小岛,四周澄澈的湖水环抱,一幢4层白色独栋建筑临湖矗立,视野开阔,仿若与世隔绝的人间仙境,自然美景尽收眼底(见图4-7)。

该民宿于2021年开始建设,打造出780平方米的温馨空间。其设计灵感源于自然与现代的精妙融合,整体风格主打日式侘寂简约风格,同时巧妙融入法式浪漫风情与日式禅意元素,营造出质朴自然的田园生活氛围。民宿内设有6大功能区及22间客房。半数功能区和

图4-7　湫实·汀岛民宿

客房以"一"字命名,别具韵味,如功能区的"一期一遇""一秒空间""九一书吧",客房的"一方""一厝"等;另有饱含诗意的"如"系列客房,如"如初""如心"等,每一处命名皆独具匠心。

在别具一格的设计基础上,民宿的设施与服务同样令人称赞。休闲设施丰富多样,"一期一遇"吧台提供酒水咖啡,"西湖汀"休闲区可赏仙岛湖美景,"九一书吧"陈列着众多书籍,与之相邻的"一秒空间"弥漫着茶香,为宾客营造静心阅读氛围。会议设施完备,拥有多功能厅,独立卫生间与茶水间一应俱全,配备投影、音频、无线话筒等常规会议设备,可同时容纳30人左右的各类公司会议或主题分享沙龙,会议期间有专人全程贴心服务。工作人员热情周到,不仅提供快速办理入住等基础服务,还会为客人详细介绍周边游玩路线,助力宾客畅享旅程。餐饮方面,餐厅以精致西餐为主打,还兼营咖啡、品茶、火锅、围炉煮茶等多元餐饮项目,全方位满足宾客味蕾。

自营业以来,湫实·汀岛民宿深受年轻游客的热烈追捧,游客们对其环境、设计、服务等诸多方面赞誉有加,纷纷称赞这里环境幽雅迷人、设计独具匠心。湫实·汀岛民宿凭借卓越的品质与独特魅力,获得黄石市首家丙级民宿称号,已然成为游客追寻宁静致远意境、享受惬意假期的理想之选。

Note

三、仙岛湖山居秋暝民宿

在湖北黄石阳新县王英镇仙岛湖高山村,隐匿着一处避世桃源——仙岛湖山居秋暝民宿。它宛如一颗明珠,镶嵌在仙岛湖的湖光山色中,青山环抱,绿水相依,是无数人向往的度假天堂(见图4-8)。

图4-8　仙岛湖山居秋暝民宿

无论你偏爱高铁的便捷,还是钟情自驾的自由,都能轻松抵达这方净土。搭乘高铁到阳新站后,步行至城北汽车站换乘王英镇专线大巴,在高山村村民委员会下车,便能与这方宁静天地欣然相逢;自驾出行也极为方便,在导航中输入"仙岛湖山居秋暝民宿",向着静谧悠然处进发,即可开启远离喧嚣的惬意之旅。

这座民宿是知名设计师历时两年的匠心之作。2025年1月,仙岛湖山居秋暝民宿凭借在建筑设计、服务品质、文化特色等多方面的卓越表现,被评定为"丙级旅游民宿",这份认证是对其不凡品质的有力见证。

步入仙岛湖山居秋暝民宿,独特的装修风格令人眼前一亮。中式美学的典雅与北欧原宿风的简约时尚在此完美融合,既有现代时尚的精致感,又满溢田园生活的诗意。民宿采用传统木结构与石砌工艺,与周围自然环境完美融合,古朴典雅的气质扑面而来。民宿被青山环抱,与绿水相依,宛如一幅山水画卷。置身其中,尘世纷扰被隔绝,内心归于宁静。客房直面葱郁山林与竹海,推窗即景,让宾客足不出户便能沉浸式体验自然野趣与精致舒适的融合,尽享度假天堂的美好。

民宿精心打造53间客房,房型多样。有温馨的标间、大床间,以及浪漫的情侣间、欢乐的亲子间、奢华的豪华套房,还有独具特色的独立小院客房。每间客房皆直面山林竹海,推窗即景,为宾客带来不同的居住体验。

除了多样舒适的客房,仙岛湖山居秋暝民宿在服务与特色体验方面同样出色。提供24小时管家式服务,从入住起便时刻关注宾客的需求,提供无微不至的关怀;网红露天户外泳池,在阳光照耀下波光粼粼,为度假时光增添无限乐趣;非遗"阳新布贴"展示,将本土文化的独特魅力尽情展现,让宾客在休闲度假时感受传统文化的深厚底蕴,为旅程增添别样文化色彩。

仙岛湖山居秋暝民宿,凭借得天独厚的地理位置、独具匠心的建筑装修风格、丰富多元的房型、贴心周到的服务和深厚浓郁的文化底蕴,全方位满足宾客对休闲度假的所有想象。诚挚期待每一位向往诗意生活的游客前来,在这里留下美好回忆,开启难忘的度假时光。

四、爱宇山庄·桔子民宿

爱宇山庄·桔子民宿隐匿于黄石东方山半山腰葱郁的竹林间,四周香樟繁茂,香气馥郁,空气清新,环境优美。错落的小木屋在竹浪中若隐若现,山峦葱郁,清风拂竹,日光斑驳,宛如天然氧吧,让到访者远离喧嚣,尽享自然惬意。

民宿依傍山体而建,独具特色,能让游客悠然静听风声,悉心细闻鸟语花香,从容观赏日升月落,沉浸式体验大自然怀抱中的静谧与美好。木质楼梯、露台浴缸等独特设施更为其增添了别样韵味。民宿建筑风格简约且具现代感,以纯净的白色和温润的木色为主调,与周边自然景致完美融合。踏入其中,仿佛置身世外桃源,满是宁静祥和。

民宿餐饮十分出色,尤其是土鸡汤广受赞誉。民宿主人还开辟了菜园,游客可品尝到地道的家乡风味美食。房间类型多样,部分房间设有全景落地窗与舒适浴缸,性价比高。此外,民宿还贴心配备了多样的休闲娱乐设施,非常适合举办各类聚会活动,全方位满足游客的需求。

从周边游玩的便利性来看,民宿位于东方山风景区内,周边自然景观绮丽,游客可轻松游览景区,饱览自然风光。民宿离东昌阁很近,游客能便捷前往,体验沉浸式的西游归来文化演艺活动,感受古韵文化魅力。而且,民宿与黄石市区距离不远,交通便捷,无疑是游客休闲度假的绝佳选择。

项目考核

他山之石 ▼

空房"不发愁"民宿"不断流"——和美乡村持续上新吸引市民下乡游玩

慎思笃行 ▼

大变样!黄石港这个老地标成了"新网红"

导游讲解评价表

	评价项目与内容		分值	实得分
操作内容	礼仪礼貌(5分)	衣着打扮端庄整齐,言行举止大方得体,符合导游人员礼仪礼貌规范	5分	
	迎接游客(5分)	佩戴导游证,在景区(点)入口处、车站等显要位置候客并主动确认游客,清点人数,提醒相关事项,带领游客进入景区	5分	

Note

续表

评价项目与内容			分值	实得分
操作内容	景点讲解(80分)	致欢迎词	"五语";真诚、热情、大方开朗、幽默自然	5分	
		语言技巧	基本语言发音优美,语速得当	6分	
			讲解有深度,重点突出,层次分明	15分	
			信息发布清晰、准确,具有规范性	10分	
			安全提示清晰、准确,亲切热情,提示委婉,富有情感	5分	
			融洽游客关系,态度真诚,耐心风趣,尊重理解游客	5分	
		服务技巧	熟悉并能正确运用服务规范	7分	
			掌握导游服务技能,导游服务程序正确完整	10分	
			思维反应敏捷,情绪控制稳定	5分	
			考虑问题周到,具有及时处理突发事件和特殊情况的能力	7分	
		致欢送词	"五语";真诚、感激、自然	5分	
	总结工作(10分)		物品归还、工作总结	10分	
评语					
总分					

项目拓展

项目任务

任务1:以小组为单位,收集黄石市住宿业资料,撰写黄石住宿业讲解词,并进行模拟讲解。

任务2:分组合作,选择黄石的三个不同住宿场所(酒店或民宿),如磁湖山庄酒店、爱宇山庄·桔子民宿、仙岛湖山居秋暝民宿,收集所选住宿场所的详细信息,包括地理位置、特色、配套设施、周边游玩等内容,设计并制作一份旅游宣传册,要求图文并茂,突出各住宿场所的独特之处,以吸引游客前来住宿体验。宣传册内容应包括住宿场所的简介、精美图片展示、特色服务推荐以及周边旅游景点介绍等板块。

Note

项目五
畅 行 黄 石

项目
导读

  黄石,作为武汉都市圈核心区域以及长江中游城市群区域性中心城市,地理位置得天独厚,处于四大城市群几何中心与全国统一大市场腹地,是连接武汉都市圈与长三角城市群的重要节点,经济活力充沛,前景光明。

  在交通出行领域,黄石特色显著。公路运输方面,黄石作为国家公路运输枢纽城市,公路网络纵横交错。在册公路里程持续增长,路网密度较大。武阳高速黄石段的通车,进一步完善了其高速路网;武汉新城至黄石新港快速通道大冶段等一级公路建设也在有序推进。"三横二纵二联二环四桥"高速公路网,"六纵六横三环"普通国省干线公路网,让城市与乡村畅达无碍。

  铁路建设历史悠久且持续发展。铁黄线承载着百年历史,从矿石运输线转型为持续助力经济的国营铁路。武九铁路、武石城际铁路、武九客运专线等,不仅承担着客货运输任务,还强化了黄石与北京、上海、武汉、九江等城市的联系,推动区域经济一体化,武黄高铁新通道更是备受期待。

  航空出行便捷高效。鄂州花湖国际机场位于鄂州市鄂城区燕矶镇,南距黄石市中心约15千米,交通衔接不断优化,城市候机楼服务周到,已开通多条国内客运航线;武汉天河国际机场航线覆盖全球众多城市,借助武石城际铁路、福银高速等与黄石紧密相连。两大机场为黄石的交通、经济、文化旅游等注入强劲动力,吸引各地游客前来领略其独特魅力。

  黄石的交通情况,可以由导游在致完欢迎词后介绍,也可以在其他讲解中穿插进行。本项目主要介绍黄石在公路、铁路、航空方面的交通情况。

学习目标

【知识目标】

1. 了解黄石交通的基本概况。

2. 熟悉黄石公路交通的主要高速公路和国道、省道以及主要汽车客运站。

3. 熟悉黄石铁路交通的主要干线、主要火车站以及可到达的城市。

4. 熟悉黄石航空概况及主要航线。

【能力目标】

1. 能够为游客介绍黄石公路交通的主要线路及主要客运站，并能指导游客合理规划出行路线。

2. 能够为游客介绍黄石铁路交通的主要干线及主要火车站，并能指导游客合理规划出行路线。

3. 能够为游客介绍黄石航空概况及主要航线，并能指导游客合理规划出行路线。

【素养目标】

1. 通过查找旅游交通图，培养学生的自主规划能力与空间认知素养。

2. 通过指导游客合理规划出行路线，培养学生综合统筹、沟通交流、地理信息运用与应变创新的素养，从而全面塑造学生适应社会、服务他人、解决复杂问题的综合素养与社会责任感。

思维导图

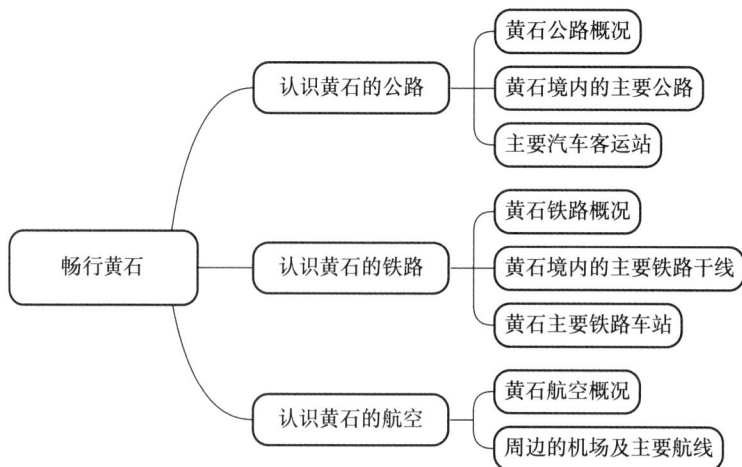

<h1 style="text-align:center">任务一 认识黄石的公路</h1>

任务导入

上海游客李某通过线上方式联系到黄石某旅行社导游"石头",请其为自己推荐黄石三天两夜的自驾游行程。如果你是"石头",该如何合理地向游客介绍交通路线并说明优势。

任务探究

一、黄石公路概况

黄石市作为179个国家公路运输枢纽之一,其公路及道路运输体系呈现出多方面的特点与规模。其中,大广、沪渝、福银、杭瑞、武阳5条国家高速公路和蕲嘉、鄂咸、麻阳3条省级高速公路在境内纵横交会,形成了"三横二纵二联二环四桥"高速公路网和"六纵六横三环"普通国省干线公路网,以及四通八达通村联组的农村公路网。

截至2023年底,全市在册公路通车总里程达到8609.174千米,公路网密度达到187.854千米/百平方千米、35.22千米/万人。2024年,黄石市以推进交通强市建设为抓手,一批重大项目建设加快推进。交通基础设施互联互通加速,在武鄂黄黄快速道路系统涉及黄石市11个子项目中,5个品质工程已完工,6个重要节点工程全部开工;S315开发区段二期工程、G106沿镇至黄土坡段改建工程已建成;鄂州花湖国际机场高速二期等重点项目超时序推进,大广高速新增东方山互通项目提前8个月交工验收(于2025年1月24日通车)。此外,2024年黄石市打造"四好农村路"716.6千米,占年度目标的102.4%。全市国省道路面使用性能指标(PQI)实现连续4年提升,达历史新高。建设57千米美丽国道,积极推进国家公交示范都市创建和城市公共交通发展绩效评价,协同开通至市民之家、新港园区的定制公交、通勤专线,开通10条"客货邮"线路。2025年,黄石市交通运输系统将谋划做好畅通大通道、构建大枢纽、强化大联运三篇大文章。这些数据充分彰显了黄石市在公路运输领域的重要地位与较强实力,为地区经济发展和人员物资交流奠定了坚实基础。

二、黄石境内的主要公路

（一）高速公路

依据交通运输部制定的国家高速公路网规划以及湖北省高速公路网的相关调整规划，截至 2023 年底，黄石市有 5 条国家高速公路（大广、沪渝、福银、杭瑞、武阳）和 3 条省级高速公路（蕲嘉、麻阳、鄂咸），高速公路总里程为 332.323 千米。

（1）大庆—广州高速公路：简称"大广高速"，国家高速，编号 G45。黄石段约 76 千米，2010 年全线建成通车。

（2）上海—重庆高速公路：简称"沪渝高速"，国家高速，编号 G50。黄石段（鄂东长江大桥至花湖枢纽与 G45 大广高速共线段约 5 千米），2010 年全线建成通车。

（3）杭州—瑞丽高速公路：简称"杭瑞高速"，国家高速，编号 G56。黄石段约 65 千米，2011 年全线建成通车。

（4）福州—银川高速公路：简称"福银高速"，国家高速，编号 G70。黄石段（鄂东长江大桥至花湖枢纽与 G45 大广高速共线段约 5 千米）2010 年全线建成通车。

（5）武汉—阳新高速公路：简称"武阳高速"，是湖北省境内连接武汉市江夏区和黄石市阳新县的高速公路，为中国国家高速公路网宁德—武汉高速公路（国家高速 G7021）的组成部分之一，2023 年通车运营。

（6）麻城—阳新高速公路：简称"麻阳高速"，省高速，编号 S29。黄石段约 11 千米（含武穴长江公路大桥），已全线建成通车。

（7）鄂州—咸宁高速公路：简称"鄂咸高速"，是湖北省境内连接鄂州市与黄石市的高速公路，为湖北省高速公路网中黄冈—咸宁高速公路（S31）的组成部分之一。2021 年，鄂州—咸宁高速公路青川段通车运营。

（8）蕲春—嘉鱼高速公路：简称"蕲嘉高速"，省高速，编号 S78。黄石段约 75 千米（含棋盘洲长江大桥），2021 年建成通车。

（二）国道

（1）106 国道：黄石境内起于与鄂州交界的铁山迎宾门处，止于与江西交界的洪港镇，途经铁山区、下陆区、大冶市和阳新县。

（2）351 国道：自东向西横贯整个富川大地，由原 316、317 两条省道升级而成。在革命老区脱贫攻坚中发挥着重要作用。黄石境内全线均为二级以上公路，途经枫林镇、木港镇、兴国镇、三溪镇等地区。

（三）省道

S412 黄阳公路是黄石市一条至关重要的公路，呈南北走向，该公路于 2017 年 10 月建成通车，是当时黄石市单笔建设投资最大的普通公路项目。其北起沿湖路月亮山隧道南出口柯家湾附近，止于阳新县五里湖村，顺接杭瑞高速公路阳新连接线。

Note

三、主要汽车客运站

（一）黄石客运综合枢纽站

黄石客运综合枢纽站坐落于黄石市下陆区大泉路145号，与黄石北站紧密相邻。设计规模宏大，具备日均发送1.6万人次旅客的强大能力。该枢纽站已成功开通了通往温岭、温州、长沙、常熟、合肥等众多城市与地区的线路，涵盖省内与省外，具体包括红安、麻城、孝感、赤壁、蕲州、黄陂、崇阳、阳逻、英山、广水、武穴、仙桃、新洲、咸宁、黄梅、罗田、彭思、蕲春、胜利、荆门、十堰、汉川、武汉、黄州、浠水、龙港、阳新、鄂州等地。它在区域客运交通体系中发挥着重要的枢纽作用，为旅客出行提供了多样的线路选择与便捷的交通服务。

（二）大冶中心客运站

大冶中心客运站位于大冶市长乐大道以北、栖霞路以西的关键地段，其客运班线网络广泛，辐射范围涵盖多个地区。这里不仅有通往阳新等地的市内及周边班线，还开通了前往武昌、温泉、麻城、合肥、通山、黄梅、红安、黄陂、黄州、蕲春、英山、罗田等省内及外省重要地点的线路。多样化的班线设置搭配合理的时间安排，能够充分契合不同旅客的出行计划，满足其出行需求，为广大乘客提供便利的出行选择与高效的客运服务。

（三）阳新客运枢纽站

阳新客运枢纽站位于阳新县站前南路与滨湖西路交叉口北侧，是按照国家一级客运站标准设计建造的。其功能区域包含站前区、站房区、客运停车区、维修保养区以及配套商业区。该枢纽站与高铁站协同运作，构建起全新的交通枢纽体系，实现了旅客的无缝换乘，为阳新县及周边地区居民的便捷出行提供了有力保障。

在运营线路方面，阳新客运枢纽站已构建起多元化的线路网络。目前，已开通多条县内班线，紧密连接阳新县各乡镇，极大地方便了县内居民在县城与乡镇之间的往来。县外班线也在逐步完善，已开通前往武汉、黄石、鄂州等周边城市的线路，为跨城出行的旅客提供了高效便捷的出行选择。此外，旅游专线正在规划运营中，未来将串联起仙岛湖、七峰山等阳新县热门旅游景点，推动阳新旅游产业发展，方便游客前往各景区游览。

在服务提升方面，为满足旅客多元化需求，站内建立了"培训—服务—反馈"闭环机制，每月开展礼仪沟通、急救技能等专题培训。针对站内新增的智能化设备，专门成立了雷锋小分队，安排专职引导员指导或协助旅客使用，全力确保旅客拥有便捷、舒适的出行体验。

阳新客运枢纽站是阳新县对外展示城市形象的重要窗口，既是重点民生项目，也

他山之石
▼

黄阳
公路赋

是服务群众的重要载体。其顺利通车对阳新县加速融入武汉都市圈具有显著作用,能够促进人流、物流、资金流、信息流的交汇与集散,为阳新县建设交通强县奠定坚实基础。

任务二　认识黄石的铁路

任务导入

黄石某旅行社地陪导游"石头",要接待一个从浙江宁波来黄石的老年团,游客提前与"石头"联系,要"石头"推荐一种合适的出行方式。如果你是"石头",你会如何介绍?

任务探究

一、黄石铁路概况

黄石的铁路建设历史悠久,铁黄线(铁山至黄石线)是湖北省第一条铁路,主要用于运输矿石。中华人民共和国成立后,这条线路进行了改造,成为国营铁路,至今仍在为国民经济建设发挥重要作用。目前,黄石正在积极推动地方铁路融入国铁实现并网联运,加强与武汉等城市的互联互通,形成完善的交通网络。

截至2023年底,黄石境内铁路营运里程约315.3千米,其中高速铁路里程约83.8千米,其铁路干线地位至关重要。

武九铁路(武汉至九江)贯穿黄石且有黄石站等多个站,曾长期承担大量客货运输,既保障黄石矿产资源外输,又助力生产生活物资及人员引入,强力推动黄石经济发展与资源开发。

武石城际铁路连接了武汉与黄石,作为武九高速铁路及"沿江通道"重要组成部分,沿线设武汉站、花山南站等诸多站点,极大地缩短了两地时空距离,便利了居民出行与商务往来,使武汉与黄石人员交流便捷高效,通勤上班族、旅游及商务人士均受益,有力地促进了武汉城市圈同城化发展进程。

武九客运专线自武汉站经黄石等地至九江站,设武汉站、花山南站等站点,提高了黄石客运能力与服务水平,助力黄石进入动车时代并强化区域联系,推动了黄石与武汉、九江等沿线城市在旅游资源共享开发、产业协同合作升级等多方面交流互动,加速了区域经济一体化格局构建。

武黄高铁新通道(武汉—黄石—九江高铁新通道,系福银通道组成部分)已纳入湖北省"十四五"规划,其建设将推动黄石深度融入长江中游城市群与武汉城市圈,促进经济高速发展并提升全国铁路网地位,为黄石交通发展和区域协同带来了全新格局与机遇,提升了黄石在长江中游城市群影响力与竞争力,为其现代化建设注入了强劲动力。

二、黄石境内的主要铁路干线

(一)高速铁路

1. 武九高速铁路

武九高速铁路作为连接湖北省武汉市与江西省九江市的重要交通纽带,在我国铁路网布局中占据关键地位。它既是《国家中长期铁路网规划》里"五纵五横"高速铁路网中"福银高速铁路"的核心构成部分,同时也是《中长期铁路网规划》(2016年修订版)"八纵八横"高速铁路主通道之一"沿江通道"的重要路段。此铁路全长约224千米(湖北段127.2千米),沿线在黄石区域设有黄石北站、大冶北站、白沙铺站、阳新站等多个站点,其设计时速达250千米/小时,于2017年9月21日正式开通运营。

2. 武石城际铁路

武石城际铁路属于武九高速铁路武汉至黄石段,是连接武汉市与黄石市的城际铁路。武石城际铁路共设10个车站(包括武汉站、花山南站、左岭站、葛店南站、华容南站、鄂州站、鄂州东站、花湖站、黄石北站、大冶北站),设计速度为250千米/小时,于2014年正式开通运营。

(二)普通铁路

武九铁路起始于湖北省武汉市的武昌站,最终抵达江西省九江市柴桑区的庐山站,在庐山站接入昌九城际铁路,并且在柴桑区沙河街附近借助联络线接入京九铁路从而连接到浔阳区的九江站。其在湖北省内途经武汉、鄂州、黄石、阳新这四个市(县)。武九铁路作为国家路网"沿江通道"的重要组成部分,铁路等级被划定为国铁一级复线。在黄石境内,设有铁山站、黄石站、新下陆站、罗家桥站(该站原属于铜绿山线)以及大冶站等多个站点,这些站点在黄石地区的客货运输以及经济交流等方面发挥着极为重要的作用,有力地促进了黄石与其他沿线地区的互联互通与协同发展。

三、黄石主要铁路车站

(一)黄石北站

黄石北站坐落于黄石市下陆区团城山街道大泉路与伍家洪大道交会处,由中国铁路武汉局集团有限公司武昌车务段管辖,等级为三等站,自2014年正式启用。其建筑别具特色,主体幕墙体彰显大气与立体感,金属屋顶盖呈几何切割状且向外伸展,彰显黄石老牌工业城市的底蕴与发展活力。在运营方面,它是武九客运专线和武黄城际铁路的重要站点,自2017年9月起承接原黄石站的动车组列车业务后并入全国高铁网,可直达省内外诸多城市。车站交通换乘极为便利,出站后经地下负一层换乘中心大厅可便捷到达临时公交场站,有多条公交线路可供选择,还设有专门的公交枢纽站。不仅如此,黄石北站还是黄石有轨电车的重要站点之一,实现了多种交通方式的高效衔接与换乘。

(二)黄石站

黄石站地处大冶市罗桥街办,由中国铁路武汉局集团有限公司武昌东车务段管辖(后更名为中国铁路武汉局集团有限公司武昌车务段),属二等站,2005年9月开通运营,后续经历更名与客运业务调整等重要阶段,2017年9月起动车组列车转至黄石北站停靠。站房为框架结构双层建筑,呈轴线型艺术对称布局,彰显黄石工业城市的发展活力。

(三)大冶北站

大冶北站坐落于大冶市东岳街办新美村、五桥村与金山街办新农村之间,由中国铁路武汉局集团有限公司武昌东车务段管辖,为三等站,自2014年6月起正式投入运营,车站设有发到线5条(含正线2条),站房面积约2500平方米。车站附近建有公交枢纽中心,42路、33路等多条公交线路经过,站前广场开阔,设置有带有青铜冶炼文化的雕像、绿化植被等。

(四)阳新站

阳新站地处阳新县兴国镇官桥村,由中国铁路武汉局集团有限公司武昌东车务段管辖,为三等站。1990年10月开始运营,后经历整体迁移与站房新建改造等重要历程,2007年8月阳新站新站建成启用并关闭老站,2017年6月武九高速铁路贯通使阳新客运专场开通,2021年8月28日新站房正式投入使用。车站交通换乘便捷,阳新公交11路、12路等线路可抵达阳新站,长途汽车站(即阳新客运枢纽站)位于高铁站西侧,出租车上客点在到达层站前中心广场,多种交通方式有效衔接,为旅客的出行提供了便利。

任务三　认识黄石的航空

任务导入

一家韩国的组团社计划组织16人的团队到黄石来进行为期5天的考察

游览。请你为他们设计一条合适的旅游交通路线,并讲解该路线的优势。

任务探究

一、黄石航空概况

黄石凭借周边的鄂州花湖国际机场与武汉天河国际机场,成功构建起一个极为便捷且辐射广泛的航空网络体系。鄂州花湖国际机场地处鄂州市鄂城区,与黄石市中心驾车距离较近。两地积极构建交通连接,像大广高速新增东方山互通,通车后让黄石开发区、大冶城区至花湖机场的车程缩短至30分钟,还有正在推进的花湖机场高速二期、省道203—花湖机场南门等多条快速通道。黄石设立的城市候机楼为旅客提供贴心服务,客运航线可抵达北京、上海、深圳、厦门等多个国内主要城市。

武汉天河国际机场位于武汉市黄陂区,通过武黄城际铁路、福银高速等发达的交通网络与黄石紧密相连,其城市候机楼进一步优化了出行流程。作为4F级区域航空枢纽,它的航线网络覆盖全球超过50个国际大都市以及国内100多个主要城市,其中包括纽约、伦敦、巴黎等国际城市和成都、重庆、昆明、西安等国内城市。

在交通出行方面,这两大机场为黄石提供了丰富多元的选择;在经济领域,它们成为黄石企业拓展市场的有力助推器,近年来,因机场带动而新增的招商引资项目超过50个,涉及多个领域,有效推动了产业升级;在文化旅游方面,这两大机场促进黄石接待外地游客的数量以每年15%的速度增长,客源地从周边地区拓展至全球范围,同时也促进了黄石与国内外城市的文化交流。

综上所述,鄂州花湖国际机场与武汉天河国际机场对黄石的社会发展、经济增长、文化旅游繁荣起到了极为关键的作用,显著提升了黄石在区域协同发展进程中的综合竞争力,成为黄石在新时代实现高质量发展的重要战略支撑。

二、周边的机场及主要航线

(一)鄂州花湖国际机场

1.基本概况

鄂州花湖国际机场(Ezhou Huahu International Airport, IATA: EHU, ICAO: ZHEC),坐落于湖北省鄂州市鄂城区燕矶镇、沙窝乡、杨叶镇三地交界处。该机场为4E级国际货运枢纽机场,是世界上第四个、亚洲首个专业性货运枢纽机场。鄂州花湖国际机场的1.5小时飞行圈能够覆盖京津冀、长三角、粤港澳大湾区等国家级城市群,辐射范围涵盖全国90%的经济总量。它紧紧锚定"国际一流航空货运枢纽"的发展目标,加速推进国际自由贸易航空港的建设进程,致力于构建世界一流的航空供应链平台,并成为综合物流服务领域的佼佼者。同时,它还能因地制宜地推动新质生产力的发展,为湖北从传统意义上的"九省通衢"跨越至新时代的"九州通衢"贡献力量。

2.历史沿革

2013年6月,顺丰集团初步规划在中部地区建设货运枢纽机场;2015年6月确定选址鄂州燕矶场址;2018年2月获国务院、中央军委联合批复立项;2020年5月正式开工;2021年1月命名为鄂州花湖机场;2022年3月试飞成功,7月正式通航;2023年4月开通首条国际/洲际航线;2024年3月国务院批复同意鄂州花湖机场对外开放,4月鄂州花湖机场航空口岸通过国家验收,5月更名为鄂州花湖国际机场。

3.机场设施

1)航站区

鄂州花湖国际机场航站楼面积达1.5万平方米,配备6部登机廊桥。楼内共设有6个安检通道,其中1、2、3号安检口属于智慧安检通道。该航站楼是一座两层建筑,航站楼采用大面积玻璃幕墙设计,在白天能够充分引入太阳光,从而减少室内灯光照明的使用。其总建筑高度为20.5米,足以满足到2030年150万人次的使用需求。

2)航空货站

鄂州花湖国际机场航空货站面积2.4万平方米,紧邻旅客航站楼的正南侧,为两层建筑,包括普货货运区、快件货运区。

3)转运中心

鄂州花湖国际机场转运中心设有67.8万平方米的分拣中心以及分拣转运系统设备等,建设4.1万平方米的海关、安检、顺丰公司办公业务用房及配套设施设备用房;分拣中心为主体钢结构重达10万吨以上的超大单体建筑,"工"字形构造,处理能力可达每小时50万件。

4)空管塔台

鄂州花湖国际机场塔台建筑高度89米,为地上13层、地下1层式建筑,其造型为"蜡梅",设计的灵感来源于鄂州市市花。

4.主要航线

1)客运航线

在2024年冬春季航班计划中,鄂州花湖国际机场呈现出活跃的航空运营态势。到2024年1月,机场已累计开通国内客运航线16条,通达航点23个。进出港客运航班联通北京、成都、泉州、昆明、济南、海口、天津、深圳、重庆、温州、西安、厦门等地,构建起较为广泛的空中客运网络,为旅客出行和地区交流往来提供了便利的空中通道。

2)货运航线

2024年,鄂州花湖国际机场累计开通货运航线85条,其中国内货运航线55条,国际/地区货运航线30条。

5.特色服务

1）自助值机

鄂州花湖国际机场航站楼内设有2个自助值机柜台和2个自助托运台，无托运行李的旅客可在自助值机区办理乘机手续，无须办理纸质登机牌，在航班预计起飞前60分钟停止办理自助值机手续。

2）多式联运

（1）空空联运：鄂州花湖国际机场空空中转联运以约翰·肯尼迪国际机场为起点，经航空运输至鄂州花湖国际机场后，继续通过航空运输至北京大兴国际机场，最后通过公路运输至石家庄并完成末端配送。

（2）空高联运：空高联运以广州白云国际机场为起点，经航空运输至鄂州花湖国际机场后，顺丰速运在机场公司的协助下完成卸货等程序后，通过直通转运中心的武九高速铁路联络线，将航空快件直接装载至高铁列车并运输至郑州航空港站，在郑州航空港站完成相关程序后，通过公路运至顺丰郑州分拣中心，并完成"最后一千米"配送。

（3）空公联运：空公联运以深圳宝安国际机场为起点，经航空运输至鄂州花湖国际机场后，顺丰速运在机场公司的协助下完成卸货等程序后，通过公路运输将航空快件由鄂州花湖国际机场运送至南昌分拣中心，继续通过公路短驳运输至末端配送网点，并完成"最后一千米"配送。

（二）武汉天河国际机场

1.基本概况

武汉天河国际机场（Wuhan Tianhe International Airport，IATA：WUH，ICAO：ZHHH），位于湖北省武汉市黄陂区机场大道，驾车距离武汉市中心约为27千米，驾车距离黄石市中心约130千米，为4F级民用国际机场、中国八大区域性枢纽机场之一、国际定期航班机场、对外开放的一类航空口岸。

2.历史沿革

武汉天河国际机场前身为1929年通航的汉口分金炉机场，此后武汉民航机场历经武昌徐家棚机场、汉口王家墩机场、武昌南湖机场等地址变迁，1995年正式启用，2000年承接武汉王家墩机场民航业务，晋升为国际机场。2008年T2航站楼启用，2016年第二跑道启用，2017年T3航站楼启用，T1和T2航站楼同步关闭，2021年T2航站楼改造，2024年4月T2航站楼正式恢复启用，步入"双航站楼时代"。

3.机场设施

1）航站区

武汉天河国际机场T2航站楼2008年4月启用，设计年旅客量1300万、起降12.2万架次、货量32万吨。含42个售补票柜台等设施，采用先进系统，大跨度空间造型，双指廊"凹"字形结构,主楼三层,地下设备间等,地上到达与出发层,中间夹层中转。2023年 10 月,武汉天河机场 T2 航站楼完成改造并重新启用。

T3 航站楼外形似凤凰,主题"星河璀璨、凤舞九天",主楼五层,功能分区明确,安装多部电梯等,内部中转便捷,转乘缩至 20 分钟,外部衔接六种交通,地铁 10 分钟到出发层。

T1 航站楼为商务公务专机楼。

2)航空货站

航空 A 货站内设有冷冻、冷藏、贵重物品仓库和危险品仓库,航空 B 货站入驻单位包括南航、顺丰和邮政海关监管中心,航空 C 货站为武汉天河机场国际货站,也设有冷冻、冷藏、贵重物品仓库和危险品仓库。

3)空管塔台

武汉天河国际机场的空管塔台其最高处"凤冠"状部分为塔台管制室,如同"机场之眼",负责指挥所有进离港航班的滑行、起飞落地及停靠机位等操作,矗立于武汉天河国际机场两条跑道之间。

4. 主要航线

武汉天河国际机场基地航司包括中国东方航空、中国南方航空、中国国际航空;2024 年夏秋航季,武汉天河国际机场国内客运周航班量为 5062 架次,日均计划航班量达 723 架次,可通达 91 个国内通航点,开通 11 条快线(日均航班量≥10 班);从国际市场看,共有 16 家航司(其中 12 家外航)运营 18 个国际地区航点。

2025 年 3 月 30 日,武汉天河机场执行夏秋航季航班计划,每周计划起降航班 5113 架次,日均 730 架次。从国内国际市场看,换季后新增伊宁、连云港、义乌等 3 个通航点,国内通航点增至 96 个;加密武汉至成都、北京、昆明、上海、青岛、广州、海口、乌鲁木齐、深圳、厦门等 13 座城市快线,满足旅客从武汉机场前往热门目的地的需求。将有 11 家航司(其中 8 家外航)运营旧金山、伦敦、悉尼、迪拜、东京、新加坡、首尔、曼谷、胡志明、吉隆坡、河内等 18 个国际地区航点,计划新增或加密莫斯科、芽庄、首尔等航点。

5. 特色服务

1)自助值机

乘坐国内出港航班又无托运行李的旅客,可通过机场自助值机系统办理乘机手续(领取登机牌)。自助值机系统的办理时间为所乘坐航班起飞前 3 小时,办理截止时间为航班实际起飞前 50 分钟。

2)过境免签

2024 年 12 月 17 日,国家移民管理局发布公告,全面放宽优化过境免签政策。过境免签外国人在境内停留时间从原 72 小时和 144 小时统一延长至 240 小时(10 天);新增 21 个口岸为过境免签人员入出境口岸,使对外开放口岸总数从 39 个增至 60 个;政策适用省份从 19 个扩充到 24 个,过境免签人员可在 24 个省(区、市)规定区域内跨省域旅行。

　　符合条件的 54 国人员，从中国过境前往第三国（地区），可从上述 60 个对外开放口岸中任一口岸免签来华，并在规定区域停留活动不超过 240 小时，停留期间可开展旅游、商务等活动。这 54 个国家包括欧洲的奥地利、比利时、捷克等 40 个国家，美洲的美国、加拿大、巴西等 6 个国家，亚洲的韩国、日本、新加坡等 6 个国家，以及大洋洲的澳大利亚、新西兰 2 个国家。

　　武汉天河国际机场作为 60 个对外开放口岸之一，对符合条件且持有第三国签证的外籍人士实行 240 小时过境免签政策。外籍人士从武汉过境前往第三国（地区），可免办签证从武汉天河国际机场入境及出境。

项目考核

导游讲解评价表

		评价项目与内容		分值	实得分
操作内容	礼仪礼貌（5分）		衣着打扮端庄整齐，言行举止大方得体，符合导游人员礼仪礼貌规范	5分	
	迎接游客（5分）		佩戴导游证，在景区（点）入口处、车站等显要位置候客并主动确认游客，清点人数，提醒相关事项，带领游客进入景区	5分	
	景点讲解（80分）	致欢迎词	"五语"；真诚、热情、大方开朗、幽默自然	5分	
		语言技巧	基本语言发音优美，语速得当	6分	
			讲解有深度，重点突出，层次分明	15分	
			信息发布清晰、准确，具有规范性	10分	
			安全提示清晰、准确，亲切热情，提示委婉，富有情感	5分	
			融洽游客关系，态度真诚，耐心风趣，尊重理解游客	5分	
		服务技巧	熟悉并能正确运用服务规范	7分	
			掌握导游服务技能，导游服务程序正确完整	10分	
			思维反应敏捷，情绪控制稳定	5分	
			考虑问题周到，具有及时处理突发事件和特殊情况的能力	7分	
		致欢送词	"五语"；真诚、感激、自然	5分	
	总结工作（10分）		物品归还、工作总结	10分	

续表

评价项目与内容	分值	实得分
评语		
总分		

在线答题
▼

项目五

**项目
拓展**

项目任务

任务1:撰写黄石交通概况讲解词,并进行模拟讲解。

任务2:将人员分为若干小组,要求为一个来自重庆的20人旅游团设计观光游览交通方案。需分别规划乘坐旅游大巴、铁路(涵盖高速列车与普通列车)、飞机三种不同交通方式抵达黄石的具体线路,并结合黄石当地的交通状况详细说明设计思路与线路安排,以便为旅游团提供便捷、高效且能充分领略沿途风景与体验的出行计划。

项目六
趣 购 黄 石

项目导读

在旅游的缤纷画卷中，"购"是浓墨重彩的一笔，是旅游消费的关键环节。旅游购物，绝非简单的交易行为，它于旅游业而言，犹如基石之于高楼，对提升旅游业整体效益、推动地方经济蓬勃发展、增强旅游者满意度意义非凡。

旅游纪念品，作为地域文化的生动载体，大多镌刻着鲜明的民族特色与地方文化印记。它们不仅能切实满足旅游者日常使用、纪念留存、友好馈赠等实际需求，还能满足其收藏雅好、审美欣赏、自我实现等精神层面的追求，为旅途增添无尽乐趣。由此可见，旅游纪念品在旅游产业的宏大版图中占据着举足轻重的地位。

黄石，物产丰饶，钟灵毓秀，人杰地灵。本项目将引领读者深入探寻黄石，从品鉴黄石特色土产品，到鉴赏黄石特色旅游纪念品，全方位解锁"购"在黄石的独特魅力与精彩之处。

本项目主要从品鉴黄石特色土产品和鉴赏黄石特色旅游纪念品两个方面来介绍黄石，接下来让我们一起"趣购黄石"吧！

学习目标

【知识目标】

1. 了解黄石特色土产品、特色旅游纪念品的发展概况。

2. 熟悉黄石特色旅游纪念品的品质及其所表现的艺术特征与文化内涵。

【能力目标】

1. 能够掌握黄石特色土产品与特色旅游纪念品的推广技巧，并能向游客正确推荐。

2. 能够掌握黄石2—3种特色旅游纪念品的推荐导游词。

【素养目标】

1. 激发学生对黄石特色土产品和特色旅游纪念品的兴趣，坚定文化自信,树立传承与推广地方文化的意识。

2.培养学生的艺术审美素养。

思维导图

趣购黄石
- 品鉴黄石特色土产品
  - 大冶印子粑
  - 白鸭牌松花皮蛋
  - 富川山茶油
  - 劲牌保健酒
  - 金海白茶
  - 灵溪牛肉酱
  - 金柯辣椒
  - 金牛麻花
  - 珍珠果米酒
  - 玉堍油面
- 鉴赏黄石特色旅游纪念品
  - 大冶刺绣
  - 黄石孔雀石
  - 阳新布贴

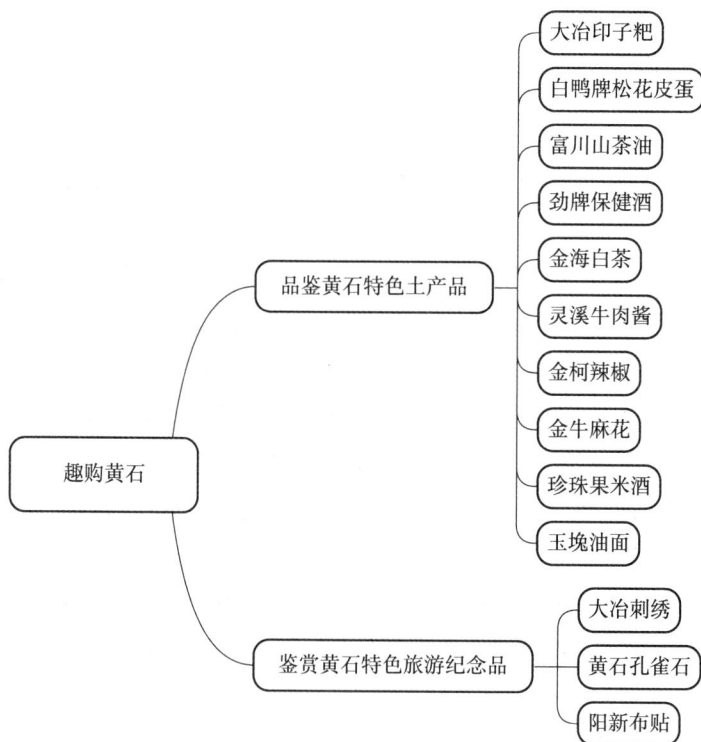

任务一　品鉴黄石特色土产品

任务导入

一方水土养一方人,黄石地处吴头楚尾,有着独特的地理环境和饮食文化。黄石旅游推荐官——导游"石头"受某旅行社委托,即将接待一个从江苏来黄石进行三日游的女性旅游团。在游览过程中,客人对黄石的土特产很感兴趣。请问,导游"石头"应该如何做好此次接待和导购工作,使客人既能够了解黄石的风土人情,又能够知晓黄石的土特产?

任务探究

一、大冶印子粑

大冶印子粑,俗称"果城里印子粑",承载着跨越千年的厚重历史,最初是大冶殷祖、刘仁八、铜山口等山区农民用以供奉"土主"菩萨的供品,后逐渐演变为一门精妙的民间工艺,至今已有1000多年的历史。2015年,殷祖印子粑手工制作技艺被列入黄石市第五批非物质文化遗产,成为地域文化的一张闪亮名片。

印子粑集美味与精巧工艺于一身,既是令人垂涎的可口食品,又是饱含民间智慧的工艺美术珍品。其制作流程极为考究,以籼米为主料,掺入适量糯米,借助石碓春捣成细腻的米粉,再加入清甜的山泉水,经反复揉搓,使米粉与水完美融合,形成柔韧的面团。随后,用特制的"粑模"印制成粑坯,"粑模"上雕刻着花卉、禽兽等各类精美图案,印出的粑面上,花、鸟、鸡、鱼、龙、凤、猪、牛、狮子等形象栩栩如生。最后,将粑坯蒸熟,一个个晶莹剔透的印子粑便新鲜出炉,堆成的粑山宛如一件精美的艺术品,给人带来美的享受。

印子粑深厚的文化底蕴,在悠悠岁月中沉淀出了多个动人传说。相传,后唐时期,江西人王文蔚为躲避战乱,幼年时随母亲逃难至大冶果城里(今殷祖、刘仁八、铜山口等地)。他自幼聪慧,勤奋好学,18岁时因博学多才被朝廷封为刺史,任职期间屡建奇功,获封"银青光禄大夫"。北宋咸平元年(998年),天下大乱,群雄割据,百姓深受其害。王文蔚为保护当地百姓,毅然率兵抵抗,激战中不幸身中数箭,壮烈牺牲于果城里岩山。当地百姓感恩戴德,为其建造寺庙,将其雕像尊称为"土主菩萨",并用上等大米春成粉,制作出仙桃、石榴、鸡、鱼、龙、凤等图案的小粑,用以祭奠这位英雄。

还有一种说法,唐代有位名为王明畏的文人,出任知县时,为官清正廉洁,爱民如子,深受百姓爱戴。然而,晚年他因替一位盲女伸张正义,触犯了地方豪绅的利益,又得罪了上司,最终被削职为民。满怀悲愤的王明畏来到果城里的尖山殿出家修行。后来,为救治一位患病女孩,他在岩山(刘仁八镇)的悬崖峭壁上采药时,不幸失足摔落,以身殉义。当地山民为纪念他的义举,为其垒坟、建庙、雕像,尊称为"土主菩萨",并在每年农历二月十八日至三月初三举办土主会。彼时,村民生活困苦,无力购买鱼、肉等祭品供奉土主菩萨,便用优质大米春成粉,制作成小圆粑,再用刻有鱼、鸡等动物图案的粑模印制成型,以此象征性地替代鱼、肉,作为供奉土主菩萨的供品。年复一年,用印子粑供奉土主菩萨的习俗在当地代代相传,成为具有独特意义的传统民俗,为质朴平和的乡村文化生活增添了一抹绚丽色彩。

千百年来,大冶印子粑始终坚守传统制作工艺,从未改变。从粑印中磕出的每一个印子粑,都像是一件栩栩如生的微雕,带着浓浓的生活气息。而从蒸笼里取出的印子粑,更是晶莹剔透、香甜软糯,完美融合了地域美食特色与深厚文化传承。它不仅是人们舌尖上的美好记忆,更是承载乡愁的情感纽带,是红红灶火中升腾的人间烟火气的生动见证。每一口印子粑,都蕴含着遥远的记忆和深厚的文化底蕴,让品尝者沉醉在这独特的美食魅力之中,感受着历史与文化的独特韵味。

二、白鸭牌松花皮蛋

黄石松花皮蛋作为"黄石八珍"之一,在黄石人的生活中占据着特殊地位,备受当地人的喜爱与珍视。逢年过节,尤其是在我国重要的传统节日——端午节,它成为走亲访友的必备珍品。每到端午,家家户户都会购置一两盒黄石松花皮蛋,为节日增添浓厚的氛围,足见其珍贵程度。

白鸭牌松花皮蛋是黄石市的名产,松花蛋又称"皮蛋""变蛋"或"灰包蛋",是家喻户晓的美食。其食用口感鲜滑爽口,在色、香、味上独具魅力。白鸭牌松花皮蛋造型精美,蛋身内部清晰可见松针形小花,正是这些独特的"花",让它声名远扬。早在1984年,白鸭牌松花皮蛋就获得国家优质产品银质奖;2011年,白鸭牌松花皮蛋更是被商务部评为"中华老字号"。

关于松花皮蛋的起源,流传着两种有趣的说法。一说在明代泰昌年间,江苏吴江的一家小茶馆生意兴隆,因店主忙碌,将泡过的茶叶随手倒在炉灰中,恰巧店主养的鸭子爱在炉灰堆下蛋,难免有鸭蛋被遗漏。一次,店主清理炉灰茶叶渣时发现了这些鸭蛋,本以为不能食用,剥开后却发现里面黝黑光亮,带有白色花纹,闻起来有特殊香味,尝起来鲜滑爽口,这便是最初的皮蛋。此后,经人们不断摸索改进,皮蛋制作工艺愈发完善。

另一种说法称,松花皮蛋源于天津。约200年前,天津某乡村一富户为其母打造棺木,放置于空宅,为防潮湿,家人在棺内撒入石灰、草木灰,并留空隙通风,之后便遗忘此事。次年,其母去世,入殓时发现棺内草木灰中有百余枚鸡蛋。孝子大怒,将鸡蛋掷于地,蛋壳破裂后,里面竟是深褐色透明结晶体。好事者尝后,发现味道鲜美,众人皆觉新奇,争相品尝。此后,有见地者效仿,将鲜鸡蛋置于石灰、草木灰中,也得到同样结果,邻里纷纷模仿,称其为"变色蛋"。后来,这一原始工艺流传至江浙一带,经过多次改进,工艺日臻成熟,善于经商的江浙人将这种全新食品推向市场,因而有了"松花皮蛋始于天津,成于江浙"的说法。

如今,松花蛋与咸鸭蛋已成为我国广受欢迎的风味蛋,也逐渐形成了端午节吃两蛋的习俗。每逢端午,除了传统的粽子,咸鸭蛋和松花蛋也成为馈赠亲友的热门选择。白鸭牌松花皮蛋成品蛋壳易剥且不粘连,蛋白呈半透明的褐色凝固体,表面布满松枝状花纹,蛋黄呈深绿色凝固状,部分带有溏心。切开后,蛋块色彩丰富,层次分明。食用时,清凉爽口,香味浓郁却不油腻,味道十分鲜美。

从营养角度来看,松花蛋较鸭蛋含有更多矿物质,脂肪和总热量稍有降低。它能刺激消化器官,增进食欲,促进营养物质的消化吸收,还能中和胃酸,起到清凉、降压的作用。在养生功效上,松花蛋具有润肺、养阴止血、凉肠、止泻、降压的功效,同时对保护血管有益。

三、富川山茶油

富川山茶油,作为阳新县特产,已荣膺中国国家地理标志产品的称号。阳新,这片土地与山茶结缘已有2000多年的悠久历史,其山茶树种植面积广阔,茶油产量位居全国第三,于湖北独占鳌头,因此赢得了"中国油茶之乡"的美誉,被确定为国家级油茶生产示范县。当地山茶果的含油率达30%以上,从中提取的茶油,绿色无公害,富含多种营养成分,对人体健康大有益处,被公认为保健油。

富川山茶油色泽黄亮、清澈透明,散发着自然清香,耐贮存。其矿物质和维生素E含量高,酸值低,皂化值高。在质量特色方面,它的不饱和脂肪酸含量较高,充分彰显了其营养价值;酸值偏低,使其易于长时间保存。通常而言,油茶树的生长种植环境对山茶油品质起着决定性作用,只有茶树苗壮成长,茶果质量上乘,才能产出高品质的茶油,凸显其独特品质。

经专业检测,富川山茶油中人体必需的不饱和脂肪酸,即油酸和亚油酸的含量高达80%—90%,在植物油中居于首位,人体对其消化吸收率更是高达95%以上,是极为难得的木本科植物油。它还含有丰富的维生素E、A、D以及磷、锌、钙等多种微量元素。国内外医学营养专家经研究发现,长期食用油酸含量较高的山茶油,不仅能软化血管,还能有效预防高血压、高血脂、心脑血管疾病等。现代科学证实,山茶油的脂肪酸组成与橄榄油极为相似,且平均组成高于橄榄油。如今,作为食用植物油,其营养价值与经济价值正逐渐被国人所接受,消费群体不断壮大,消费理念也日益深入人心。

富川山茶油不仅品质卓越,背后还蕴藏着深厚的历史文化底蕴。《阳新县志》记载,三国时期阳新就已存在油茶树。彼时,有一年遭遇大旱,田地庄稼颗粒无收,百姓生活困苦,纷纷外出讨饭。吴王孙权目睹当地灾情后,带来十条粮船赈济贫苦灾民。百姓感恩戴德,纷纷磕头谢恩,其中一位老汉将家中一罐茶油送给吴王。吴王疑惑询问:"干旱何来此物?"老汉答曰:"此乃我家后山所长,不怕干旱。"孙权前往后山查看,只见山上茶花盛开,还挂着茶果,不禁赞叹:"这山茶树真乃奇果。"此后,阳新的油茶树便正式得名山茶树,山茶油也由此而来。

《江西省志·林业志》中记载,唐高祖武德四年(621年),阳新县便开始种植油茶树,并加工山茶油,当时的山茶油还成为贡品,享有"皇封御膳"用油的称号。唐代诗人李商隐食用后,曾赋诗赞曰:"芳香滋补味津津,一瓯冲出安昌春。"到了明代,明武宗正德九年(1514年),阳新县开始大面积种植山茶树并加工山茶油。从那时起,阳新人民就将山茶油用于药用。比如,用山茶油涂抹嘴唇,可防止嘴唇干裂;妇女用其搽头发、搽手、搽脸,起到护肤美容的效果;怀孕的妇女涂抹肚皮,能消除妊娠纹;内服可治疗便秘,外用对于烫伤、烧伤、小虫咬伤,具有消炎生肤的功效。至此,富川山茶油的食用价值和药用价值逐渐被广泛认可。

明代著名医药学家李时珍,湖广蕲州(今湖北蕲春县)人,蕲州与明代称兴国州的湖北阳新县一江之隔。在编写《本草纲目》期间,他身着草鞋,背着药筐,在徒弟庞宪、儿子建元的陪伴下,前往江南兴国州,深入深山旷野,观察和收集药物标本。期间,他看到了山茶树和茶籽果,并在《本草纲目》中对山茶进行了详细描述:"山茶产南方,树生、高者丈许,枝干交加,叶颇似茶叶而厚硬有棱。中阔头尖,面绿背淡,深冬开花。"对茶籽、茶油也有记载:"茶籽,苦寒香毒,主治喘急咳嗽,去痰垢……""茶油性偏凉,凉血止血,清热,解毒,主治肝血亏损,驱虫、益肠胃,明目。"

如今的富川山茶油,精选自"中国油茶之乡"——湖北阳新的优质山茶果,采用传统古法冷压工艺精心压榨。从采摘到压榨的每一个环节,都秉持着精益求精的工匠精神,不浪费每一颗茶籽的自然馈赠。富川山茶油,集营养与美味于一身,全方位守护着全家的健康,已然成为人们追求高品质生活的理想之选。

四、劲牌保健酒

劲牌,作为中国著名的保健酒品牌,旗下的中国劲酒在保健酒领域独占鳌头。在中国丰富多元的宴席文化中,中国劲酒凭借其独特的风味与深厚的历史底蕴,深受大众喜爱。

中国劲酒以幕阜山泉精心酿制的清香型小曲白酒为基酒,严选地道药材,采用新升级的数字提取技术匠心打造。其配方包括优质白酒、水、淮山药、仙茅、当归、肉苁蓉、枸杞子、黄芪、淫羊藿、肉桂、丁香、冰糖等。通过先进技术,劲酒中蕴含了多种皂苷类、黄酮类、活性多糖等功能因子,以及人体必需的多种氨基酸、有机酸和微量元素等营养成分,具有抗疲劳、免疫调节的保健功能。

在酿造工艺上,劲酒展现出卓越的创新精神。它突破传统浸泡方式,采用超微粉碎、真空带式干燥、渗漉、单药提取、超声波提取和多级逆流提取等先进技术,确保药材有效成分充分释放;分离环节运用碟式离心机及膜分离技术,提升成分纯度;浓缩过程采用纳滤膜冷浓缩,有效减少高温浓缩导致的有效成分损失与资源消耗。不仅如此,在功效成分控制方面,劲酒大胆创新,采用在线检测技术,突破传统物理量的过程控制模式,实现化学参数的精准过程控制,从而达到整个生产工艺的数字化控制。

2010年9月,历经十余年的精心研发,凝聚中药现代化技术精髓的数字提取中国劲酒在全国上市。劲牌成为保健酒行业中率先采用数字提取技术的先锋。该技术作为保健酒数字化制造平台的核心,能够精准量化提取每一味原料的功效成分,开创了保健酒制造技术的崭新时代,实现了调配过程的智能控制。针对不同药材的特性,数字提取技术让中国劲酒酒体中的有效成分纯净度更高、稳定性更佳,显著提升了产品抗疲劳、调节免疫等保健功效。与此同时,该技术过滤掉药材无效成分与杂质,有效降解药材苦味,使劲酒口感更加醇和。通过数字提取技术的应用,劲酒的品质与功能得到全面提升,酒体更稳定,口感更柔顺,为消费者带来更优质的健康享受。

2023年,中国劲酒凭借卓越的品质与创新,成功入选由中华人民共和国工业和信息化部指导、中国轻工业联合会发布的《升级和创新消费品指南》"全国升级和创新消费品轻工·第九批"名单,再次彰显其在行业内的领先地位。

五、金海白茶

在黄石阳新的金海白茶产业园,金海白茶以其卓绝不凡的品质在众多茶叶品类中独树一帜。这里气候温润,阳光充足,土壤肥沃且富含矿物质,为茶树生长提供了得天独厚的自然环境。每年早春时节,金海白茶的茶芽便早早萌动,相较于其他茶种,萌发时间显著提前。待采摘时,茶芽个个饱满充实,犹如颗颗温润的绿宝石。

金海白茶蕴含人体所需的18种氨基酸,含量较普通绿茶高出3—4倍,而多酚类物质含量却少于其他绿茶。这种独特的成分构成,使得金海白茶滋味鲜爽清甜,恰似山间清泉滑过舌尖,鲜醇之感久久不散,同时又赋予其极高的营养价值,备受养生人士与品茶爱好者的青睐。

从外形上看,金海白茶形似凤羽,叶片舒展自然,边缘微微卷曲,仿若凤凰轻盈的羽毛,灵动而优雅。其色泽更是别具一格,翠绿的底色中,隐隐透着一抹金黄,恰似春日暖阳洒落在翠绿山林间,交相辉映,美不胜收。凭借这般出众的外形与口感,金海白茶在各类茶叶赛事中屡获殊荣,曾两次在武汉茶博会中荣膺金奖,成为茶博会上的璀璨明星。2020年,"金海女儿山白茶"通过国家地理标志证明商标审批,这不仅是对其品质的高度认可,更彰显了其独特的地域属性与深厚的文化底蕴。

当你轻取一小撮金海白茶,放入透明玻璃杯中,注入80 ℃左右的热水,瞬间,茶叶在水中苏醒,上下翻腾舞动,似精灵在水中嬉戏。须臾,茶汤逐渐变得翠绿鲜嫩,澄澈明亮,轻嗅,一股清新淡雅的香气扑鼻而来,那是大自然馈赠的纯净气息,裹挟着淡淡的花香与草香,沁人心脾。品上一口,鲜爽的滋味在舌尖散开,仿佛能感受到大自然的慷慨恩赐。它源自高山茶园,远离城市喧嚣与污染,全程遵循绿色有机种植标准,每一口都能滋养身心,成为开启美好一天的理想之选。品味金海白茶,不仅能让生活增添一份健康保障,更能在忙碌的日常中,为宾客带来片刻宁静与愉悦心情。

近年来,金海管理区凭借敏锐的市场洞察力与前瞻性的发展眼光,充分发挥白茶产业的强大带动作用,积极推动第一、第二、第三产业深度融合发展。曾经以煤炭开采闻名、拥有百年历史的"煤海",在白茶产业的蓬勃发展下,重焕盎然生机。当地政府大力扶持白茶种植户,提供技术指导与资金支持,鼓励规模化种植。目前,全区白茶种植面积较大,漫山遍野的白茶树郁郁葱葱,宛如一片绿色的海洋。园区内建设了现代化的茶叶加工厂,从采摘、晾晒、炒制到包装,每一道工序都严格把控,确保茶叶品质。金海白茶产业园不仅成为湖北省单体规模最大的白化茶种植基地,还吸引了众多游客前来参观体验,带动了当地旅游业的发展。茶旅融合,让游客既能欣赏到美丽的茶园风光,又能亲手参与茶叶采摘与制作,深入了解茶文化。在2023年,金海白茶产量逼近30万斤,实现产值过亿元,产品畅销全国各地,甚至远销海外,在推动当地经济发展与产业转型方面发挥着不可替代的关键作用。

六、灵溪牛肉酱

灵溪牛肉酱,作为黄石大冶精心打造的调味品,在调味酱领域独树一帜。它以安全放心、口感卓越的显著特点,赢得了男女老少的一致喜爱。当你品尝灵溪牛肉酱,便能感受到那令人陶醉的鲜嫩弹滑口感,每一口都充满了浓郁的滋味。

这款牛肉酱之所以能够脱颖而出,其独特的配方功不可没。在它的配方里,精选牛肉为其奠定了扎实的风味基础,鲜嫩的牛肉粒饱含着浓郁的肉香。而香菇的加入,为酱料增添了一抹清新的菌香,丰富了口感层次。再搭配上芝麻和花生碎,它们的香脆与牛肉、香菇相互交融,使得灵溪牛肉酱的味道鲜香可口,达到了完美的味觉平衡。无论是拌入热气腾腾的米饭中,让每一粒米饭都裹满鲜香,还是与爽滑的粉面搭配,瞬间提升粉面的风味,灵溪牛肉酱都能成为餐桌上的点睛之笔,为美食增添不少诱人的魅力。

自进入市场以来,灵溪牛肉酱便广受好评。在试吃阶段,它就凭借自身的实力收获了大量消费者的赞誉。其独特的配方和严格挑选的用料,确保了味道的正宗纯粹,且不添加任何多余的不良成分,让消费者吃得安心、吃得健康。这份对品质的执着追求,使得灵溪牛肉酱在竞争激烈的市场中脱颖而出。

值得一提的是,灵溪牛肉酱对于代理商的选择也极为严谨。厂家要求代理商必须具备良好的商业信誉,秉持先进的经营理念,并拥有出色的市场开拓能力。这不仅是对品牌形象的维护,更是为了确保产品能够在市场上得到更好的推广与发展。同时,厂家也为代理商提供了全方位的支持。严格的区域保护政策,让每个代理商都能在专属区域内安心经营,避免了不必要的市场竞争;价格保护机制保证了市场价格的稳定,维护了各方的利益;厂家还会提供专业的人员支持,帮助代理商解决在销售过程中遇到的各种问题;定期举办的促销活动,更是为产品的销售注入了强大动力,助力代理商打开市场,提升销量。

灵溪牛肉酱在制作工艺上精益求精。精选上等牛肉,搭配经过精心研制的秘制酱料,历经漫长时间的耐心熬煮。在这一过程中,各种食材的味道相互渗透、融合,最终成就了浓郁醇香的独特风味。

七、金柯辣椒

在湖北省黄石市,有一个名为金柯村的小村落,它隐匿于山水之间,位置偏远,自然资源匮乏,长久以来,村民们遵循着传统农耕模式,过着"面朝黄土背朝天"的质朴生活。然而,这里却孕育出一种声名远扬的特色农作物——金柯辣椒,它不仅是"黄石八珍"之一,更是黄石极具代表性的特产,凭借独特的酸辣可口风味,在广大消费者心中占据了一席之地。

金柯村地处大冶市刘仁八镇,其辣椒多种植在海拔740米的山地上,得天独厚的地理环境赋予了辣椒别样的风味。每年4月,播种季来临,村民们秉持着对品质的坚守,播种前会先进行除虫害,以保证土质。在辣椒的生长过程中,无论遭遇旱涝,村民们始终精心管理,确保辣椒的绿色天然。到了辣椒逐渐成熟时,果实变硬,颜色由绿转红,此时村民们便开启采摘工作,采摘后的空地则会改种油菜,合理利用土地资源。

回溯金柯辣椒的发展历程,20世纪90年代初是关键的转折点。彼时,一位外地领导到访金柯村,村民们以当地自产的小而尖的辣椒热情招待。这种辣椒口感独特,微酸中带着恰到好处的辣味,香脆可口,瞬间征服了领导的味蕾,领导对其赞不绝口,并建议村子大力发展辣椒产业。金柯村的负责人深受启发,意识到自家辣椒的独特魅力与潜在价值。自此,金柯辣椒的种植面积逐年扩大,开启了产业化发展的征程。

随着市场的发展,金柯村的村民们愈发精明。他们不再满足于单纯售卖辣椒原品,而是积极探索深加工之路。村民们将辣椒剪破、去籽、清洗干净后,装入瓶中,加入大蒜、盐等佐料进行腌制。经过十多天的精心腌制,风味独特的腌制辣椒便新鲜出炉,推向市场后大受欢迎。不仅如此,村民们还在品种改良上下足功夫,对种子进行提纯培育。经过不懈努力,辣椒发生了显著变化,外观更加美观诱人,同时皮更薄、肉更多,口感与味道都得到了极大提升。

如今,金柯辣椒的影响力不断扩大,吸引了黄石的一些龙头农产品加工企业慕名而来。这些企业纷纷收购金柯辣椒,进行贴牌加工,再转销至各地,进一步拓宽了金柯辣椒的市场版图。据介绍,从单纯售卖辣椒到销售加工产品,一亩地可为村民增收近1000元。为了提升产品竞争力,实现规模化、标准化发展,村里还成立了专业合作社,村民们以辣椒种植面积和田地入股,实行统一生产、统一加工,主打"金柯牌"进行销售。通过合作社的运作,金柯辣椒产业焕发出新的生机与活力,成为推动金柯村经济发展、带领村民走向富裕的强劲动力。

八、金牛麻花

在美食的缤纷世界里,麻花这一风味小吃广为人知,它在北方被叫作"油绳"。而在黄石大冶,当地百姓俗称其为"绞条"(大冶话读作"搞条")。

所谓"绞条",其制作工艺蕴含着浓郁的民间智慧。人们先将发好的面粉手工搓成小面条,再把几根小面条如同编绳子般精心绞缠,制成大的绞条形状,随后放入油锅里炸制。在热油的淬炼中,绞条逐渐发生奇妙变化,直至自动浮出油面,色泽慢慢转为金黄,这时将其捞出,略加晾放,一道美味的风味小吃便新鲜出炉。

相较于其他小吃,麻花的制作有其独特优势。它用料平常,只需面粉、食油、矾、碱等常见食材;制作过程也不复杂,且成本低廉,对场地要求不高,这使得民间小作坊在各地随处可见。不过,一般人制作的麻花多属于民间普通面粉小食品,虽能在一定程度上满足老少妇孺日常解馋的需求,但在大众认知里难登大雅之堂。金牛麻花却截然不同,它兼具民间大众化与地方名点的双重特质。在古代,长江各大码头以及武汉、长沙等大城市都开设有它的专卖店。其外形制作精美绝伦,不仅有传统的发辫型、剪刀

Note

型,还有令人惊叹的鸳鸯型、燕子尾型。口味上,甜咸兼备,各具独特风味,而且食用方式多样,既可以煮汤、炒菜,还能下火锅。在大冶,民间巧妇们常用金牛麻花烹制"麻花红烧肉""麻花糊面""麻花蛋汤"等家常小菜肴,用以招待亲朋好友,深受大家喜爱。

追溯金牛麻花的历史,早在清末民初,相关文献就记载金牛人在汉口、汉阳、武昌三镇的僻街小巷,开设了数十家金牛麻花店。一些在北京、上海、广州等地做生意的金牛客,以及身处海外的金牛同胞,常常写信回故乡索寄金牛麻花,足见其独特魅力已跨越了地域,深深吸引着游子的心。

金牛麻花拥有脆酥的独特口感,源于其独特的制作工艺。将适量的面粉、食油、矾、碱等混合,加入适量的水充分和匀揉活,出条时洒点食醋,之后依次完成成形、下锅等步骤,每一环紧密相扣。搓条时手法要轻,出锅和下锅时要精准把握火候,油不能太红,还要适时用冷油调节油温。麻花起锅后,需用密封容器存放,防止其软化变质。

20世纪末,金牛镇食品厂为寻找"金牛麻花"合作伙伴对外招商时,曾对其创始人展开探究。根据民间传说(源于当时金牛街老人的口头回忆,并无文字依据),最终认定"金牛麻花"创始人是金牛百年老店"刘福炎麻花店"的老板刘福炎。然而查阅《大冶县志》,几乎找不到任何能佐证这一说法的文字材料,所以,仅凭金牛镇食品厂一家之言,即便刘福炎真实存在,也难以确定他究竟是金牛麻花的创始人,还是仅仅作为经营者、传播者。倒是《大冶县志》第七章在提及大冶的地方食品时,推测金牛麻花很可能始创于清末民初。值得一提的是,《阳新县志》中有一则关于"金牛麻花"的记载,称金牛铺人王癞子王贤珠,在1898年前往阳新油货铺当学徒,成年后独创了"王癞子酥麻花"。

民俗文化工作者深入探究了金牛麻花的传播原因与制作工艺。古代金牛地处五县通衢的交通要道,往来客商如织,商业繁荣昌盛,手工作坊鳞次栉比,民间食品丰富多样,这些客观条件为金牛麻花的诞生提供了肥沃土壤。再加上素有经商才能的"金牛客"遍布五湖四海,金牛麻花一经问世,便搭乘"金牛客"的经商浪潮,流向四面八方,成为传播地方美食文化的一张闪亮名片。

九、珍珠果米酒

珍珠果米酒,作为"黄石八珍"之一,承载着深厚的历史文化底蕴,早在明代便已声名远扬,至今已有500多年的历史。它以优质糯米为核心原料,采用黄石特制的酒曲——风窝酒曲作为发酵剂,通过糖化发酵的精细工艺制作而成。

成熟的原汁米酒呈现出米散汤清的美妙形态,颜色碧绿如玉,蜜香浓郁醇厚,轻抿一口,入口甜美,口感浓而不沾、稀而不流。饮用后,能起到生津暖胃的功效,悠长的回味更是令人难忘。珍珠果米酒富含多种维生素、葡萄糖、氨基酸等营养成分,不仅能够开胃提神,还具有活气养血、滋阴补肾的功效。尤其对于产妇和处于经期的妇女而言,多食用益处多多,是一款老幼皆宜的营养佳品。正因如此,它一直深受黄石广大市民的青睐,成为逢年过节必不可少的馈赠佳品。

珍珠果米酒,其中的珍珠果,学名明列子,是一种名为"罗勒"(又名"兰香""香菜")的植物的成熟果实。其大小如同芝麻,颗粒饱满圆润,在东南亚地区曾一度被视作稀有的中药。将明列子浸泡在开水中,它会迅速吸水膨胀。当被人体摄入后,能有效促进肠道蠕动,助力消化,同时还具备清肠明目以及对食物中诸多有害成分的解毒作用,长期以来一直被用于治疗脑、心脏、肺、肾、膀胱等病症的中药方剂之中。由于明列子具有如此奇妙的特性与特殊的药理作用,因此在米酒、果汁、珍珠奶茶等多种饮品中均有着广泛的应用。融入明列子后的珍珠果米酒,因明列子较轻,在果汁中形成悬浮的颗粒,宛如灵动的珍珠,不仅外观十分美观,还赋予了米酒独特的口感。其口感爽滑,滋味甜中微酸,散发着清新怡人的香气,令人唇齿留香。

制作珍珠果米酒,需遵循精细步骤。首先,将糯米仔细洗净,用水浸泡2小时,随后采用类似蒸馒头的方法,使用蒸锅蒸制40分钟,蒸好后让其完全晾凉。接着,用凉水顺着一个方向搅拌糯米,将其打散,大致按照500克米配一小碗水的比例。之后,把优质的酒曲研磨成粉末状,均匀拌入糯米之中,并将珍珠果也一同放入。完成上述步骤后,将糯米装入容器,在中间挖出一个洞,在洞内以及糯米的表面都撒上酒曲,然后盖上盖子,放置在温暖的地方,温度保持在25—30 ℃最为理想。24小时后可打开查看,若看到洞里有酒液渗出,便基本制作完成。倘若温度不够,发酵所需的时间则需相应延长。

十、玉堍油面

玉堍油面,作为阳新县浮屠镇玉堍村的传统美食瑰宝,承载着悠悠岁月的痕迹与深厚的文化底蕴。其制作技艺源远流长,是浮屠镇数百年来凭借口传心授、代代相继的民间手工技艺,在鄂赣边区久负盛名。2011年,玉堍油面制作技艺被列入第三批省级非物质文化遗产,成为地域文化传承的重要标志。

明朝时期,李氏家族落业于浮屠镇玉堍村,彼时便有人投身油面制作,历经400多年的风雨洗礼,这门工艺在岁月的长河中不断沉淀、传承与发展,逐步形成了一套完备且精细的工艺流程。其工序涵盖和面、割面、搓条、盘(条)面、上筷、拉面、晾晒、割面头等多个环节,每一步都饱含着匠人们的心血与智慧。制作原料主要选取面粉、植物油(包括菜油、豆油、花生油等)以及食盐,简单纯粹却能碰撞出奇妙的美味。而油面架、竹筷、面板、面盆、油面槽、面凳、面刀等,则构成了制作过程中的主要工具,它们相互配合,助力玉堍油面从平凡食材蜕变为美味佳肴。

值得一提的是,玉堍油面坚守纯手工制作的传统,无添加剂,也无任何污染,是货真价实的绿色食品。其口感独特,食用时甚至不用添加任何佐料,便能让食客品尝到最本真的美味。正因如此,玉堍油面在当地的各类重要场合都扮演着不可或缺的角色。每逢老人做寿、婴儿出生、小孩做周岁、婚嫁等喜庆时刻,特别是春节期间,人们都会端上玉堍油面,用以款待亲戚朋友,传递浓浓的情谊。不仅如此,手工油面还是馈赠亲友的上乘之选,承载着满满的祝福与心意。

曾经,手工油面制作多以单家独户的形式进行,主要在家族内部传承。为了更好地传承和保护这一珍贵的传统制作技艺,2011年,玉堍村积极行动,组建了玉堍油面专业合作社,并成功注册"玉堍油面"商标。这一举措不仅为玉堍油面的发展注入了新的活力,还吸引了越来越多的年轻人投身油面加工行业。如今,玉堍油面已然成为玉堍村的经济支柱产业,在推动当地经济发展的同时,也让这门古老的技艺得以在新时代绽放出更加绚烂的光彩。

任务二　鉴赏黄石特色旅游纪念品

任务导入

　　2024年5月,"奋进新时代 美丽追梦人"活动暨残疾女性文创作品展在北京故宫博物院启动,来自全国28个"美丽工坊"残疾女性创作的100余件(套)刺绣、编织、陶艺等精美作品展出。阳新县国家级非遗"阳新布贴"作为湖北省"美丽工坊"就业创业代表项目参展。

　　为做好国家级非遗"民间绣活"——阳新布贴的保护传承和开发利用,阳新布贴项目保护单位县文化馆与湖北鸿运工艺品股份有限公司合作,以"传习所＋公司＋农户"的经营模式成立了"阳新布贴非遗扶贫就业工坊",助力残疾人士和贫困人口脱贫,实现特殊人群再就业,发挥非遗在乡村振兴中的重要作用。

　　"美丽工坊"是由中国残联、全国妇联、人力资源社会保障部、文化和旅游部、国家乡村振兴局联合发起的促进残疾妇女就业增收的重要项目,旨在通过选拔和扶持一批适宜残疾妇女就近就便或居家就业的手工制作企业或机构,帮助更多残疾妇女通过劳动实现就业梦想。

　　黄石土生土长的地陪导游"石头",将接待一批朝气蓬勃的大学新生旅游团,为了更好地传承和弘扬黄石的地方文化,让更多有理想、有创造力的年轻人加入文创行列,如果你是导游"石头",你应当怎样巧妙地结合国家乡村振兴的政策以及黄石丰富的旅游资源,向游客进行生动且富有吸引力的推介呢?

任务探究

　　旅游纪念品在旅游业中占据着举足轻重的地位,是旅游体验不可或缺的关键一环。当旅游者驻足观赏并欣然购买旅游纪念品时,这一行为不仅为旅程增添别样色彩,更承载着深刻意义。精美的旅游纪念品宛如时光胶囊,能精准唤起旅游者对往昔旅途的美好回忆,成为分享快乐、传递情感的独特载体,让更多的人得以感受其旅行中的愉悦。同时,它更是地方文化的生动注脚,高度概括地方文化内涵,精准反映地域特色,持续宣传旅游目的地的独特形象。

黄石,这座历史悠久、底蕴深厚的城市,坐拥丰富的工业遗产与别具一格的地域文化。为深度挖掘与整合本土资源,推动文旅产业蓬勃发展,黄石市文旅集团精心打造了"黄石有礼"文创IP这一极具代表性的城市品牌名片。该系列产品巧妙地融合黄石地区优质的产业资源与独特的人文资源,将黄石的魅力凝于一件件文创作品之中。

2020年矿博会期间,"黄石有礼"文创IP大放异彩,吸引众多目光。黄石矿博园2号馆内展出的伴手礼,涵盖艺术精品、文创产品、土特产、珍贵矿晶等,品类丰富多样,令游客沉浸其中、流连忘返。不仅如此,在上海举办的第三届中国国际进口博览会上,"黄石有礼"文创产品更是登上国际舞台,向全球展示了黄石独特的矿冶文化特色,淋漓尽致地彰显出黄石的城市人文精神,让黄石的独特魅力在世界范围内得以传播。

一、大冶刺绣

大冶刺绣,作为一项在鄂东南部分地区流传千年的传统民间技艺,以其精巧细腻的绣工、工整娟秀的图案和清新高雅的色彩,于2013年被批准为湖北省级非物质文化遗产。它是勤劳智慧的大冶劳动人民在漫长的人类文明发展历程中,精心雕琢出的具有荆楚文化特色的民间工艺瑰宝。

在当今传统手工艺逐渐式微的大环境下,大冶刺绣却凭借着一群绣娘的执着坚守与严谨的匠人精神,在岁月长河中熠熠生辉。她们以一针一线为画笔,不断追求刺绣艺术的理想境界,让这门古老的手工技艺焕发出新的活力与光彩。

刘小红,作为大冶刺绣的代表性传承人,自12岁起便跟随奶奶研习刺绣。多年来,她凭借深厚的技艺功底与不断创新的精神,独创出数种独特针法,使得绣品更加立体、逼真、生动。她巧妙地将古典与现代、中式与西式元素融会贯通,成功将大冶刺绣推向了新的艺术高度。其绣品《星云之梦》更是成就非凡,曾搭载神舟十一号遨游太空,这是中国首次将非遗刺绣作品镶嵌于太空舱,在浩瀚宇宙中向全世界展示了中国非遗的独特魅力,让大冶刺绣这张文化名片闪耀全球。

二、黄石孔雀石

孔雀石,古称"绿青""石绿",有着多样的用途。放射状的孔雀石可以作为天然颜料,其颜色鲜亮且久不褪色;皮壳状的则能当作观赏石,或用于琢制工艺品。

孔雀石在世界各地都有着独特的文化意义。早在4000年前,古埃及人就开采了苏伊士和西奈之间的矿山,将孔雀石作为儿童的护身符,用以驱除邪恶的灵魂。在德国,人们认为佩戴孔雀石能够避免死亡威胁。而在中国,早在公元前13世纪的殷代,就已经出现了孔雀石石簪工艺品。

大冶铜绿山地区是国内极为著名的孔雀石产地,所产孔雀石以质地优良、颜色鲜艳而闻名遐迩。这里产出的孔雀石大多呈豆状、皮壳状,颜色为深绿色或墨绿色,质地坚韧厚重。经过抛光后,会呈现出水波花纹,绿莹莹的仿若半透明,部分还会出现猫眼现象。那些浑然天成且无破损的孔雀石,质地润泽,光洁如同绿玉,石上一圈圈绿色的花纹,显得清俊、雅洁。以孔雀石为原料,能够加工制作串珠、手链、佛珠、耳钉、项链等各类装饰品,是旅游购物的热门之选。用孔雀石雕琢而成的工艺品,精美程度可与翡翠、玛瑙制品相媲美。

孔雀石有着极高的价值。光洁的孔雀石,作为一种"宝石"和"玉石",丝毫不比名贵的"祖母绿"逊色。孔雀石制成的首饰,由于含有人体不可或缺的微量元素铜,更被赋予了"陨玉粉治病,佩玉饰避邪"的功效。明朝李时珍在《本草纲目》中就记载了铜矿石入药。此外,孔雀石研成粉末,是一种优质的天然颜料。1981年,在修复意大利著名画家波提切利的名画《春》时,人们发现画上的绿色历经500年后都未变色,经化验得知,画家采用的正是研磨碎的孔雀石。

三、阳新布贴

阳新布贴作为湖北地区一项极具特色且带有浓厚楚文化烙印的区域性非遗项目,在中国传统布艺领域独树一帜。它以独特的艺术语言和美学趣味,展现出阳新人民非凡的创造能力。其艺术造型别致新颖,形式构思奇妙精巧,蕴含着深厚的文化底蕴。阳新布贴的外形既自由浪漫又色彩艳丽,还富含寓意,凭借其极高的艺术和文化价值,被赞誉为"神奇的东方特有艺术品"。

这一独特的布贴艺术,是由当地农村妇女利用缝衣时裁剪下来的边角布料制作而成,通常以黑色或深蓝色布料为底,精心拼贴各种色彩鲜艳、风格自由浪漫的图案(见图6-1)。这些图案广泛应用于衣服、鞋帽、披肩等各类穿戴物的装饰,为平凡的衣物增添了独特魅力。

在2023年5月19日第13个"中国旅游日"活动期间,阳新布贴的《香佩系列》成功入选文旅部"中国礼物"名单。该系列作品由阳新布贴省级代表性传承人胡芳及阳新布贴传习所的绣娘们共同创作完成。《香佩系列》巧妙地将传统技艺与现代元素相结合,其设计灵感取材于自然淳朴的传统布贴纹样,主要运用阳新布贴的传统技艺,如绕边缝饰、"撒花"等手法。布贴纹样不仅美观漂亮,还寓意吉祥,像蝴蝶、鱼、笔、如意、老虎等图案,都被赋予了特殊含义。例如,蝴蝶的"蝴"谐音"福",寓意幸福;"鱼"象征"年年有余";笔与如意组合寓意"必定如意";老虎则代表"虎虎生威"。

《香佩系列》不仅具有装饰性,还具备实用价值。它既可以作为车挂,为车辆增添一份独特的文化气息,也能直接佩戴在身上,彰显个人品味。香囊内部还能填充各种

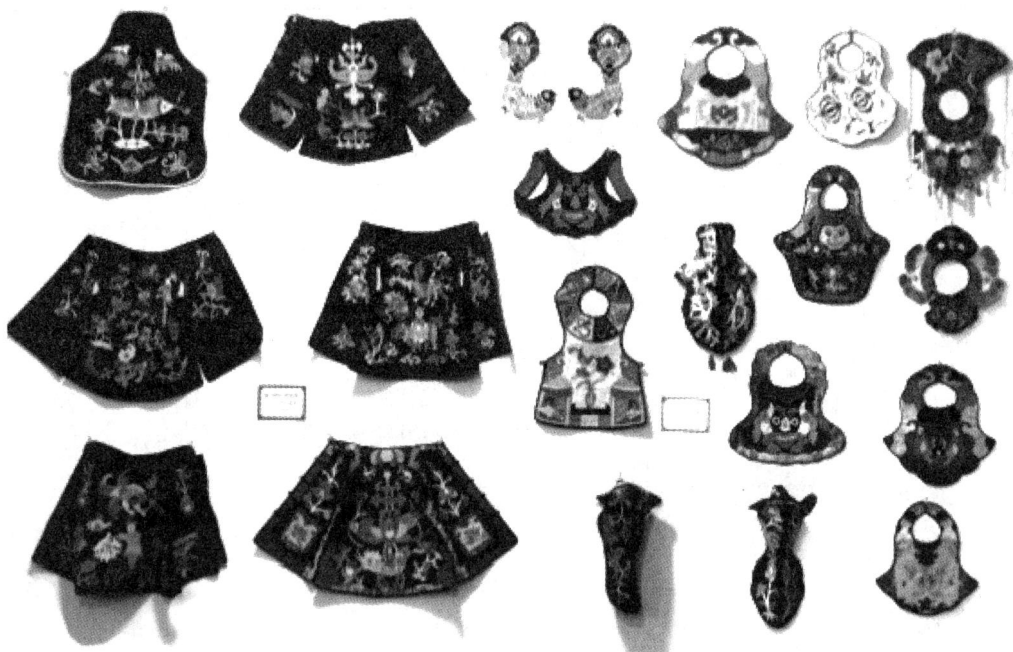

图6-1　阳新布贴

（来源：阳新县人民政府网，阳新布贴）

中草药材，如有助于睡眠的薰衣草、能让人心情愉悦的玫瑰、具有驱蚊功效的艾草等，非常适合作为礼物馈赠亲朋好友，传递美好祝福。

此外，阳新布贴还积极拓展应用领域，设计出许多其他生活日用品系列，涵盖布包、布鞋、布兜、背心、头饰装饰品等，让这一古老的非遗技艺深度融入现代生活，绽放出更加绚烂的光彩。

项目考核

导游讲解评价表

			评价项目与内容	分值	实得分
操作内容	礼仪礼貌（5分）		衣着打扮端庄整齐，言行举止大方得体，符合导游人员礼仪礼貌规范	5分	
	迎接游客（5分）		佩戴导游证，在景区（点）入口处、车站等显要位置候并主动确认游客，清点人数，提醒相关事项，带领游客进入景区	5分	
	景点讲解（80分）	致欢迎词	"五语"；真诚、热情、大方开朗、幽默自然	5分	
		语言技巧	基本语言发音优美，语速得当	6分	
			讲解有深度，重点突出，层次分明	15分	

他山之石
▼

从购买商品到体验旅游目的地生活 购物游越来越有文化味儿

慎思笃行
▼

"小"文创撬动"大"经济，文创蕴藏的潜力有多大？

Note

续表

评价项目与内容			分值	实得分
操作内容	景点讲解（80分）	**语言技巧** 信息发布清晰、准确，具有规范性	10分	
		安全提示清晰、准确，亲切热情，提示委婉，富有情感	5分	
		融洽游客关系，态度真诚，耐心风趣，尊重理解游客	5分	
		服务技巧 熟悉并能正确运用服务规范	7分	
		掌握导游服务技能，导游服务程序正确完整	10分	
		思维反应敏捷，情绪控制稳定	5分	
		考虑问题周到，具有及时处理突发事件和特殊情况的能力	7分	
		致欢送词 "五语"；真诚、感激、自然	5分	
	总结工作（10分）	物品归还、工作总结	10分	
评语				
总分				

在线答题

▼

项目六

项目拓展

项目任务

任务1：以小组为单位，探讨黄石特产推介对于当地经济发展和文化传承的重要意义。

任务2：分组合作，以黄石的一种特色旅游纪念品为主题，设计一份详细的导游词。要求导游词涵盖该旅游纪念品的特色亮点、文化内涵、相关历史背景等内容，并结合实际导游带团场景，思考如何在讲解过程中与游客进行有效互动，以展示黄石的文化特色。

任务3：以小组为单位，深入研究黄石文创产业发展现状，制作一个黄石文创产品宣传短视频，要求自拟标题，突出主题，最后在班级内进行展示与交流。

Note

项目七
非遗黄石

项目导读

　　黄石的传统艺术文化熠熠生辉。阳新采茶戏与阳新布贴恰似璀璨星辰：前者源于百姓劳作，音乐丰富、表演行当齐全、唱腔韵味独特，诸多经典剧目见证其传承，是鄂东南的文化瑰宝；后者为民间实用美术，吉祥图案承载美好向往，荆楚文化特征尽显。"西塞神舟会"作为端午祭祀祈福盛事，融合多元民俗，仪式严谨神秘，地域特色鲜明且传承千年。富池三月三庙会以纪念甘宁为核心，历史悠久，集多种功能于一体，辐射周边，活动丰富。大冶尹解元石雕技艺，源于唐朝，工艺精湛，风格独特，实用与艺术完美融合，诸多佳作彰显其魅力。阳新折子粉制作技艺已有300多年历史，选米精良、发酵独特、晾晒巧思，以本土早稻米为材料，工序精细完整，是饮食文化与民俗文化交融的典范，在当地及鄂赣边区久负盛名。这些非遗项目共同构成黄石独特的文化画卷，展现深厚底蕴与无限魅力，等待着人们去深入领略与品味。本项目主要学习黄石的传统艺术文化、传统民俗文化和传统技艺文化。

学习目标

【知识目标】

　　1. 了解黄石传统艺术文化、传统民俗文化、传统技艺文化的种类。

　　2. 熟悉黄石传统艺术文化、传统民俗文化、传统技艺文化的产生和历史发展。

　　3. 掌握黄石传统艺术文化、传统民俗文化、传统技艺文化的主要特征、作品和活动。

【能力目标】

　　1. 能够为游客介绍黄石传统艺术文化、传统民俗文化、传统技艺文化的主要特色。

　　2. 能够鉴赏黄石传统艺术文化和传统技艺文化的作品。

【素养目标】

　　1. 具备传承传统艺术文化、传统民俗文化、传统技艺文化的意识。

2.具备弘扬地方特色传统文化的意识。

3.具备传统文化的审美意识。

思维导图

```
                          ┌─ 鉴赏黄石传统艺术文化 ─┬─ 国家级非物质文化遗产——阳新采茶戏
                          │                        └─ 国家级非物质文化遗产——阳新布贴
                          │
    非遗黄石 ─────────────┼─ 体验黄石传统民俗文化 ─┬─ 国家级非物质文化遗产——西塞神舟会
                          │                        └─ 省级非物质文化遗产——富池三月三庙会
                          │
                          └─ 体验黄石传统技艺文化 ─┬─ 国家级非物质文化遗产——大冶尹解元石雕技艺
                                                   └─ 省级非物质文化遗产——阳新折子粉制作技艺
```

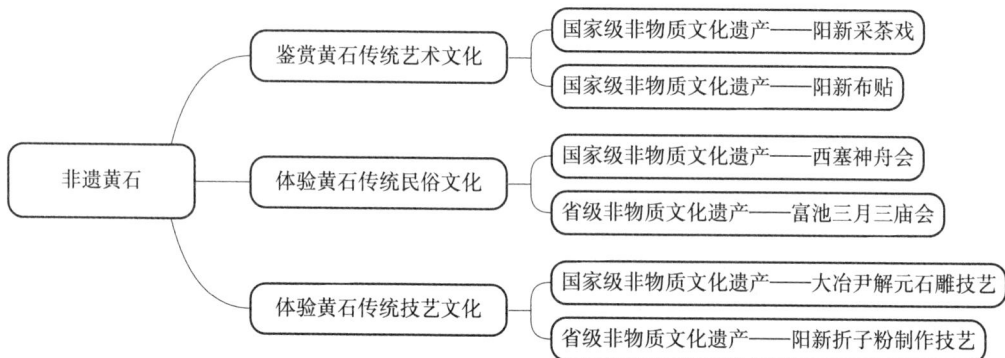

任务一　鉴赏黄石传统艺术文化

任务导入

　　在黄石,有两种传统艺术如璀璨星辰,闪耀着独特光芒,那便是国家级非物质文化遗产——阳新采茶戏和阳新布贴。阳新采茶戏宛如灵动的民间精灵,它诞生于百姓的日常生活与劳作之中。往昔,田间地头就是它的舞台,演员们用质朴的嗓音唱出喜怒哀乐,简单的故事里饱含着生活的酸甜苦辣,那是劳动人民情感的真实寄托。而阳新布贴,则似一幅幅精美的生活画卷。心灵手巧的民间艺人将碎布巧妙剪裁、拼接,绣上花鸟鱼虫、神话传说,每一幅都凝聚着对美好生活的向往,是民俗文化与手工技艺的完美融合。

　　假设你是导游"石头",面对来自五湖四海的游客,你将如何让他们感受到阳新采茶戏和阳新布贴的迷人之处呢?

任务探究

　　黄石市在非物质文化遗产保护方面已构建起较为完善的体系,截至2025年1月,拥有人类非物质文化遗产代表性项目1项(西塞神舟会),国家级非物质文化遗产代表性项目5项、省级非物质文化遗产代表性项目21项、市级非物质文化遗产代表性项目46项,涵盖了多种特色技艺与文化表现形式。其传承人群体不断壮大,有国家级非遗代表性传承人1人、省级非遗代表性传承人14人、市级非遗代表性传承人70人。全市及下属县(市)区均设有非遗保护机构并配备专职人员;通过多种保护措施与活动,包括运用多种手段记录研究、培养人才支持传承、文艺创作与产品开发、积极开展国内外宣传交流以及推动文旅融合举办丰富惠民活动等,全方位促进非物质文化遗产的保护、传承与发展,提升其文化影响力与社会知名度。

一、国家级非物质文化遗产——阳新采茶戏

(一)基本概述

采茶戏,属于传统戏剧类别,入选第一批国家级非物质文化遗产代表性项目名录。阳新采茶戏传承保护中心承担着重要使命,积极推动该戏种的传承与发展。其中,费丽君作为杰出代表,被认定为省级非遗代表性传承人,以其卓越的技艺和不懈的努力为阳新采茶戏的延续贡献力量;而白英在2018年成为省级非遗代表性传承人。费丽君、白英等在不同时期接力传承,共同守护着阳新采茶戏这一珍贵的文化瑰宝,让其独特的艺术韵味在岁月中得以传承、弘扬与创新,展现出阳新地区浓郁的文化特色与深厚的历史底蕴。

阳新采茶戏是流行于湖北阳新县域的传统戏曲剧种,其音乐由正腔(涵盖北腔、汉腔、叹腔、四平,属板腔结构且曲调优美、可塑性大,板式变化多,规格严谨,应用广泛,表现力强)、彩腔以及击乐构成,诸多当地传统民间灯歌、山歌等皆是其音乐创作素材。阳新采茶戏以戏剧表演展现劳动人民的喜怒哀乐、民生疾苦与生活情趣、婚姻爱情等人文风尚,2008年被列入国家级非物质文化遗产代表性项目名录,被誉为"盛开在鄂东南地区一支独放的山茶花",是阳新县知名文化品牌,有着不可替代的文化价值。

(二)发展历程

明清时期,受长江水路与鄂赣陆路传播的剧种影响,阳新采茶戏开始孕育。至清道光年间,已发展成为独具风格、行当齐全的地方剧种。清末民初,阳新采茶戏在阳新籍汉剧大师朱洪寿带动及汉剧影响下,形成近代形式并向外传播。阳新富河以南地区盛产茶叶,宋代已是贡茶产区,采茶劳作催生采茶歌。清康熙年间,阳新经济繁荣,茶文化兴起,诸多民间艺术形式涌现,正月十五"玩花灯"兴起,融合采茶歌、田间锣鼓与民间小调的"花灯调"成为阳新采茶戏的早期雏形。后黄梅采茶戏传入,与花灯调结合,经数代民间艺人努力发展,清朝中期搬上戏台,民间留存众多晚清古戏台及相关"花灯戏"作品。1965年,经湖北省音乐学院专家组系统挖掘、整理并增入丝弦伴奏,正式确定"阳新采茶戏"剧种,阳新县挂牌成立湖北省唯一的专业采茶戏剧团,流传于湖

北通山、阳新富河以南及赣北部分地区,民间有"三十二大本,七十二小曲"之说。

（三）主要特征

1. 表演行当

表演行当分生、旦、净、丑,角色分工明确,各有其表演规范与特色,能够生动演绎各类故事与人物形象。

2. 音乐体系

音乐体系属打锣腔系中的板式变化体,结构严谨且富有变化。主要由正腔类、彩腔类、击乐类构成,正腔类包含北腔、叹腔、汉腔、四平四大声腔,可塑性强,板式丰富,应用广泛,可以根据不同情节与情感表达需求灵活运用。

3. 演唱润腔

阳新采茶戏常用倚音、颤音和滑音,赋予唱腔柔美的个性与浓郁的地方特色,使音乐更具感染力与辨识度。主腔传统板式有平板、二流平板、火工、散板等,遵循顶板起唱、板起板落的板眼规律,节奏把握精准。

4. 乐器构成

传统乐器有大框锣、低音钹、马锣、小锣、堂鼓、牙板、大竹筒或木鱼等,分工明确。县专业剧团成立后,增设以高胡为主奏乐器的小型民乐队,包含茶胡、月琴或琵琶、二胡等弦乐器,以及板鼓、京锣、高音钹、小帅锣、云锣、小钹、水钹、碰铃等打击乐器,不同音色乐器依情节需要使用,茶胡为自制特色乐器,丰富的乐器组合为音乐表现力增色不少。

（四）主要作品

阳新采茶戏有传统剧目100余个。阳新县采茶戏剧团成立以来,排演了大批优秀剧目,其中《闯王杀亲》《张无奈拾印》《三姑出宫》《山中一片云》《载梦的小船》等,都先后获得省级汇演各项大奖。同时,涌现出了一批国家级的编剧、作曲、导演、演员等优秀人才,其中包括国家一级编剧俞畅识、国家一级作曲和采茶戏非物质文化遗产代表性传承人李家高、二级导演邢庭来、二级作曲肖新耀,以及二级演员向东桂、崔小牛、柯春莲、程国华、白英、费丽君、万幸福等,这批知名演员深受当地群众喜爱。多年来,专业文艺工作者在继承传统基础上,不断改革创新,使这株根植于鄂东南山区的"山茶花"开放得更加绚丽多彩。

二、国家级非物质文化遗产——阳新布贴

（一）基本概述

阳新布贴隶属传统美术范畴,于2008年被评为国家级非物质文化遗产,阳新县文

化馆承担着对其保护的重任。在传承人的队伍里，蔡月娥在2014年获评为省级代表性传承人，2018年被评为国家级非遗代表性传承人，她以精湛技艺和深厚情怀，为阳新布贴的传承倾心尽力。胡芳则在2022年成为第六批省级非遗代表性传承人，接力守护这一古老技艺。

阳新布贴是阳新县具有地方特色的传统民间实用工艺美术品。从童装到童用童玩，从婚嫁实用到妇女家用，以及庙堂蒲团、吊幡等都可以见到它的身影，阳新布贴是艺术和实用相融合的乡土美术精品，是劳动妇女勤劳聪慧的独特创造。

（二）发展历程

阳新布贴的起源和沿革已无任何文字可考。其实物与日常实用密不可分，而实用的新旧更替之故，传之久远的布制物不可得。如果从其呈现的多为吉祥图案来看，其源于清代；若从实物所体现的楚文化风格来看，显然远不止这个时间。阳新建县早在公元前201年，周属楚地，阳新布贴凸显的楚文化风格，其渊源虽无法稽考，据推测应是一种相当久远的民间传承。

（三）主要特征

阳新布贴经过历代艺人的传承和发展，形成了以下一些基本特征。

一是依存民俗性。它与民间习俗紧密相连，深度融入民众生活的重要节点。在小孩满月之际，亲朋好友遵循传统，纷纷以精美的布贴馋兜、保暖的马甲、舒适的童枕作为饱含祝福的贺礼相赠，这些布贴物件承载着对新生儿健康成长的祈愿；而婚嫁之时，新房更是少不了布贴飘带的装饰，它们为喜庆的氛围增添一抹浓郁的传统韵味，成为民俗仪式中传递美好情感的关键元素。

二为吉祥寓意性。阳新布贴的实物童装童玩，背后蕴含着深沉的母爱，母亲将对孩子的呵护与期许通过一针一线缝入其中。也正因如此，阳新布贴催生出独特且寓意满满的图案体系，无论是象征吉祥如意的花鸟鱼虫，还是寓意福寿安康的传统纹样，都寄托着人们对美好生活的向往，每一处图案皆为幸福的注脚。

三属色彩造型独特性。其在色彩运用上大胆且别具一格，底布常选用深沉的黑色或深蓝色，仿若深邃夜空为底，贴花则以原色和极色（白与黑）醒目点缀，二者相互映衬，恰似黑漆点金般夺目，形成强烈的视觉反差，极具艺术张力。造型方面更是突破常规，摆脱形式的束缚，创作者的想象力在布贴上自由驰骋，组合构图全然不受时空限制，天上繁星、人间烟火、灵动山禽、嬉戏水族，各类元素皆能随心汇聚于方寸之间，尽显原始稚拙又浪漫遐想的风情，仿若开启一场奇幻的艺术之旅。

四显做工精致性。阳新布贴在工艺上尽显巧思：一方面，运用大色块布抓住观者眼球，以强烈的视觉冲击力先声夺人；另一方面，巧妙融合刺绣工艺，凭借丰富多样的刺绣纹样，巧妙弥补大块贴布的单调与粗粝感，让画面层次更为丰富。再者，针线做工精细入微，"遇折回转"的处理使得线条流畅自然，绕边的细密缝制仿若为作品镶上精致边框，处处彰显匠人精神，展现出精湛的手工技艺。

Note

五有实用功能性。它扎根于生活,实用性极强,尤其在孩童服饰领域大放异彩。在物资相对匮乏的贫瘠山区,劳动妇女发挥智慧,充分利用布头布角,以细密叠缝的方式制作布贴服饰,既做到物尽其用,展现勤俭风尚,又使服饰相较于普通款式更加耐穿、保暖,为孩童抵御风寒,成为生活中的贴心呵护。

阳新布贴全方位呈现出浓郁的楚文化风格,它宛如一面镜子,折射出这一地区深厚的历史底蕴与民俗风情。无论是探究其作为楚文化分支的演变轨迹,还是剖析楚风在此地的沉淀成因,都具有不可估量的研究价值,为传承地域文化留下了浓墨重彩的一笔。

（四）主要作品

阳新布贴的图案内容一般都为传统的吉祥图案。如观音坐莲、七仙舞蹈、状元拜塔、双龙戏珠、凤戏牡丹、狮子盘球、鲤鱼拉莲、喜鹊啄梅、蝶戏金瓜、梅呈五福、桃榴茶兰以及八宝、八卦、双钱、骰子、长命锁和福禄寿喜等文字与字符。

他山之石
▼

龙飞凤舞戏非遗,山茶怒放春意浓

任务二　体验黄石传统民俗文化

任务导入

黄石这座城市有着深厚的历史积淀,从而孕育出"西塞神舟会"、富池三月三庙会等极具特色的民俗活动。"西塞神舟会"中,精心打造的神舟满载着人们对风调雨顺、祛病消灾的美好祈愿。其盛大的仪式与精彩的表演,每年都能吸引众多关注的目光。富池三月三庙会则是一场热闹非凡的民俗盛会,人们从四面八方齐聚于此,进行祭祀祈福,欣赏民俗活动,品尝特色美食,各类活动令人目不暇接、精彩纷呈。

倘若你是导游"石头",当下正有一批游客满怀着期待来到黄石,急切地渴望深入领略此地的传统民俗文化。那么,你打算如何为他们悉心讲解每一个仪式环节背后所蕴含的深刻寓意,引领他们尽情感受传统民俗活动的精妙独特之处呢？在向游客介绍这些民俗文化之际,你又会运用何种方式,使游客们能够更好地理解并铭记这些别具一格的文化内涵呢？

任务探究

一、国家级非物质文化遗产——西塞神舟会

"西塞神舟会"是极具特色的民俗文化瑰宝,被列入第一批国家级非物质文化遗产

代表性项目名录,以及联合国教科文组织《人类非物质文化遗产代表作名录》,具有非凡的文化价值与独特魅力。黄石市群众艺术馆承担起了对其保护与传承的重任,而贾德生则在2010年作为第二批代表性传承人开始肩负起守护这一珍贵民俗的使命,他们在"西塞神舟会"的传承与发展之路上持续努力,致力于让这一古老民俗在现代社会熠熠生辉,将其蕴含的深厚文化内涵与独特民俗风情传递给一代又一代的人们,使其在岁月长河中绵延不绝,成为连接过去、现在与未来的文化纽带。

"西塞神舟会"是湖北省黄石市西塞山区道士洑村传承了2500多年的大型民俗文化事象,从农历四月初八至五月十八举行民俗表演活动,包括制作神舟、唱大戏、祭祀、巡游、送神舟下水等仪式与表演,是我国民间端午习俗中极具特色的祭祀和祈福活动。

西塞山位于长江中游,古属吴头楚尾。《图经》云:西塞山"山高百六十丈,周三十七里,吴楚分界处也。"宋代朱熹诗咏:"春回楚尾吴头。"其地又处大冶、阳新、浠水、蕲春交界的边缘地带,且左邻鄂州,多种文化习俗交互影响。特殊的地缘,决定其民风民俗不仅具有楚文化的浓郁色彩,而且兼有吴文化的显著特征。西塞山地区旧时社会活动尤多,每年的龙灯会、牡丹会、神舟会、观音会、绅士会、圣帝会、捞江会和放生节吸引四面八方的百姓,热闹非凡。其中,最为典型、影响最广的民俗活动便是神舟会。

明嘉靖《大冶县志》记载:"瘟司庙,在道士洑市,洪武初市人黄政轻等盖造,即本县瘟神庙之所分也。""洪武初"即1370年左右。"瘟司庙"又称"瘟神庙",是供奉民间传说中始于隋唐的道教神祇——瘟神(春瘟张元伯、夏瘟刘元达、秋瘟赵公明、冬瘟钟仕贵、总管中瘟史文业)的场所。这是目前关于道士洑设庙祀瘟神习俗的较早文献记载。

关于神舟会,最完整的记录则出现在清同治年间修编的《大冶县志》中。该方志中收录了清人胡梦发所撰写的《五月十八日龙舟记》一文,其中有一部分对神舟会进行了较为全面的描述。

(一)发展历程

端午节("西塞神舟会")已有2500多年历史,是中国端午节习俗中保留较为古老的民间节祭活动,其具体起源已无法考证。

"西塞神舟会"在中华人民共和国成立前称为"厘头会"。"厘头会"是募集建造"神舟"资金的民间组织。常设有8人负责,每年以其8人为首,率16户轮流主办"神舟会",后来停办了,直至1984年才恢复"西塞神舟会"。由几个老人从扎制一只小船开始,规模逐年扩大,"西塞神舟会"的成员一直保持在40人左右,主要负责的有5人,每年负责组织开展"神舟会"的活动。

(二)主要特征

1. 主题多元性与功利性

"西塞神舟会"主题丰富多样且极具"实用主义诉求"导向,既涵盖消灾、祛病、祈求平安健康、益寿延年等关乎生命个体基本福祉的诉求,又包含求子这一与家族繁衍紧密相连的强烈愿望。这些主题深刻反映出民众在物质生活与精神世界层面对于美好生活全方位的渴望和追求,是他们内心深处最质朴、最真实的精神寄托,承载着人们对生命历程顺遂如意的殷切期盼。

2. 文化融合性与互补性

"西塞神舟会"巧妙地融合了多种民俗元素。挂艾叶、插菖蒲、饮雄黄酒以及采药煎汤沐浴等习俗,皆属于民间传承已久、基于生活实践经验总结而来的预防性保健措施,它们从物质层面为民众的健康保驾护航;而借助"神舟会"形式开展的盛大祈福仪式,则深入民众的精神领域,为一方百姓提供心灵慰藉与情感寄托。二者相辅相成、互为补充,共同构建起"西塞神舟会"丰富而立体的民俗文化内涵,完整地呈现出民间端午节俗的核心价值体系,体现了民众在应对生活挑战时物质与精神两手抓的智慧。

3. 仪式程序性与神秘性

"西塞神舟会"具有严谨且复杂的仪式程序,其中,打平安醮作为一项重要的仪式环节,在特定的时间与空间内有序展开。而在这一过程中衍生出的"偷红鞋"习俗更是具有地方特色。在"神舟会"供奉送子娘娘的后仓里,放置着纸糊小红鞋,不孕妇女趁人不备悄悄"偷"走红鞋并藏于枕头下,寄希望于送子娘娘的庇佑得以生子。倘若心愿达成,次年要到"神舟会"上虔诚还愿,制作一双新红鞋归还"神舟"等,助力神舟会的持续举办。这种神秘的仪式与后续的还愿规则,不仅强化了民众对民俗活动的敬畏之心,更使得整个民俗文化在世代传承中笼罩着一层神圣而庄重的光环,彰显出其民俗仪式在结构与内涵上的完整性和独特魅力。

4. 地域标识性与传承性

"西塞神舟会"作为西塞山区人民群众在长期的生产生活实践中逐步形成并沉淀下来的民俗瑰宝,具有极为鲜明的地方特色,深深烙印着西塞山区独特的地域文化标识。它犹如一部活态的地域文化史书,通过一代又一代民众的口口相传、身体力行,得以在岁月长河中绵延不绝,传承至今。这种传承不仅是民俗活动形式与内容的延续,更是地域文化基因、民众集体记忆以及社区凝聚力的传承与弘扬,成为维系西塞山区民众情感纽带与文化认同的重要精神支柱,在地方文化的多元格局中占据着不可替代的重要地位。

二、省级非物质文化遗产——富池三月三庙会

(一)基本概述

阳新县"富池三月三庙会"是一项历史悠久、底蕴深厚的民俗活动,入选了第三批省级非物质文化遗产。阳新县非物质文化遗产保护中心肩负对其保护、传承与推广的重要使命,致力于让富池三月三庙会这一独特的民俗文化瑰宝在新时代依然能够保持旺盛的生命力,使其中所蕴含的丰富文化内涵、传统民俗仪式以及民众的情感寄托得

以延续和发扬,让更多的人了解并领略到这一民俗活动的独特魅力与价值。

　　富池三月三庙会是每年农历三月初三,在阳新县富池镇举行祭祀吴王甘宁的盛大传统民俗活动,是典型的吴越地区"三月三"修禊踏青遗风。庙会信众来自鄂赣皖毗邻地区。民国时期《阳新县志》记载,北宋时期阳新就有祭拜甘宁的习俗,确定每年三月初三为扫墓祭祀日。清雍正七年(1729年),朝廷为甘宁建造墓茔,有勒碑、刻石、牌坊。民间将对三国时期东吴大将甘宁(俗称"吴王")的祭祀和古老的三月三春踏青风俗融为一体,形成了延续千年的富池三月三庙会。

　　富池三月三庙会是富池地区民间一项特有的祭祀活动。"三月三"那天,五湖四海的人都前来观看,在外的富池人,更是不远万里都要赶回来参加,人山人海,非常热闹。庙会主要包括吴王庙祭拜法事、神像洗濯更衣,以及"吴王""娘娘"游春送福,还有祭扫甘宁墓、普施斋饭、抢彩球、唱大戏等一系列仪式活动。

(二)发展历程

　　富池三月三庙会是沿袭千年的古老习俗。它的形成,与富池人民怀念甘宁的勤政爱民、显灵救难有关。先讲两个传说。

　　传说之一:三国时期,东吴大将甘宁镇守富池口,由于连年战争,百姓的日子过得很艰苦。甘宁立下军令:将士不得糟蹋百姓的庄稼,违者当斩。不料,告示贴出不久,甘宁的饲马官没有看好战马,吃了百姓的庄稼。饲马官向甘宁求情道:"将军,要斩就斩我吧,这是我的过失。畜生无知,不应同等论罪。"甘宁素来爱护将士,也最爱自己的战马,实在舍不得斩杀,但是想到军令如山,还是横下心来,按军法处置了饲马官和战马。

　　传说之二:刘备为报杀弟(关羽)之仇,搬请番王一起进攻东吴,当时甘宁抱病出战。一次,甘宁不幸中了番王的毒箭,从马上跌到河里而亡。当时,番兵纷纷跳到河里,想捞尸首请功领赏,不料,天空中突然飞来千百只乌鸦,扑向番王番兵,驱赶了他们。之后,这千百只乌鸦像一把遮天大伞,护着甘宁尸首一直到富池口的一个小港湾。这天,恰逢富池一个老石匠外出,经过这个小港湾,见到港湾上空乌鸦遮天,便上前察看,认得是甘宁尸首,想起了甘宁对百姓的恩情,于是,流着泪将甘宁身上几支毒箭拔出(如今这里称作"拔箭港"),再让他的两个徒弟抬着甘宁回府,自己先走一步去给甘宁找墓地。不料,老石匠的两个徒弟心术不正,想剥下甘宁的战袍去换银子,刚一动手,这群乌鸦"哇哇"大叫起来,两个徒弟顿时口吐鲜血,一命呜呼了。于是,老石匠召集乡亲们将甘宁埋葬在富池大岭山下,甘宁墓的石门、石墙、石狮和石马,全是老石匠精心雕成的,那群乌鸦也飞到了大岭山,日夜守护着坟墓,从不轻易开口叫,生怕吵醒了甘宁。据说,有一个贪财的人来盗墓,乌鸦一齐叫起来,百姓们跑到甘宁墓前一看,那家伙早就死了。原来这群乌鸦都是甘宁的部下战死以后变的,它们只要开口叫,歹人就会死。所以,当地至今还有"富池的乌鸦不轻易叫"的传说。

从此,人们为了纪念甘宁,就在江边建起了一座庙,每到农历三月三,就自发地在庙前和墓前举行祭祀活动。到唐代,皇上下令修葺寺庙,并改名为"昭勇祠"。宋代,甘宁被册封为吴王,苏东坡亲笔题写了"吴王庙"匾额,后来,陆游又撰写了《祭富池神文》。到元代和明代,更有许多文人墨客到过这里,并撰写诗文,如著名的明"后七子"之一吴国伦就曾经专门写诗题词赞颂甘宁。到了清代,吴王庙已建设得十分宏大壮观。抗日战争时期,吴王庙当时驻扎了一个正规军和一个保安团的兵力,抗击日寇。日寇用飞机炸弹企图炸毁吴王庙,吴王庙竟丝毫未损,人们认为是甘宁的神灵在保佑。遗憾的是此庙后来被毁,现在的吴王庙是由民间集资重建而成。

(三)主要特征

1.历史悠久性

自三国时期建镇起,相关纪念甘宁的活动传承至今已逾千年,历史底蕴极为深厚,见证了漫长岁月中地域文化的持续发展与演变。

2.宗教关联性

庙会风俗与佛教寺院及道教庙观宗教活动密切相关,源起于民间信仰,体现了宗教信仰与民俗文化的相互交融与影响,是民间宗教文化世俗化的重要体现。

3.文化综合性

富池三月三庙会从最初围绕寺庙的香客商品销售,逐步发展成为涵盖民间商贸、社交、娱乐、祭祀等多功能于一体的综合性文化活动,满足了民众在物质交流、人际交往、精神娱乐和信仰诉求等多方面的需求。

4.地域辐射性

富池三月三庙会深受富池当地居民的喜爱,且在周边赣北、鄂东武穴等地区产生辐射影响,成为区域民俗文化交流与传播的重要纽带,彰显其在一定地域范围内的文化影响力与文化凝聚力。

5.纪念主题性

富池三月三庙会以纪念东吴大将甘宁为核心主题,通过神像游街、抛抢绣球、踏春游园等形式展开活动,其中抛彩球更是特色鲜明的纪念与求吉民俗活动,承载着民众对甘宁的崇敬与对美好生活的向往。

6.传承依托性

富池三月三庙会以吴王庙(昭勇祠)、甘宁公园为主要传承基地,这些物质载体为庙会文化的传承与延续提供了重要的空间场所和文化象征,确保了民俗活动在特定地域环境中的稳定传承与发展。

他山之石
▼

实地探访
富池三月
三庙会
(节选)

Note

任务三　体验黄石传统技艺文化

任务导入

　　游客踏入黄石，好似步入历史文化殿堂，大冶尹解元石雕是其中耀眼珍宝。黄石各处，石雕随处可见，它源于民间艺人对石头的热爱探索，其技艺经岁月打磨愈发精湛。工匠视石如宝，以浮雕、圆雕等手法，将石头雕琢成神兽、人物等形象，神兽威凛护佑，人物诉说传说，石雕见证黄石变迁，承载世情回忆。

　　美食是了解地域文化的窗口，阳新折子粉制作技艺是黄石美食文化代表。其流程精细，从选米淘洗、发酵烂米，到磨浆压干、拍坨煮坨，再到碓匀揉坨、装桶上架、沸水压制、煮熟滤水、竹折成型、摊晒包装，十余道工序尽显匠心。制成的折子粉香气诱人，能让人领略阳新饮食文化的魅力。现在，就请跟随导游"石头"，开启黄石传统技艺文化探索之旅吧！

任务探究

一、国家级非物质文化遗产——大冶尹解元石雕技艺

（一）基本概述

　　大冶尹解元石雕技艺，作为一项承载着深厚文化底蕴的传统技艺，被列为国家级非物质文化遗产。湖北尹解元石雕艺术有限公司担当起传承保护的重任，成为该技艺的传承保护单位。尹国安是代表性传承人，在大冶尹解元石雕技艺漫长的传承与发展历程中，尹国安扮演着至关重要的角色，肩负着延续这一珍贵国家级非物质文化遗产的使命。

　　大冶尹解元石雕作为湖北省大冶市保安镇尹解元村独具特色的传统民间石雕艺术，在石雕领域占据着重要地位。它以丰富多样的雕刻工艺著称，将浅浮雕、深浮雕、圆雕、镂空透雕等多种技法巧妙融合，展现出极高的技艺水准。其石雕制作所依赖的工具主要有锤子、凿子、錾子、铞子、尺等，这些工具在艺人手中犹如魔法棒，赋予了石头鲜活的生命力。

大冶尹解元石雕艺人凭借精湛的技艺,制作出了涵盖生产、生活、建筑、装饰、纪念、信仰等广泛领域的石雕品种。生产类包括石碾、石磨、碓臼、石磙等,满足农业生产与日常生活劳作需求;生活类包括石桌、石凳、石椅、石笔筒等,为人们的居家生活增添了艺术气息;建筑类的石沿条、柱底鼓、石桥墩、石栏杆、石门楼等,不仅起到了建筑结构支撑与防护作用,更成为建筑装饰的亮点;装饰类的石牌匾、石兽(狮、虎、龙等)、石禽(凤、鹤、鹅、鸡等)、石人等,精美绝伦,彰显了独特的艺术审美;纪念类的石牌坊、石墓碑等,承载着人们对历史、对先辈的缅怀与纪念;信仰类的石香炉、石神像、"泰山石敢当"等,则反映了当地的宗教信仰与民俗文化内涵。大冶尹解元石雕是湖北地区传统文化的一颗璀璨明珠,承载着深厚的历史文化底蕴,成为现代人探索优秀传统文化的重要窗口。

(二)发展历程

大冶尹解元石雕的发展源远流长,可追溯至唐朝时期。尹氏家族开启了其迁徙之路,最初从甘肃天水迁至江西瑞昌,在数年后又迁移至湖北阳新,而后辗转至大冶石板桥,最终在尹解元村落地生根。尹解元村因第一代尹氏为解元公而得名,自定居于此,尹氏族人便依山采石,开启了石雕技艺的传承之旅。从"国"字辈到"成"字辈,历经20余代传承,石雕技艺在岁月长河中不断沉淀与发展。在明洪武年间,大冶保安尹姓小湾子中一位秀才在乡试中脱颖而出,中了解元,这一事件让村子声名远扬,也使得石雕艺人的作品受到更广泛的关注与赞誉,石雕艺人们创作的艺术作品开始大量留存于方圆几十里的桥梁栏杆、门牌、碑记、窗栏等各处,成为当地建筑与文化景观中不可或缺的一部分。进入现代社会,自1983年起,大冶尹解元石雕艺术迎来了新的发展契机,新一代的石雕艺术后起之秀积极走出家门,将这一古老的艺术推向了省城武汉市,先后为东湖磨山风景区、黄鹤楼、晴川阁、归元寺等众多闻名遐迩的名胜古迹精心制作了一大批具有极高艺术价值的石雕艺术品,让大冶尹解元石雕在更广阔的舞台上绽放光彩。

(三)主要特征

1. 工艺精湛多元

大冶尹解元石雕艺人熟练掌握多种雕刻工艺,在创作过程中能够根据作品的主题、用途以及石材的特性,灵活运用浅浮雕展现画面的层次感与丰富度,深浮雕凸显主体形象的立体感与深度,圆雕塑造独立完整、全方位可观赏的立体造型,镂空透雕则在坚硬的石料上精心雕琢出通透空灵的效果,各工艺之间相互配合、相得益彰,展现出了极高的技艺成熟度与艺术表现力,能够精准地将设计构思转化为精美的石雕作品,满足不同客户与场景的多样化需求。

2. 艺术风格独特

大冶尹解元石雕图案纹饰极具特色,深深扎根于远古神话、民间传说以及当时能工巧匠们丰富的想象力之中。纹样呈现出丰富的变化,时而规整严谨,遵循着一定的对称与韵律美感,时而又突破常规,展现出奔放自由的艺术气质。例如,一些太阳纹、火纹等图案,生动地体现了楚地先辈们对生命的炽爱以及对浪漫自由精神境界的不懈追求;而那些关于祭祀、鬼神的图案,则深刻反映了楚地先辈们热衷于祭祀活动、信奉巫术占卜的独特生活风貌与文化习俗。通过这些图案纹饰,大冶尹解元石雕不仅展现了艺术之美,更传递了特定历史时期与地域的文化内涵,并且随着时代的发展,其纹饰演变也如实记录了不同时期先辈们思想的进步与审美观念的逐步升级,成为时代发展与文化变迁的生动写照。

3. 实用与艺术结合

大冶尹解元石雕在功能上实现了实用性与艺术性的完美融合。一方面,生产类、生活类、建筑类的石雕作品切实满足了人们在农业生产、日常生活起居以及建筑构造等方面的实际需求,如石碾用于谷物加工、石桌石凳供人们休憩使用、石桥墩保障桥梁的稳固等;另一方面,这些石雕作品又无一不具备极高的艺术观赏价值,无论是精美的雕刻工艺、独特的图案设计还是细腻的纹理表现,都使其成为一件件独立的艺术品,装饰着人们的生活环境,提升了生活品质与文化氛围,家家户户都因拥有这些石雕而充满艺术气息,它们既是生活的实用品,又是文化艺术的珍贵载体。

(四)主要作品

1.《渔樵耕读》浮雕

《渔樵耕读》浮雕是清代民间艺人尹光德的杰出创作。作品整体构图严谨规整,画面布局对称均衡,透视关系处理准确恰当,展现出创作者扎实的艺术功底与高超的构图技巧。同时,作品极具装饰趣味,画面中的每一物象都经过精心雕琢,无论是渔夫的蓑衣斗笠、樵夫的砍柴工具,还是耕者的农具、读书人的书卷笔墨,都刻画得细致入微、栩栩如生,仿佛将观者带入了那个宁静祥和的田园生活场景之中,是一件不可多得的精致浮雕佳作,充分体现了大冶石雕在浮雕工艺上的精湛水平。

2.《关帝诗竹》碑

《关帝诗竹》碑创作于1716年,由尹解元村一位号"杜陵二曲居士"的艺人精心打造,专为长安碑林所刻。该碑长约1米、宽约0.5米,主体雕刻为一株竹子,其精细逼真的程度令人叹为观止。竹子的形态挺拔优美,竹叶的排列看似自然随意、毫无雕琢痕迹,仿佛是大自然的鬼斧神工之作,实则蕴含了作者极为独特的匠心与巧妙设计,通过对竹叶疏密、长短、形态的精心布局,不仅展现出竹子的生机与神韵,而且还可能隐藏着某种特定的文化寓意或艺术表达,成为大冶石雕艺术史上的经典之作,见证了当时石雕艺人在艺术创作上的独特追求与卓越成就。

3. 武汉东湖寓言石雕群

武汉东湖寓言石雕群包括《曾子不说谎》《盲人摸象》《猎人争雁》《射手和卖油郎》等作品。这组石雕由湖北美术学院教授刘政德先生设计,经尹解元石雕艺人之手制作而成。其造型极为生动逼真,通过细腻的雕刻手法,艺术地再现了几个诙谐且富有深刻寓意的故事场景。例如在《曾子不说谎》中,曾子的神情庄重而诚恳,周围的环境与人物关系刻画清晰,让观者能够深刻感受到故事所传达的诚信精神;《盲人摸象》则将盲人各自不同的神态、动作以及他们对大象片面的认知表现得淋漓尽致,引发人们对认识事物全面性的思考。这组石雕于1987年获得全国城市雕塑优秀作品最佳奖,不仅成为中国石雕艺术领域的经典之作,还因其极高的艺术价值与教育意义被选入学校教材,成为培养学生艺术素养与品德修养的优秀范例,对中国石雕艺术的传承与发展产生了深远影响。

4.《青石小狮子》石雕

诞生于1986年的《青石小狮子》石雕,在湖北省工艺美术展览中获得二等奖,后又在1987年举办的中国首届艺术节中亮相于中国美术馆展出。这只小狮子造型独特,将威严与灵动巧妙融合,其雕刻工艺精湛细腻,无论是狮子的鬃毛纹理、面部表情还是身体姿态,都展现出了极高的艺术水准,体现了大冶尹解元石雕艺人在塑造动物形象方面的卓越技艺与独特创意。《青石小狮子》石雕在众多石雕作品中脱颖而出,成为大冶尹解元石雕艺术的代表作品之一,吸引了众多艺术爱好者与专业人士的关注与赞赏。

5.晴川阁透雕作品

如武汉汉阳晴川阁的《狮子》《丹凤朝阳》等,这些作品充分展示了大冶尹解元石雕的透雕技艺特色。透雕工艺要求在坚硬的石料上进行极为精细的镂空雕刻,难度极高。而这些作品却能做到取材广泛,从自然界的狮子、凤凰等动物形象到寓意吉祥的朝阳等元素都被巧妙地纳入创作之中;构思巧妙,通过对空间的合理运用与形象的巧妙组合,使作品呈现出独特的艺术美感;寓意深邃,《狮子》象征着威严与守护,《丹凤朝阳》则寓意着吉祥美好与蓬勃生机,它们在展现高超透雕技艺的同时,传达出丰富的文化内涵与艺术情感,让观者在欣赏作品精美工艺的同时,也能感受到其所蕴含的深刻寓意与文化魅力,具有极高的艺术价值与文化价值。

二、省级非物质文化遗产——阳新折子粉制作技艺

(一)基本概述

折子粉制作技艺作为一项极具地方特色的传统技艺,在2013年成功入选湖北省第四批省级非物质文化遗产代表性项目名录。阳新县非物质文化遗产保护中心承担起了保护与传承该技艺的重任,而张丙兴被认定为第四批省级代表性传承人。他们共同致力于折子粉制作技艺的传承与发展工作,努力使这一传统技艺在岁月长河中得以延续,让更多人知晓并领略到折子粉制作技艺背后所蕴含的匠心精神、独特工艺以及阳新地区深厚的饮食文化底蕴,确保这一珍贵的传统技艺不被遗忘,在现代社会依然能够焕发出新的活力与光彩。

Note

折子粉制作技艺是深深扎根于阳新县民间的传统美食技艺瑰宝。它以大米、水作为主要原料，使用粉架、竹折子、粉盆、缸、粉饼、粉箍、粉盖、压筒、米碓全套、锅灶等丰富多样的工具，精心打造出这一独特的传统美食。其制作流程极为精细且完整，工序包括：选米（包含精心淘洗，以去除杂质，确保大米纯净）；烂米（将大米置于陶瓷米缸中进行独特的发酵，此过程犹如一场神奇的转化，赋予大米别样的风味与特质）；磨浆（把发酵后的大米研磨成细腻柔滑的米浆，为后续成型奠定基础）；压干（使米浆水分适宜，便于后续操作）；拍坨（塑造米浆的初步形状）；沸水煮坨（煮至半生熟，且煮制时间会依据季节的变化而灵活调整，精准把控米坨的熟度）；碓匀（进一步均匀米坨质地）；揉坨（通过揉制使米坨更具韧性和可塑性）；装桶（妥善存放处理后的米坨）；上粉架（为后续压制米粉做好准备）；烧沸水（提供高温加工环境）；压制成型（借助特制工具将米粉压制成型）；下锅（将成型米粉放入锅中）；煮熟（让米粉熟透）；起锅（捞出煮熟的米粉）；清水过滤（去除表面粘性物质）；竹折子上成型（将半斤左右的米粉巧妙地在竹折子上塑造成型，形成独特的折子形状）；摊晒（利用自然条件或人工辅助进行晾晒）；晒干（使米粉水分充分蒸发，利于保存）；包装（将成品进行包装，便于储存和销售）等。

阳新折子粉制作技艺不仅是一种美食制作技艺，更是蕴含着特定历史信息的文化载体，生动地展现了中华优秀传统文化中民俗文化与饮食文化的完美交融，在当地饮食文化体系中占据着举足轻重的地位。阳新折子粉因其独特的文化价值与技艺传承，在阳新当地以及鄂赣边区享有广泛的声誉，成为地域美食文化的鲜明标识。

（二）发展历程

折子粉制作技艺的历史源远流长，距今已有几百年的漫长岁月。追溯至明朝时期，阳新这片土地上便已有人开始从事折子粉的手工制作，先辈们凭借着对美食的热爱与探索精神，逐渐摸索出这一独特的制作技艺。历经岁月的洗礼与沉淀，到民国时期，折子粉制作技艺在民间得以广泛传承，众多家庭将其作为一项重要的手工技艺代代相传。在历史的长河中，折子粉曾拥有辉煌的过往，它曾是进贡朝廷的"贡粉"，这一荣誉足以证明其品质的卓越与独特。中华人民共和国成立前，折子粉成为招待贵客的上等佳肴，更是孕妇催乳的佳品，只有家境殷实的人家才有机会品尝到。当时，物资相对匮乏，能吃上一碗折子粉则被视为一件极为幸运的事情，它承载着人们对美好生活的向往与期盼。即便在现代社会，尽管面临着工业化食品的冲击，折子粉依然凭借其传统手工制作的独特魅力，在阳新的三溪、王英、排市、洋港、潘桥等乡镇得以传承，当地的众多传承者坚守初心，以传统手工制作技艺精心生产出品质优异的折子粉，在市场中赢得了一片属于自己的生存空间，继续书写着阳新折子粉的传奇篇章。

（三）主要特征

1. 原材料独特

折子粉制作技艺对原材料的选择极为考究，主要采用阳新当地所产的优质早稻米。阳新地区得天独厚的自然环境与土壤条件,孕育出的早稻米颗粒饱满、质地优良,富含营养成分,为折子粉赋予了独特的口感与风味基础。这种对本土优质原材料的依赖与运用,不仅体现了地方特色,更反映出传统技艺与地域物产之间的紧密联系。

2. 发酵工艺关键

发酵环节是阳新折子粉制作技艺的核心关键所在。制作折子粉时,大米需放置在特定的陶瓷米缸中进行发酵。在发酵过程中,大米内部发生一系列复杂的生化反应,产生出一种独特的香味物质,这种香味是阳新折子粉区别于其他米粉制作的重要标志之一。它犹如一种独特的味觉密码,深深烙印在每一根折子粉上,使得阳新折子粉在众多米粉品类中独树一帜,散发出迷人的魅力。

3. 晾晒有巧思

在晾晒过程中,折子粉展现出了独特的工艺智慧。将制作好的米粉均匀地铺在特制的竹折子上进行晾晒,这一方式巧妙地利用了竹子之间的缝隙。一方面,这些缝隙能够加速空气流通,使米粉迅速干燥,大大缩短了晾晒时间;另一方面,竹子本身具有天然的清香气味,且其缝隙能够有效避免米粉之间相互串味,从而完美地保持了折子粉的纯正口感与独特风味,让每一位品尝者都能充分领略到阳新折子粉的原汁原味。

项目考核

他山之石 ▼

厉害！黄石这件绣品曾"飞"上太空

慎思笃行 ▼

文旅融合下的非遗传承:非遗保护与旅游融合新路径

导游讲解评价表

			评价项目与内容	分值	实得分
操作内容	礼仪礼貌(5分)		衣着打扮端庄整齐,言行举止大方得体,符合导游人员礼仪礼貌规范	5分	
	迎接游客(5分)		佩戴导游证,在景区(点)入口处、车站等显要位置候客并主动确认游客,清点人数,提醒相关事项,带领游客进入景区	5分	
	景点讲解(80分)	致欢迎词	"五语";真诚、热情、大方开朗、幽默自然	5分	
		语言技巧	基本语言发音优美,语速得当	6分	
			讲解有深度,重点突出,层次分明	15分	
			信息发布清晰、准确,具有规范性	10分	
			安全提示清晰、准确,亲切热情,提示委婉,富有情感	5分	
			融洽游客关系,态度真诚,耐心风趣,尊重理解游客	5分	
		服务技巧	熟悉并能正确运用服务规范	7分	
			掌握导游服务技能,导游服务程序正确完整	10分	

续表

		评价项目与内容	分值	实得分
操作内容	景点讲解（80分）｜服务技巧	思维反应敏捷,情绪控制稳定	5分	
		考虑问题周到,具有及时处理突发事件和特殊情况的能力	7分	
	致欢送词	"五语";真诚、感激、自然	5分	
	总结工作(10分)	物品归还、工作总结	10分	
评语				
总分				

项目拓展

在线答题
▼
项目七

项目任务

任务1:撰写黄石非遗讲解词,并进行模拟讲解。

任务2:如果要举办一场黄石非遗文化节,你作为活动策划者,需要从阳新采茶戏、阳新布贴、"西塞神舟会"、富池三月三庙会、大冶尹解元石雕技艺、阳新折子粉制作技艺中选取三项来设置展示和体验环节。请说明你选择的三项非遗项目,并分别为它们设计展示和体验的具体形式与内容,以吸引更多游客和市民参与,感受黄石非遗的魅力。

任务3:阳新采茶戏、阳新布贴、"西塞神舟会"、富池三月三庙会、大冶尹解元石雕技艺和阳新折子粉制作技艺都有着独特的艺术魅力与文化价值。请挑选其中一项非遗技艺,设计一款与之相关的文创产品(包括产品名称、设计理念、功能用途等),并阐述如何通过这款文创产品更好地传播该项非遗文化。

Note

项目八
精 选 线 路

项目导读

导游作为"城市的名片""文化的使者",肩负着向游客全方位展现一个地方风土人情、历史文化和绝美风光的重任。黄石,这座宛如宝藏般的城市,为导游们提供了无比丰富的"素材库"。

近年来,黄石市文化和旅游局整合各方资源,匠心独运地推出了众多特色旅游线路。这里有适合本地居民及短暂停留游客快速打卡的一日游线路;也有能让游客深度沉浸体验的两日游、三日游线路;更有极具内涵的主题旅游线路,如承载厚重历史记忆的红色旅游,助力青少年成长的研学旅行,以及满足不同游客兴趣爱好的特色精品线路,像追溯工业发展的"工业印记之旅"、畅享田园诗意的"田园风情游"等,可谓花样繁多、应有尽有。

从导游的视角出发,深入剖析这些线路,针对不同需求的游客群体,精准地为他们推荐合适的线路,这是导游应尽的职责。在线路讲解时,又该如何运用生动的语言、丰富的知识,让游客仿佛身临其境,迫不及待地想要开启这段旅程呢?接下来,就让我们带着这些思考,一同走进黄石的旅游世界,开启这场知识满满的探索之旅。本项目主要介绍黄石的传统旅游线路和特色旅游线路等内容。

学习目标

【知识目标】

1. 掌握黄石市具有代表性的旅游线路。

2. 掌握黄石旅游线路自助游攻略。

【能力目标】

1. 能够用旅游六要素分析不同的黄石旅游线路。

2. 能够为不同需求的游客推荐黄石旅游线路。

3. 能够为游客推荐黄石旅游线路自助游攻略。

【素养目标】

1. 树立家乡自豪感。

2. 通过线路安排养成严谨、周到、细密的良好习惯。

3. 具有为黄石旅游提供热情服务、主动服务的意识。

思维导图

```
                                      ┌─ 一日游线路
                   ┌─ 黄石传统旅游线路 ─┼─ 两日游线路
                   │                  └─ 三日游线路
        精选线路 ──┤
                   │                  ┌─ 主题旅游线路
                   └─ 黄石特色旅游线路 ─┤
                                      └─ 特色精品旅游线路
```

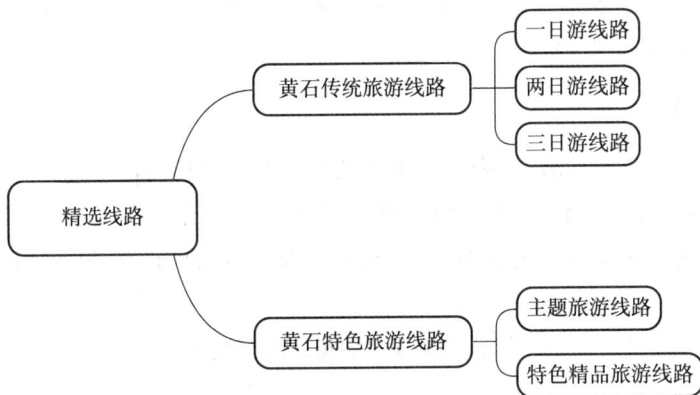

任务一　黄石传统旅游线路

任务导入

　　地陪"石头"将接待一个来自湖北宜昌的旅游团,团队领队要求在行程中安排具有黄石特色的景点和餐食,住宿选择精品民宿,行程时长为两天。如果你是导游"石头",会如何推荐旅游行程?

任务探究

　　近年来,黄石市文化和旅游局精心整合各方旅游资源,推出诸多特色旅游线路。市场反馈显示,热门打卡地主要集中在激滟湖光的阳新仙岛湖、高空绮梦的天空之城、奇幻史前的黄石华侨城恐龙奇域旅游度假区、工业雄奇的黄石国家矿山公园,以及禅意清幽的东方山。其中,一日游和两日游线路备受游客青睐。然而,黄石的精彩绝不止于此。在城市的每一寸土地之下,还隐匿着无数不为人知的绝美风光、尘封于岁月长河的厚重历史、熠熠生辉的多元文化,以及突破想象边界的新奇体验。它们宛如遗落凡间的珍珠,星罗棋布地散落各处,静候着每一位游客怀揣热忱、踏上探索之旅,去揭开神秘面纱,去细细品味其中韵味,而后将这份独特的美好倾心分享。

一、一日游线路

一日游的客源主要来自两个群体,一是黄石本地居民,二是从外地来到黄石且停留时间不长的游客。黄石当地旅行社顺势推出了一系列本地一日游线路,不仅收获了游客的大量好评,还创造了相当不错的经济效益。在不同的游览季节,旅行社推出的一日游最佳主打线路如下。

(一)春季

(1)保安桃花节一日游,游客可以漫步花海,感受春日烂漫。

(2)阳新太子油菜花一日游,金黄遍野,尽享田园风光。

(3)黄石国家矿山公园槐花节一日游,在工业遗迹与洁白槐花交织的景致中,品味独特韵味。

(4)金海采茶节一日游,亲手采摘春茶,体验农事之乐。

(二)夏季

(1)华侨城恐龙水世界一日游,畅享清凉刺激的水上狂欢。

(2)东方山东昌阁避暑一日游,于清幽山林间寻得一处清凉静谧之所。

(3)百洞峡探秘避暑一日游,穿梭溶洞,探秘自然奇观,躲避夏日暑气。

(4)枫林地心大峡谷亲水一日游,亲近峡谷溪流,感受夏日的清爽凉意。

(三)秋季

(1)夏浴湖"蟹谢有你"一日游,秋日品蟹,尽享湖鲜美味。

(2)西塞山"赏雪"一日游,看千只鸬鹚自在游弋,西塞残雪美哉壮哉。

(3)龙凤山丰收节一日游,参与农事体验,分享丰收喜悦。

(4)天空之城登高一日游,秋高气爽之时,登高望远,俯瞰壮美山河。

(四)冬季

网湖观鸟一日游,在静谧的湖区,观赏候鸟翩跹,感受大自然的灵动生机。

这些线路带有鲜明的季节特征,不仅受游玩时间的约束,与天气状况也有着紧密关联。不过,对于黄石市民而言,这无疑是亲近大自然的绝佳契机,即便仅有一天时间,也让人满心期待。

除此之外,还有各景点独立的一日游线路,可供外地来黄石的游客在一天甚至半天内游览完主要景点。像鄂王城等团建基地推出的团建一日游项目,也为各单位组织团建活动提供了优质选择。

二、两日游线路

两日游线路规划,可以依据区域分布与热门景区特性加以组合。在游客行程安排中,较为常见的是以"仙岛湖+"模式呈现的观光游线路。诸如仙岛湖与西塞山、东方山的组合,还有仙岛湖与阳新天空之城的搭配,以及天空之城和枫林地心大峡谷等的联合线路,均受到游客的青睐。

同步案例 8-1

"青绿黄石"两日游

1. 行程安排

日期	行程安排	餐食	住宿
第一天	中午接团后用午餐,后前往阳新县王英镇游客中心码头乘船,抵达仙岛湖最东端南山上的望仙崖,探秘仙居洞、奇石、清泉、洞中生洞,让人感叹地球脉络之雄伟奇特; 挑战景区内世界三大千岛奇湖上唯一一条观湖悬崖玻璃栈道,栈道全长1080米,最高落差280米; 后在望仙崖码头乘船至观音洞,船行水上,穿梭于千岛之间,感受仙岛湖的山光水色; 晚餐后返回黄石,漫步省级旅游休闲街区未苏湾	午餐、晚餐	未苏湾花间亭·飞花酒店
第二天	早餐后前往下陆区参观游览4A级旅游景区东方山、黄石国家矿山公园; 午餐后前往西塞山参观; 适时结束行程返程	早餐、午餐	返程,无
接待标准	(1)景点门票:仙岛湖东线门票+船票、东方山东昌阁(含景区环保车)、黄石国家矿山公园、西塞山; (2)交通:旅游大巴; (3)餐食:1早3正(八菜一汤,十人一桌),含"黄石乡愁一桌菜"特色餐; (4)住宿:特色民宿标间一晚; (5)导游服务:持证导游服务; (6)保险:旅行社责任险		

2. 线路鉴赏

本线路作为一条适用性极为广泛的黄石常规两日游地接线路,下面将围绕食、住、行、游、购、娱六大旅游要素,展开细致入微的赏析。

食:行程精心安排了"黄石乡愁一桌菜"特色餐,这无疑是一场舌尖上的黄石之旅。它涵盖了名菜、名小吃、名特产三大领域，并且细致分类为凉菜、热菜、汤类、主食、酒水饮料(包括茶类)以及伴手礼等。游客们借此机会能够全方位品尝到黄石的独特风味，感受当地浓郁的人间烟火气，相信定会为整个旅程增添难忘的美食记忆。

住：住宿方面，选定了别具一格的未苏湾花间亭·飞花酒店。它以一种悠然独特的方式，为住客营造出城市中的桃花源氛围，让大家从现代繁忙生活节奏带来的疲惫中解脱出来，收获宁静与清新之感。未苏湾花间亭·飞花酒店系华住集团花间堂度假酒店旗下品牌之一，每一家酒店都巧妙地融入了当地独有的文化特色与乡野气息，与传统商务五星级、度假五星级酒店截然不同，入住其中，仿佛能忘却尘世烦恼与喧嚣，寻得内心深处的宁静与安详，为后续游玩养精蓄锐。

行：作为常规的黄石地接线路，在交通安排上科学合理。区间交通工具选用舒适的旅游大巴，宽敞平稳，保障游客路途轻松惬意。大交通则依据游客不同的客源地灵活调配，高铁、飞机等均可安排，便捷高效。区间交通路线依次为接站后，途经杭州路、桂林路，前往阳新，后返程回黄石，在下陆区游览东方山和国家矿山公园，再前往西塞山游玩，最后送站，全程路线规划巧妙，不迂回耗费车程时间，大大提升游玩效率。

游：线路安排的景点皆是黄石旅游的精华所在。首推拥有"荆楚第一奇湖"之称的仙岛湖。这里分布着1000多个大小、形态各异的岛屿，与澄澈的湖水相互映衬，景观独特，足可与杭州千岛湖、加拿大千岛湖一较高下。岛上植被郁郁葱葱，森林覆盖率极高，空气负氧离子含量每立方米超9万个，被认证为"世界水利风景区中负氧离子含量最高的景区"。游客漫步其间，既能沉醉于绝美湖景，畅快呼吸清新空气，又能舒缓身心压力，尽情享受大自然的神奇馈赠。

西塞山同样不容小觑，其承载着深厚的历史底蕴，因屈原的神舟盛会、三国的英雄故事，还有张志和的词、刘禹锡的诗而声名远播，已然成为凝聚历史人文精神的名胜景观。游客登上西塞山，仿若穿越时空，与古人近距离对话，聆听那些传颂千古的传奇故事。

最后是享有"三楚第一山"美誉的东方山，它既是省级风景名胜区，又是省级森林公园。景区文化底蕴深厚，游客在此不仅能够踏入有着"东方艺术殿堂，荆楚文化之窗"之称的东昌阁，开启一场别样的穿越之旅，沉浸式体验西游归来文化，还能深入探究儒释道文化。

购：游玩一天后，晚上安排在未苏湾自由活动，此时入住的花间堂民宿恰好位于街区内，游客们能够悠闲漫步，挑选具有当地特色的伴手礼，将黄石的美好回忆精心打包，以便日后与亲朋好友分享。

娱：黄石旅游资源丰富，除了绝美的自然风光，文化体验同样精彩。行程特别安排游客前往矿山公园，亲身感受当地闻名遐迩的矿冶文化，深入了解黄石辉煌灿烂的工业历史;还前往东方山体验汉唐文化,让整个旅途在欣赏美景之余,深度融入当地特色文化,内容丰富多彩,趣味盎然。

总体而言,这条线路凭借着黄石文旅特色代表景点仙岛湖、西塞山、东方山的巧妙串联,加之景点顺序合理规划,游览时间充裕,全程路线科学设计,不走回头路等特点,能够广泛适用于各类休闲旅游团,全方位展现黄石的独特魅力,为游客带来一场高品质的旅行体验。

三、三日游线路

对外地旅游团而言,前来黄石进行为期三日(含交通耗时)的游览行程颇为常见。一般而言,他们会将黄石旅游资源最为精粹的景区景点视作核心出游目的地,开展游览、参观及交流活动,从而形成独具风格的"黄石＋"区域游览模式。该模式一方面是将黄石本地知名景区景点与黄石市区周边蕴含深厚文化底蕴的街区、可深度领略非遗魅力的场馆景点予以搭配组合;另一方面,亦存在聚焦阳新一地,进行深度三日游的线路规划。具体线路如下。

(1)阳新仙岛湖、天空之城、百洞峡经典三日游。

(2)仙岛湖、百洞峡、龙港红军街、铜绿山国家考古遗址公园、黄石国家矿山公园三日游。

(3)仙岛湖、天空之城、东方山、西塞山、黄石华侨城恐龙奇域旅游度假区三日游。

同步案例 8-2

阳新仙岛湖、天空之城、百洞峡经典三日游

1.行程安排

日期	行程安排	餐食	住宿
第一天	上午接团后赴王英镇,午餐后前往国家3A级旅游景区天空之城畅玩	午餐、晚餐	仙岛湖山居秋暝民宿
第二天	早餐后前往国家4A级旅游景区仙岛湖游览东线,午餐后体验水上浆板运动	早餐、午餐、晚餐	仙岛湖山居秋暝民宿
第三天	乘直升机前往百洞峡参观游览,午餐后结束行程返程	早餐、午餐	返程,无
接待标准	(1)景点门票:仙岛湖东线(含船票)、百洞峡、天空之城(含上行索道); (2)交通:旅游大巴; (3)餐食:2早5正(八菜一汤,十人一桌),含仙岛湖"四宝"招牌菜; (4)住宿:仙岛湖山居秋暝民宿; (5)导游服务:持证导游服务; (6)保险:旅行社责任险		

2.线路鉴赏

作为一条极具广泛适用性的黄石常规三日游地接线路,接下来,"石头"将从食、住、行、游、购、娱旅游六要素出发,进行详细的解读与赏析。

食:行程中特别安排了仙岛湖"四宝"招牌菜,带游客开启一场探寻地方特色美食的舌尖之旅。仙岛湖"四宝"各具风味与特色,阳新鸪汤所选用的阳新鸪油脂丰盈,肉质紧实而不柴,不仅滋味醇厚,还具有预防某些疾病的作用;银鱼炒鸡蛋富含蛋白质,是滋补佳品,入口鲜香四溢;胖头鱼肉质紧实、入口即化,无论是炖汤(汤汁鲜醇甘爽,能有效促进血液循环,改善呼吸道疾病),还是制成干锅,同样馥郁诱人;仙岛湖鲜鱼鲜虾更是富含胶原蛋白,既能美容养颜,又对预防老年痴呆有所助益。这些美食口味独特,价格亲民,让游客在大饱口福的同时,收获满满的健康能量,相信定会给游客留下一段难忘的美食记忆。

住:住宿方面,精心挑选了仙岛湖山居秋暝民宿。这家民宿坐落于黄石的仙岛湖畔,由知名设计师匠心打造,巧妙融合自然野奢与精致舒适两种风格,堪称黄石最具特色的艺术花园度假民宿。其装修风格将新中式与"侘寂美学"完美糅合,营造出一种自在、放松的惬意氛围。在这里,游客宛如枕水而居,能够全身心地沉浸在自然之中,褪去旅途疲惫,尽享田园诗意般的美好体验,为次日的精彩旅程养精蓄锐。

行:行的规划周全且富有创意。作为常规的黄石地接线路,区间交通工具以舒适的旅游大巴为主,确保游客路途舒适平稳。其中,还特别安排了从王英仙岛湖到龙港百洞峡乘坐直升飞机,让游客体验低空飞行的独特刺激,俯瞰壮美山河。大交通则依据不同客源地游客的需求灵活安排,高铁、飞机等均可便捷对接。区间交通路线设计合理,依次为阳新接站后,前往王英镇,再到龙港镇,最后送站,全程路线流畅,各景点之间过渡自然,既避免了迂回绕路,又能让游客在途中欣赏黄石的秀丽风光,实现游玩与观景的完美融合。

游:线路精选了仙岛湖、天空之城、百洞峡三个极具特色的景点,且都位于阳新,彼此距离相近,游玩起来轻松不累,是休闲度假的绝佳选择。仙岛湖作为世界三大千岛湖之一,生态环境得天独厚,基础设施日益完善,独具风情的民宿酒店错落有致,绿色低碳的游览方式备受推崇。加之低空航线的引入,使其迅速晋升为湖北热门的"网红打卡地"与旅游目的地,游客置身其中,仿若闯入世外桃源。登上天空之城的玻璃平台,仙岛湖的绝美全景尽收眼底,仿佛人在画中游,流动的山水画卷令人陶醉。阳新县百洞峡旅游区更是魅力非凡,一举通过四项世界纪录认证,拥有世界上最大溶洞观光电梯、世界上最大单体溶洞洞厅、世界上最大洞内观光玻璃平台以及世界上体积最大柱体钟乳石。洞内由天桥、石林、悬崖、绝壁、峰丛幽谷等构成规模宏大的天然风景群,石瀑、石钟乳、石笋、石柱、石幔、石盾、石花等近百种溶洞奇观琳琅满目,且仍在持续生长,堪称地球上珍贵的"地下艺术宝库",在地质学界被誉为"活动的地球演变教科书",为游客带来一场震撼心灵的地下探秘之旅。

购:行程充分考虑游客的购物需求,每晚在王英镇安排自由活动时间,游客可漫步街区,挑选具有当地特色的伴手礼。这里汇聚了琳琅满目的特产,无论是精美的手工艺品,还是品质优异的土特产,都承载着黄石的地域风情,游客可以将这份美好的回忆精心打包,与亲朋好友分享。

娱:在黄石的这三日旅行中,娱乐项目丰富多彩。游客除了能欣赏绝美的自然风光,还能尽情体验水上运动与低空飞行的独特魅力,畅享"海陆空"三维观景体验。在如诗如画的仙岛湖面上,游客既可以乘坐新能源电船,悠然地欣赏湖光山色,静享美好时光;也可以挑战活力四射的皮划艇,或是体验惊险刺激的玻璃栈道漂流,在速度与激情中释放活力。空中项目更是仙岛湖的"独家亮点"。2024年开通的黄石地区首条低空航线——仙岛湖直飞百洞峡景区,让游客能够乘坐直升机俯瞰整个仙岛湖,感受大自然的雄浑壮丽。此外,寻求极限挑战的游客还能通过蹦极项目体验自由落体的心跳瞬间。

总体而言,这条线路凭借仙岛湖、天空之城、百洞峡等特色景点的精彩串联,游览时间充裕,景点顺序安排科学合理,全程不走回头路,既适合追求品质的旅游团队,也迎合了有三天休闲时光的游客需求。从客源地来看,鄂西北地区游客与之契合度颇高,当然,其他地区团队同样能在此收获一场难忘的旅行体验。

他山之石
▼
文旅部推荐!湖北乡村旅游精品线路+3

任务二　黄石特色旅游线路

任务导入

黄石某旅行社将要接待一个来自上海的旅游团,他们将在黄石度过三天两晚,要求体验黄石的主要山水特色,品尝黄石的特色美食。如果你是旅行社导游"石头",你将如何为他们设计这次的旅游线路?

任务探究

本任务聚焦于对课程前期所学知识的综合运用,核心在于考查学生对黄石旅游活动各个要素的掌握程度。要求依据黄石独特的旅游资源特色、别具一格的交通特色、诱人的美食特色以及舒适的住宿特色等来精心设计旅游行程。值得注意的是,此次任务暂不涉及旅游线路设计中的成本核算与报价部分,这将留待后续课程深入探究。

一、主题旅游线路

近些年来,黄石旅行社紧密贴合市场动态,积极开拓创新,成功开发出一系列备受瞩目的新型线路,本任务主要对红色旅游和研学旅行进行分析、品鉴。

（一）红色旅游

红色旅游线路旨在引领游客踏上一段意义非凡的旅程,通过实地参观那些承载着厚重历史的革命旧址,让大家仿若穿越时空,重回那段激情燃烧的岁月。在这一过程中,游客们能够不断汲取红色养分,赓续红色基因,大力弘扬优秀革命传统,于红色之旅中虔诚重温历史、用心感知历史,进而更加深刻地领悟到如今幸福生活的来之不易,激发内心深处的爱国情怀与奋进力量。

1.一日游线路

黄石红色旅游线路一日游一般游览单个红色景点,如阳新的湘鄂赣边区鄂东南革命烈士陵园或红三军团革命旧址一日游。也可以搭配健身徒步、和美乡村考察,丰富红色之旅内容。一日游主要有如下线路。

（1）王平将军故里一日游。

（2）阳新县龙港湘鄂赣革命根据地旧址群一日游。

（3）塘埠油菜花基地、父子山登山步道、休闲绿道—红十五军组建地旧址一日游。

（4）大冶南山头革命纪念馆一日游。

（5）大冶兵暴旧址、大箕铺曹家晚村革命旧址、红三军团革命旧址一日游。

同步案例 8-3

阳新县龙港湘鄂赣革命根据地旧址群一日游

一、参观地简介

阳新县龙港湘鄂赣革命根据地旧址群位于湖北省黄石市阳新县西南部的龙港镇,地处湖北的阳新、通山和江西的武宁、瑞昌4县(市)交界处。龙港革命历史纪念馆位于龙港镇新街西侧,前临106国道,后倚风景秀丽的狮子山,与龙港烈士陵园毗邻,是湖北省名胜之一。馆内有中共鄂东南特委遗址、特委办公住宿处、特委防空洞、陈列室,共收藏文告、书刊、信件、武器、壁画、烈士遗物革命文物和照片500余件。陈列分为五个部分,反映了中国共产党领导鄂东南革命根据地军民进行革命斗争的光荣历史,再现了彭德怀、李灿、何长工、吴致民、黄火青、曹大骏、叶金波等老一辈无产阶级革命家的光辉业绩。由纪念馆管理的鄂东南苏维埃政府、彭德怀旧居、彭杨学校、红军后方医院等30余处旧址,均被列入国务院颁布的全国重点文物保护单位。此外,还有安葬着3000余名红军烈士的公墓和17处著名烈士就义地的纪念建筑与传统教育点。1976年10月,湖北省文物工作座谈会在这里召开,有时任国家文物事业局、中国革命博物馆、中国军事博物馆的领导和来自全国26个省、市(自治区)的200多名代表参加。龙港革命历史纪念馆建成后,王任重同志题写了馆名,王平、程子华、傅秋涛、陈康、兰侨等领导同志多次前来视察,并题词、赠诗。

二、活动安排

时间	活动安排
08:00—09:00	集合前往阳新龙港(车程约1小时)
09:00—09:40	抵达湘鄂赣边区鄂东南革命烈士陵园,开展缅怀先烈的活动
09:40—10:20	参观阳新龙港红军街、彭德怀故居(游览时间约0.5小时)
10:30—11:30	参观龙港革命历史纪念馆
11:30—12:30	用午餐
13:00—14:00	结束行程,乘车返程

三、线路鉴赏

本条线路堪称一条为团队学习考察量身定制的经典线路,全程安排为一天时间,紧凑而充实。

通常情况下,众多企事业单位纷纷选择前往阳新县城的湘鄂赣边区鄂东南革命烈士陵园,以及王英镇开展学习考察活动。这里庄严肃穆的氛围、厚重的历史底蕴,让每一位到访者都能深刻感受到革命先辈们的英勇无畏与无私奉献。

其实,龙港同样是一处极具爱国主义学习价值的绝佳之地。在这里,人们可以深入了解中国共产党领导鄂东南革命根据地军民进行艰苦卓绝革命斗争的光荣历史。那些波澜壮阔的战斗场景、可歌可泣的英雄事迹,让人热血沸腾。团队成员们还能在这片红色热土上庄重地重温入党誓词,在铿锵有力的誓言声中,不忘初心、牢记使命,进一步坚定理想信念,汲取奋进力量,为团队前行注入源源不断的精神动力。这条线路集历史学习、精神洗礼于一体,是团队追寻红色足迹、传承红色基因的理想之选。

2. 两日游线路

黄石的红色景区资源颇为丰富,大冶、阳新等地宛如一座红色宝藏库,留存着大量珍贵的革命遗存,这些得天独厚的资源无疑为打造两日游线路提供了绝佳素材,能巧妙地融入行程规划之中。

一方面,可以安排大冶龙凤山爱国主义党员干部教育基地、红三军团革命旧址两日游。游客们首日奔赴龙凤山爱国主义党员干部教育基地,在这里深入学习党的先进理论知识,通过多样化的培训课程与实践活动,全方位提升党性修养。次日前往红三军团革命旧址,近距离感受那段热血沸腾的革命岁月,目睹历史的痕迹,深刻领悟先辈们的坚定信念与顽强斗志。

另一方面,部分线路独具匠心地将当地特色景区资源融入红色行程,打造出劳逸结合、松紧适度的两日游线路,从而收获事半功倍的培训效果。以阳新仙岛湖、王平故里、百洞峡、龙港老街两日游为例:首日,游客首先来到风景旖旎的阳新仙岛湖,欣赏如诗如画的自然风光,在湖光山色间放松身心,缓解平日的疲惫,为后续的学习之旅积蓄能量;随后前往王平故里,缅怀革命先辈的丰功伟绩,聆听英雄故事,接受精神的洗礼。次日,探秘百洞峡,观赏神奇的溶洞景观,惊叹于大自然的鬼斧神工;之后漫步龙港老街,在传统与现代、历史与生活交织的独特氛围中,感受当地浓郁的在地文化,体悟岁月沉淀的韵味。

如此精心规划的两日游线路,既能让游客沉浸式学习红色历史,又能充分享受休闲时光,全方位领略黄石的独特魅力,极具吸引力与教育意义。

同步案例 8-4

阳新红色旅游两日游

一、参观地简介

1.湘鄂赣边区鄂东南革命烈士陵园

湘鄂赣边区鄂东南革命烈士陵园坐落在阳新县城伏虎山上,整个陵园占地面积427亩,是为纪念中国人民解放事业而捐躯的湘鄂赣边区鄂东南21个县(市)31万革命先烈而兴建的,承载着丰富的历史信息和革命精神。李先念为该烈士陵园题写园名,胡耀邦为纪念馆题写馆名,杨尚昆、彭德怀分别为纪念碑题词。该烈士陵园是湖北省规模较大的革命烈士陵园,先后被确定为全国重点烈士纪念建筑物保护单位、爱国主义教育基地、湖北省国防教育基地和国家3A级旅游景区。

2.龙港湘鄂赣革命根据地旧址群

龙港湘鄂赣革命根据地旧址群保存着鄂东南特委、龙燕区苏维埃旧址和彭德怀旧居等革命旧址70余处,其中,被列为全国重点文物保护单位的有16处,被列为省级重点文物保护单位的有19处,有12个旧址集中分布在龙港镇区600余米长的老街——红军街。龙港湘鄂赣革命根据地旧址群主要景点有龙港老街、龙港革命历史纪念馆、龙港烈士陵园、龙港烈士墓林、彭杨学校等。

红军街又称"龙港老街",亦称"革命旧址一条街"。红军街坐落在龙港河畔,长600余米,宽约5米,清一色青石板路面,两旁全为青砖布瓦二层明清时期旧式铺店,一进数重。店铺前均砌有石台阶。店面为红漆门板和地板。街道蜿蜒曲折,市面古朴典雅,是江南古镇的缩影。在土地革命时期,鄂东南苏维埃政府、共青团鄂东南特委、鄂东南政治保卫局、鄂东南总工会、鄂东南工农兵银行、鄂东南红军招待所、红五军司令部等17个党政军机关均设在这里,被称为"小莫斯科"。红军街及其附近共16处革命旧址被国务院公布为第五批全国重点文物保护单位,是一处不多见的保存较完整的革命旧址群。在这些革命旧址中,保留有当年的标语、壁画近百幅,被专家称为"天然的革命历史博物馆""苏区文化艺术宝库"。

3.红十五军组建地旧址:港西村

红十五军组建地旧址位于大王镇港西村,昔日征战地,今朝"新画廊"。中国工农红军第十五军曾在此建立,这里不仅有红十五军组建地旧址、广慧庵、红军洞、红军陵等革命遗址,还有父子山登山步道、休闲绿道、蓝莓采摘基地等乡村产业,在这里感受山水,品味春天的味道,沿着革命的道路体验不一样的红色美丽乡村。

二、活动安排

	时间	教学内容及活动安排	住宿
第一天	13:00—14:30	阳新接团后前往湘鄂赣边区鄂东南革命烈士陵园	阳新组宾凯·尚居酒店
	14:30—17:00	(1)在英雄纪念碑处缅怀先烈,集体重温入党誓词; (2)参观纪念馆:展馆用大量的革命历史文物资料,生动再现了"小小阳新,万众一心,要粮有粮,要兵有兵"的历史画卷,凸显了阳新是"全国闻名的烈士县"和红色旅游的重要阵地; (3)听讲解员介绍"绝情家书"的故事,树立努力工作、不断进取的决心和信心	
	17:00—18:00	观看大型红色题材的阳新采茶戏——《龙港秋夜》	
	18:00—19:00	用晚餐,后入住酒店	
第二天	7:30—8:00	早餐	返程,无
	8:00—9:00	前往龙港革命历史纪念馆	
	9:10—9:40	参观龙港革命历史纪念馆,听讲解员讲述"提包政府"等故事,了解龙港成为鄂东南革命根据地政治、军事、经济、文化中心的背景和意义	

续表

时间		教学内容及活动安排	住宿
第二天	9:50—10:30	漫步红军街,参观鄂东南苏维埃政府,共青团鄂东南特委、鄂东南政治保卫局、鄂东南总工会、鄂东南工农兵银行、鄂东南红军招待所、红五军司令部等党政军机关等旧址	返程,无
	10:30—11:30	乘车前往全国红色美丽村庄试点村——港西村	
	11:30—12:30	午餐	
	13:00—15:00	参观李清塔、红军村、红十五军组建地旧址、烈士碑林	
	15:30	送团,结束行程	

三、线路鉴赏

此线路是一条经过精心规划的两日游红色学习考察专线。与一日游相比,该线路在时间分配、景点选取以及活动筹备等方面,均展现出更为精细与复杂的考量。接下来,我们将从食、住、行、游、购、娱这六个维度,为游客进行详尽的赏析。

食:行程中特别安排了鲜嫩可口、风味独特的"太子豆腐"全席宴,让游客在加强爱国主义教育的同时,也能增进对黄石在地文化的了解。太子豆腐,古时为宫廷贡品,素有"荆楚一绝"之美誉,是黄石家喻户晓的美食原材料之一。太子豆腐有100多个品种,经过加工制作的豆腐宴中,脆皮豆腐、豆腐蒸蛋清、炒豆腐、煎豆腐、香豆腐、肉末焖豆腐、清蒸枸杞豆腐等一道道菜名令人垂涎欲滴,吸引着来自五湖四海的美食爱好者。这样的特色美食,定会让步履匆匆的游客驻足停留——它以独特的地域风味为主调,将时令食材的本味与匠人的巧思精心调和,每一口都是舌尖在味觉地图上的惊喜探险,更是镌刻着地方记忆的舌尖诗篇。

住:住宿方面,精心挑选了阳新组宾凯·尚居酒店。酒店毗邻黄石阳新海口湖畔,风景秀丽,交通便利。酒店按照五星标准建设打造,配有会议室、健身房、网球场、儿童游乐、露天泳池等设施。酒店设有独栋别墅,别墅设计低调又不失奢华,幽美又不失隐私,让人对它好奇又向往。酒店客房由山水别墅和湖景别墅组成,推开窗户就可以看见湛蓝的湖景,绿意葱葱的草木,芦苇片片,野鸟翩翩飞翔于长空……目之所及,全是惬意。

行:作为常规的黄石地接线路,区间交通工具以舒适的旅游大巴为主,确保游客路途舒适平稳。区间交通路线设计合理,各点位之间过渡自然,避免了迂回绕路。

游:线路精选了黄石三个极具特色的红色景点,虽都位于阳新,但是属性又不完全一样。湘鄂赣边区鄂东南革命烈士陵园主要是以开展哀思悼念活动为主，受场地局限性，氛围较为沉重肃穆；阳新龙港则在区位上更显优势，不仅仅有革命历史的建筑集群，还能让游客深入当地百姓生活中，感受黄石的烟火气息，氛围欢快，令人心情愉悦。港西村则是红色文化和和美乡村的示范窗口，乡村游的味道更加浓厚。就是这样的红色旅游线路组合，产生的效果却是非同寻常的：当党史学习教育褪去呆板刻意的外壳，与乡村振兴深度融合的红色旅游便应运而生。它以更鲜活的姿态融入山水田野间——在阡陌交错的村落里聆听革命故事，于青砖黛瓦的旧址中体验农耕文明，让爱国主义教育跳出书本桎梏，在沉浸式的乡野体验中焕发新生机，学习成效亦在这份灵动中实现质的跃升。

购：行程充分考虑游客的购物需求，在港西村安排自由活动时间。游客可以在港西村海林蓝莓产业园采摘蓝莓、枇杷、杂柑、毛桃、樱桃、葡萄等多种水果，还可以在香椿小镇采购香椿酱等伴手礼。

娱：行程中安排了观看大型红色题材的阳新采茶戏——《龙港秋夜》，这是本次活动的又一亮点。阳新采茶戏是黄石非物质文化遗产之一，《龙港秋夜》是阳新采茶戏传承中心创作生产的地方戏。该剧是以湘鄂赣边区鄂东南"红色莫斯科"阳新县龙港镇的真实革命故事为素材，融合阳新布贴、阳新采茶戏两大国家级非遗元素，以戏曲艺术表现形式，精心打造的一台大型现代采茶戏。戏曲通过讲述女主人公秋莲，在经历营救北山游击队柯政委的对敌斗争中，由一个单纯稚嫩的布贴女，成长为一名主动参与革命、勇于献身的龙港战士，歌颂了阳新人民为中国革命作出的贡献与牺牲。在这种老戏新唱的创新方式下，游客既接受了非遗文化的熏陶，又强化了爱国主义教育效果。

总体而言，该线路通过参观红色遗址、观看红色戏剧等现场教学形式，陶冶游客的爱国主义情操，增强民族自豪感和历史责任感，激发大家为建设社会主义现代化国家，实现中华民族伟大复兴而努力奋斗的热情和动力。同时，由于创新了爱国主义教育的表现形式，让游客在情景中体验，在观赏中快速领会，为传承和弘扬红色文化，推动文化建设和社会发展发挥了重要作用。活动安排松弛有度、方式上开拓创新，是一条值得推荐的红色旅游团队游精品线路。

（二）研学旅行线路

黄石有着得天独厚的地学科普资源和完备的近现代工业旅游资源体系，每年有30多万人次开展研学游，2023年有5万外地人来到黄石研学参观，黄石成为华中城区极有影响力和吸引力的研学目的地之一。结合研学旅行特点以及黄石丰富的研学旅行资源,黄石目前研学线路主要为地矿科普研学线路。其中四条线路分别是:以东方山、西塞山、天空之城、仙岛湖、枫林地心大峡谷、滴水涯、百洞峡为主的山水生态研学之旅;以熊家境、鄂王城、龙凤山、沼山乡村、仙溪花廊、仙岛湖茶园、军垦五夫园、网湖天鹅岛、大冶湖为主的农耕体验研学之旅;以铜绿山古铜矿遗址博物馆、华新1907文化公园、黄石国家矿山公园、黄石矿博园、劲酒工业园为主的工业秀带研学之旅;以油铺湾、大冶兵暴旧址、下陆火车站、红三军团革命旧址、南山头革命纪念馆、龙港红军街为主的红色记忆研学之旅。

同步案例 8-5

矿冶文化之旅:一日研学旅行活动方案

一、方案及活动安排

(一)研学主题

读千年矿冶文化,树百年强国梦想。

(二)研学时间

一天。

(三)适合人群

中小学生。

(四)研学地点

黄石国家矿山公园、铜绿山国家考古遗址公园。

(五)活动设计

1.研学课前准备

学校提前一星期在课堂布置作业,让学生思考以下问题。

(1)了解"毛主席骑着毛驴也要来黄石"的历史,并能简单复述毛主席视察大冶铁矿的故事。

(2)毛主席为什么要来视察黄石?黄石的矿产资源有哪些?它们为中华人民共和国的建设贡献了什么力量?

(3)黄石矿产资源枯竭意味着什么?资源枯竭后黄石的发展变化如何?你是怎么看待黄石的发展的?

2.研学内容

(1)通过对铜绿山国家考古遗址公园的探究,了解黄石3000年炉火生生不息的原因,探寻青铜文化的发源;通过对黄石国家矿山公园丰富自然资源和百年历史遗迹的探究,了解黄石矿冶发展的历史脉络与我国近现代百年工业发展的奋斗史,增加学生对家乡的了解,激发热爱家乡的情感。

(2)通过探访铜绿山国家考古遗址公园的历史遗迹及黄石国家矿山公园的红色基因,让青少年身心健康发展,形成正确的思想品德和价值观念,让爱国主义思想在青少年的心灵扎根,激发学生奋发上进,立志成才。

（3）通过演示法、讲解法、沉浸式教学法:以真实场馆沉浸式课堂以及多媒体设备辅助教学手段,使历史知识、矿冶知识贯穿整个教学过程,在实操体验中调动学生了解相关知识的积极性。

3.成果展示

活动结束后一星期内学生在课堂展示:①制作相册,摄影展示;②制作美篇,手抄报分享;③开展主题班会、小组讨论会,分享收获,提出建议。

（六）活动流程

1.研学课前准备

在研学活动开展前15天,组织学校研学活动负责人、研学导师实地考察研学线路、学生就餐、道路交通,做好相关知识准备,充分保障研学活动组织有序、安全有效。

2.研学课程安排表

活动行程及安排如下表所示。

	时间安排	行程安排	主要内容	交通	餐食	住宿
上午	08:00—08:15	集合	进校进班强调活动纪律,组织学生集合	旅游大巴出行	午餐	返程,无
	08:15—08:45	出发	乘车前往大冶铜绿山国家考古遗址公园			
	09:00—10:30	博物馆课程"千年炉火"	跟随专业讲解员全面探究3000年炉火的秘密;参加互动答题环节			
	10:30—12:00	科普课程"矿物的奥秘"	了解宇宙与矿物的奥秘;矿物与地质科普			
中午	12:00—12:30	营养午餐时间	节约粮食,光盘行动			
	12:30—13:00	修整小憩	集体修整并前往黄石国家矿山公园			
下午	13:00—14:30	矿冶文化课程"矿山编年史"	参观亚洲第一天坑、矿冶博览园、日出东方广场;了解矿山历史、传承伟人遗志、树立爱国意志			
	14:30—16:00	拓展活动课程"畅玩1890广场"	以团队为单位开展拓展活动;在安全前提下开展自由活动畅玩			

Note

续表

时间安排		行程安排	主要内容	交通	餐食	住宿
下午	16:00—16:20	总结与 分享	评选优秀学员、班级，为本次研学活动做好总结	旅游大巴出行	午餐	返程，无
	16:20—16:30	大合照、班级合照	留下互动记忆的剪影			
	16:30	登车返校	安全返程			

（七）服务保障

1.安全保障

（1）研学活动中，各项保障均有严格有效的安全防控管理。对活动场所进行安全风险预防性检查，根据相关安全风险预防检查标准进行逐项检查，活动实施中，设置安全员及应急操作方案流程，制定严谨的接待标准和规范。

（2）研学旅行活动涉及住宿、交通、餐饮方面的安全防范由项目负责人按安全应急防控管理要求安排。

（3）按要求购买旅行社责任险，并单次活动为学生购买相应的意外伤害险。

（4）聘用专业团队和机构老师，保障学生在研学旅行中的安全。

2.交通车辆

（1）车辆选用正规旅游汽车公司的合法车辆，签订租赁运输责任合同。从业驾驶员选用具有国家认可的从业资格，3年内无责任事故和不良记录的人员。

（2）行前考察出行线路，选择通行顺畅、安全的道路，制定线路图和备选方案。

（3）车辆要求正规厂家生产的性能良好的车辆，必须配备安全带，逃生设施完好。

3.餐饮安排

集体活动外出就餐，选择具有国家机关颁发卫生许可证和经营许可证的餐饮企业，要求经营场所达标，具备大型团队接待能力，从业人员均具有健康证。

4.研学安全预警

（1）学生及教师须带有效身份证件（未办理身份证学生可带户口本原件），请教师携带教师证、学生携带学生证。

（2）听从研学导师及研学活动工作人员安排，有序参加活动，不与他人发生纠纷。

（3）为防止意外事件发生，须提前将学生的不良身体状况如实向研学导师提出，例如心脏病、呼吸疾病、过敏、癫痫、骨伤痊愈未满一年等。

（4）请根据自己的身体状况携带一些必备的药品（如感冒药、止泻药、晕车药）、衣物及雨具；本次活动是学生集体活动，任何人不能擅自离队，不去团队未安排的景点，在特殊情况下，应通知研学导师、班主任。

（5）请记住研学导师所讲的参观路线（进出的门、途经的景点），以及集合时间、地点、车牌号。

（6）严格遵守活动各环节时间安排，守时不迟到，认清自己的队伍、队旗、研学导师和研学工作人员，跟队伍的路线走，认真听讲解，自由活动时间以小组为单位行动。

（7）活动过程中，请保管好手机、照相机、钱包、钥匙等个人物品。

（8）请自觉维护环境卫生。非午餐时间不要吃各种食品，请勿随地丢弃杂物，请将垃圾丢入垃圾桶内。

二、线路鉴赏

这是一条专为中小学生量身打造的矿冶文化研学旅行一日游线路，与常规旅游线路相比，具有显著特点。

（一）主题明确

线路围绕"读千年矿冶文化 树百年强国梦想"这一爱国主义教育主题展开。黄石，这座拥有千年矿冶文化及百年工业文明的城市，历史底蕴深厚，文化兼容并蓄。抗金名将岳飞曾在此铸就"大冶之剑"；"井下探幽"项目凭借712级台阶直通地心，让人得以仰望"亚洲第一天坑"；与三星堆遗址齐名的铜绿山古铜矿遗址博物馆，以及集科普教育与休闲旅游等功能于一体的黄石矿博园，都如"考古盲盒"般充满魅力。此线路主题清晰、定位精准，紧密结合市情开展研学活动，教育目的明确。

（二）重点突出

线路聚焦黄石矿冶文化，旨在增强学生的家乡自豪感。课程采用演示法、讲解法与沉浸式教学法，借助真实场馆打造沉浸式课堂，并以多媒体设备辅助教学，让历史知识与矿冶知识贯穿始终，在实操体验中激发学生探索知识的热情。学生可以跟随专业讲解员，深入了解铜绿山古铜矿遗址，探寻黄石矿冶文化之源，感悟古人智慧，启迪劳动与创新精神。通过参观矿山公园，全面认识矿山发展历程与百年工业发展史，加深对家乡的了解，树立强国梦想。同时，培育和践行社会主义核心价值观，激励学生牢记使命，奋勇争先，努力成为优秀的新时代接班人。

（三）成果展示多元

学生学习成果将通过多种形式展示，包括制作相册、摄影展示，制作美篇、手抄报进行分享，以及开展主题班会、小组讨论会，分享收获并提出建议。

（四）注重教师评估

活动评价区别于常规线路的游客意见表，更侧重于对研学导师的评价。

总体而言，该研学线路设计合理、考虑周全，较为完善，适合所有中小学生参与。但需注意，由于学生年龄阶段不同，研学导师在讲解时应有所侧重，把握好深入程度。

二、特色精品旅游线路

2023年9月，习近平总书记在黑龙江省考察时指出，"发展旅游业是推动高质量发展的重要着力点"。近些年来，黄石市委、市政府紧紧围绕"建设生态文旅宜居城、打造武汉都市圈周末休闲旅游目的地"这一目标定位，在全域旅游的理念下，紧紧围绕资源、客源、服务三大要素，积极做好"全区域布局、全季节体验、全产业融合、全业态创新"四篇文章，高标准策划实施了一批精品文旅项目，推动实现文旅蝶变、发展嬗变，逐步探索出具有老工矿城市特色的文旅发展路径。2024年以来，全市累计接待国内游客1337万人次，同比增长36%，实现旅游收入76.91亿元，同比增长45%，呈现出市场火热、活力十足的良好态势，黄石正在成为武汉都市圈休闲旅游的首选目的地。黄石旅行社顺应市场需求，开发了众多新型精品旅游线路，如"工业印记之旅""田园风情游"等，受到广大游客欢迎。特色精品线路根据时长，可以分为一日游线路、两日游线路等。

（一）一日游线路

1. 工业印记游

（1）行程路线：铜绿山国家考古遗址公园—黄石矿博园—黄石国家矿山公园—华新1907文化公园。

（2）线路品鉴：这条线路是湖北六大文物主题游径中唯一一条矿冶文物主题游径。游客可以参观铜绿山国家考古遗址博物馆，领略古人采矿炼铜的智慧与勤劳；漫步黄石矿博园，感受世界各地珍稀矿物的魅力；探访黄石国家矿山公园，解读千年矿冶文明的历史印记；最后，在华新1907文化公园中，追溯中国近代水泥工业的起源与发展。

2. 田园风情游

（1）行程路线：上冯生态旅游区—雷山风景区—大泉沟景区—龙凤山旅游景区—大冶沼山古村桃乡—花海知音景区—龙角山十八拐。

（2）线路品鉴：此线路包含大冶众多A级旅游景区及知名景点。游客可以探访九古奇村、诗画上冯；也可以登高远眺，沿大泉沟溯流而上，一览雷山奇景；还可以去龙凤山旅游景区体验一次乡村旅游，亦或者在花海知音景区观赏四季花海；最后在龙角山十八拐看一场云海日出，将大自然的美景尽收眼底。

3. 康养度假游

（1）行程路线：三山湖生态园—鄂王城生态文化园—梅红山景区—陈贵大泉沟民

宿—雷山温泉度假酒店。

（2）线路品鉴：此线路可以欣赏山水自然风光，亲近自然；亦可以开展烧烤、垂钓、露营等户外活动，体验亲子乐园；最后远离都市喧嚣，舒舒服服地去泡个温泉，消除一周来的疲劳，在氤氲中享受温泉带来的慵懒，最惬意不过！

4. 运动休闲游

（1）行程路线：劲牌体育公园—尹家湖水上训练基地—毛铺彩虹公路—毛铺滑翔伞基地—龙凤山滑翔伞基地。

（2）线路品鉴：休闲运动是让身心舒展的活力密钥——既能以律动强健体魄，又能借沉浸滋养心灵，更是提升生命质量的生活智慧。当你依据自身特质选择适配的运动形式，掌握科学技巧并规划合理节奏，便能解锁多重价值：在汗水中重塑身体机能，于专注中抚平情绪褶皱，在与他人的互动中拓宽社交维度，让生活焕发蓬勃能量。

这条线路涵盖的运动体验各藏巧思，从酣畅淋漓的动感释放到静谧深邃的身心对话，差异化的场景设计如同一个多棱镜，让每一次参与都能折射出独特的愉悦光谱。不妨从此刻起，为生活留白一段运动时光，在步履开合间感受生命的张力，于呼吸吐纳中拾得身心的平衡与欢喜。

5. 非遗文化游

（1）行程路线：湖北铜都雕塑艺术有限公司—刘小红艺术馆—湖北觉辰工艺有限公司—保安石雕产业园。

（2）线路品鉴：传承弘扬中华优秀传统文化，营造非遗保护良好社会氛围。此路线包含大冶众多非遗产品，欣赏大冶的铜雕、刺绣、木雕、石雕，了解千年铜都的非遗文化。

6. 山地露营游

（1）行程路线：龙凤山·园游荟·露营地—刘仁八镇金柯露营基地—毛铺滑翔伞基地民宿—大箕铺曹家晚石门槛露营基地—龙角山十八拐露营基地—尹家湖公园。

（2）线路品鉴：露营是一种旅行方式，也是一种生活美学。当我们在城市生活时，很容易忘记大自然的存在，而一场露营就能让人贴近自然，让内心归于平静。在大自然中感受人间烟火气，在天幕下谈天说地，在篝火旁看一场露天电影，都是一种绝佳的放松方式。

7. 神秘仙境游

（1）行程路线：阳新仙岛湖（天空之城）—滴水涯—百洞峡。

（2）线路品鉴：这条线路融合了自然风光、历史文化与休闲娱乐于一体，推出了阳新县域内的阳新仙岛湖（天空之城）、滴水涯和百洞峡等景点。游客可以在此欣赏千岛竞秀的美景，探寻洞峡奇观的奥秘，体验悬崖刺激的冒险。

（二）两日游线路

1."不忘初心 红色黄石"观光游

（1）行程路线：第一天，黄石北站—黄石国家矿山公园—南山头革命纪念馆—龙凤山；第二天，王平将军纪念馆—龙港红军街—湘鄂赣边区鄂东南革命烈士陵园。

（2）线路特色：看红色引擎驱动绿色发展，续写"点石成金"传奇。通过这些红色旅游景区或场馆，游客可以深入了解中国革命历史和鄂东南地区的革命活动，感受革命先烈的英勇事迹和奉献精神。同时，这些基地也成为开展爱国主义教育和红色教育的重要场所，有助于传承红色基因，增强学生的民族自豪感和责任感。

2."湖光山色 生态黄石"度假游

（1）行程路线：第一天，阳新站—仙岛湖—天空之城；第二天，枫林地心大峡谷—滴水涯—龙凤山。

（2）线路特色：黄石的山千峰竞秀，黄石的水百湖镶嵌，黄石的秀美，在此条路线上一览无遗。既可以东方揽胜、西塞怀古，又可以穿越地心峡谷、乐跑百里绿道，还可以磁湖泛舟、网湖赏鸟，极目天空之城，畅游千岛仙湖。

3."美丽乡村 田园黄石"休闲游

（1）行程路线：第一天，黄石北站—熊家境—龙凤山；第二天，上冯九古奇村—沼山村。

（2）线路特色：在有"人间仙境""世外桃源"之称的熊家境行走，在美丽的九古上冯村和大冶沼山村徜徉，在龙凤山现代农业展示园采摘、体验感受美丽乡村、田园风光……春赏百花秋看叶，夏沐凉风冬听雪，这条线路能让人摆脱忧思，走进梦里故乡。

4."工业史诗 文博黄石"体验游

（1）行程路线：第一天，黄石北站—黄石国家矿山公园—熊家境—黄石矿博园—华新1907文化公园；第二天，劲牌工业旅游景区—铜绿山古铜矿遗址—龙凤山。

（2）线路特色：该路线以历史文化为主线，从春秋时期铜绿山的"大兴炉冶"、见证黄石矿冶史的矿山公园，到集荆楚风采于一身的黄石矿博园，再到"远东第一"的华新1907文化公园，让游客感受中华民族工业文明的灿烂辉煌。

5."国乒基地 康体黄石"运动游

（1）行程路线：第一天，客运站—黄石国乒基地—梨花峪—东方山—熊家境；第二天，磁湖风景名胜区—未苏湾—奥体中心—大冶湖环湖绿道。

（2）线路特色：该线路以中国首个国乒训练基地为核心引擎，深度激发游客的健身康体热情。在东方山、熊家境登山步道的蜿蜒石阶上丈量海拔，于磁湖风景名胜区与奥体中心体验桨板劈波、帆船逐浪的水上激情，或在大冶湖畔"网红绿道"的绚烂花海里慢跑穿梭——游客既能饱览湖光山色的自然画卷,又能通过沉浸式运动体验完成体能激活,让康体特色在山水互动间绽放独特魅力。

同步案例 8-6

"国乒基地·康体黄石"运动游

一、行程安排

日期	行程安排	餐食	住宿
第一天	客运站接团后前往黄石国乒基地观看乒乓球比赛,午餐后前往下陆区,从梨花峪开始登东方山,徒步至熊家境品农家菜,后下山至流浪矿山露营地住宿	午餐、晚餐	黄石
第二天	早餐后前往磁湖风景名胜区,游览映趣园、逸趣园、野趣园,打卡省级旅游休闲街区未苏湾。前往大冶吃午餐,午休后在奥体中心学习浆板运动要领,体验浆板运动。适时前往大冶湖环湖绿道打卡"魔力红"跑道后返程,结束行程	早餐、午餐	返程,无
接待标准	(1) 景点门票:无; (2) 交通:旅游大巴; (3) 餐食:1早3正(八菜一汤,十人一桌),含大冶地方特色菜; (4) 住宿:熊家境流浪矿山"网红民宿"; (5) 导游服务:持证导游服务; (6) 保险:旅行社责任险		

二、线路鉴赏

本线路作为黄石独具特色的精品旅游两日游地接线路,接下来,"石头"将紧扣食、住、行、游、购、娱这旅游六大要素,为大家全方位、深层次地展开细致赏析。

食:大冶,一个充满历史韵味和现代活力的城市,不仅以其壮丽的自然风光和丰富的文化遗产吸引着游客,更以其独特的美食文化让人流连忘返。在古代,这里的先民们就已开始利用当地的食材,创造出独具特色的美食。随着时间的推移,这些美食逐渐融入了各种文化元素,形成了今天丰富多彩的大冶美食体系。此行程中,安排了大冶苕粉肉、腊味炖金牛千张等招牌菜,同时还安排了大冶糊面,带游客开启一场探寻地方特色美食的舌尖之旅。

住:住宿方面,精心挑选了流浪矿山"网红民宿"。流浪矿山项目依托黄石铁山熊家境社区107地块,以"三区融合"为契机,设计建设了熊家境"网红民宿"和户外露营基地第一期。园区建筑面积约16000平方米,呈东西走向,含休闲民宿、流浪舱、星空露营基地、火车头商业区等多样化设施。其中,火车头商业区设置了山地摩托车、滑翔伞基地、超市、夜市等商业消费点。住在"网红民宿",群山环绕,空气清新,远离喧嚣的城市,揽星河入怀,拥山野而眠,让人沉醉不知归路。

行:行的规划周全且富有创意。作为常规的黄石地接线路,区间交通工具以舒适的旅游大巴为主,确保游客路途舒适平稳。区间交通路线设计合理,各景点之间过渡自然,既避免了迂回绕路,又实现了游玩与观景的完美融合。

游:线路精选了中国乒乓球队黄石训练基地、熊家境国家登山健身步道、磁湖这些极具特色的场景和地点,是本次运动主题精品旅游的绝佳选择。

中国乒乓球队黄石训练基地(以下简称"黄石国乒基地")是我国第一个定点建设的国家级乒乓球队训练基地。基地先后举办了世界乒乓球优秀选手赛、国际乒乓球俱乐部赛等一系列国内外重要赛事,已成为一个集训练、竞赛、培训、文化交流于一体的综合性服务平台。

湖北黄石熊家境国家登山健身步道是国家健身登山示范工程。步道以尖林山、北峰山、后底山、走马坪为主脉,由一条主线、六条环线和一条山地自行车道组成,串联起两大国家4A级旅游景区——黄石国家矿山公园和佛教名山东方山风景区。步道沿途有铺装路面、石板路、石路、土路等,山水相依、山路环绕、山石奇秀;青松、翠竹、古樟、新杏、遮天老皂角树、接天新宝塔、精致小院……是农庄、通天之梯健身路,集游玩、休闲、美食、健身于一体。

大冶湖环湖绿道位于大冶湖湖堤,从园博大道一直沿园博园大堤进入黄石园博园内,跑在刷红的绿道上,沐浴阳光,吹着湖风,感觉相当惬意。远看这条跑道,像一条鲜红的丝巾飘在大冶湖畔,因此这条跑道也被称为"魔力红"跑道。

当琐事的缠绕和低落的情绪袭来时,来这里,踏着明星运动员们曾留下的足迹,或看一场球赛,或挥拍竞技一场,或迈开双腿勇攀高峰,或畅游磁湖、大冶湖学习帆船、桨板运动技巧……体验运动带来的酣畅淋漓,可以将烦恼抛诸脑后,重拾内心的宁静与愉悦。

购:行程充分考虑游客的购物需求,在磁湖未苏湾安排自由活动时间,游客可以漫步街区,挑选具有当地特色的伴手礼。游客们可以将这份美好回忆精心打包,与亲朋好友分享。

娱:行程设计不仅通过运动赋能游客的身体机能,而且以多元体验激活心灵愉悦——观看国乒基地的专业赛事时,球拍击球的清脆声响与赛场的热烈氛围能瞬间点燃多巴胺分泌;聆听湖畔音乐会时,旋律在晚风里流淌,内啡肽随节奏悄然释放。这些沉浸式体验如同心灵的调音师,在缓解焦虑的同时,让游客在赛事的激情与艺术的静谧中收获双重维度的心理疗愈。作为行程亮点的国乒赛事观赛环节,巧妙地将体育竞技的热血张力融入旅程:当游客屏息注视乒乓球在台案间划出银弧,或是为精彩回合爆发出喝彩,这种全身心投入的观赛体验,既延续了国乒基地的专业基因,又以非参与式的康体形式,为行程注入动静皆宜的层次感,让健康管理从身体锻炼自然延伸至情绪调节的维度。

　　总体而言,此条线路和特种兵旅行有着相似之处,也有不一样的地方。它以激发游客健身康体的热情为出发点,在行程中安排有多种特色运动体验项目,通过多种方式让游客在欣赏美景的同时完成强身健体的目的,是线路亮点之一。另外,整个行程中花在景区景点的门票费用为零,更多的是为美食和特色住宿付费,昭示着旅游正朝着个性化、多元化的方向发展。该线路属于小众旅游线路之一,是特色精品旅游比较出圈和热捧的线路。

项目考核

他山之石
▼

丰盛"文旅大餐",中秋黄石旅游市场又双叒"出圈"了!

慎思笃行
▼

10条国家级旅游线路,邀你打卡!

导游讲解评价表

考核项目	评分细则		评分标准
整体设计	导游词描述合理,介绍内容详细,具备市场可行性		20分
线路特色	讲解内容全面、正确,条理清晰,详略得当,重点突出,结构完整;设计方法运用得当,设计线路能吸引人,市场效果良好;旅游六要素分析到位		40分
导游规范	熟悉导游服务规范,导游服务程序正确		10分
仪表礼仪	言行举止符合导游人员礼仪、礼貌规范		10分
讲解介绍	致欢迎词	"五语";真诚、热情、大方开朗、幽默自然	20分
	语言技巧	基本语言发音优美,语速得当	
		讲解有深度,重点突出,层次分明	
		信息发布清晰、准确,具有规范性	
		安全提示清晰、准确,亲切热情,提示委婉,富有情感	
		融洽游客关系,态度真诚,耐心风趣,尊重理解游客	
	服务技巧	熟悉并能正确运用服务规范	
		掌握导游服务技能,导游服务程序正确完整	
		思维反应敏捷,情绪控制稳定	
		考虑问题周到,具有及时处理突发事件和特殊情况的能力	
	致欢送词	"五语";真诚、感激、自然	

Note!

在线答题

▼

项目八

项目拓展

项目任务

任务1:请根据同步案例8-1至同步案例8-6的分析,结合前期所学,从旅游六要素分析线路,按不同线路分别写一份导游词并进行讲解训练。

任务2:请对以下线路进行分析。

线路名称:醉美黄石乡村休闲三日游。

日期	行程安排	餐食	住宿
第一天	黄石接团后前往铜绿山国家考古遗址公园参观,午餐后前往中国乡村旅游示范村——沼山古村游玩,晚上观看大型沉浸式水上漫游演出《桃花源里》	午餐、晚餐	保安九号山庄
第二天	早餐后前往尹家湖水上训练基地,体验桨板运动。午餐后前往毛铺国际滑翔伞基地,体验滑翔伞户外运动,晚上入住特色民宿或户外露营,共赏繁星,围炉夜话	早餐、午餐、晚餐	毛铺滑翔伞露营基地
第三天	早起看日出,细品在高山之巅从黑暗到光明的这一段时间中不同光景,体会一段与众不同假日时光。返回酒店休息,睡个回笼觉后返程,结束行程	早餐	返程,无
接待标准	(1)景点门票:铜绿山国家考古遗址公园、《桃花源里》山水实景演艺票; (2)交通:旅游大巴; (3)餐食:2早4正(八菜一汤,十人一桌),含"黄石乡愁一桌餐"特色餐; (4)住宿:保安九号山庄、毛铺滑翔伞露营基地; (5)导游服务:持证导游服务; (6)保险:旅行社责任险、旅游意外险		

任务3:黄石某旅行社将要接待一个来自深圳的旅游团,他们会在黄石度过四天三晚,主要想放松身心,并以休闲度假为目的。如果你是旅行社计调小李,你将如何安排他们在黄石的食、住、行、游、购、娱等旅游活动?请为他们设计好这次旅游的旅游线路,并阐述其主要特色及优势。

参 考 文 献

[1] 刘远芳.黄石历代诗选[M].武汉:武汉出版社,2017.

[2] 《黄石文化简史》编撰委员会.黄石文化简史[M].武汉:湖北人民出版社,2017.

[3] 王军.中国工业旅游及其发展研究[M].北京:新华出版社,2018.

[4] 王军,庾君芳.黄石市工业旅游开发策略初探[J].湖北师范大学学报(哲学社会科学版),2018(2).

[5] 黄石文旅发展"十四五"规划出台[N/OL].[2022-02-23](2025-02-21).https://www.huangshi.gov.cn/xwdt/rdgz/202202/t20220223_881912.html.

[6] 文化和旅游部关于印发《"十四五"文化和旅游发展规划》的通知[S].[2021-04-29](2025-02-23).https://www.gov.cn/zhengce/zhengceku/2021-06/03/content_5615106.htm.

[7] 阳新非物质文化遗产保护中心.富池三月三庙会[M].武汉:湖北人民出版社,2014.

[8] 孙辉.东楚遗粹[M].武汉:湖北美术出版社,2015.

[9] 李社教.黄石矿冶文学作品选[M].武汉:湖北人民出版社,2010.

[10] 黄石市民政局.黄石市地名词典[M].武汉:武汉出版社,2023.

[11] 中共黄石市委党校课题组.黄石红色文化旅游产业发展路径研究[J].学习月刊,2023(5).

[12] 於孝申,王定兴,胡茜.黄石矿冶生态文化建设基本路径研究[J].湖北理工学院学报(人文社会科学版),2021(6).

[13] 张实.苍凉的背影:张之洞与中国钢铁工业[M].北京:商务印书馆,2010.

[14] 湖北省大冶县地方志编纂委员会.大冶县志[M].武汉:湖北科学技术出版社,1990.

[15] 湖北省地方志编纂委员会.湖北通志[M].武汉:湖北人民出版社,2010.

[16] 陈芳.东楚守艺人[M].北京:团结出版社,2024.

[17] 冯声家.诗画上冯[M].武汉:长江出版社,2015.

[18] 王炎松,何滔.中国老村:阳新民居[M].武汉:湖北人民出版社,2008.

[19] 黄石市文物保护中心.黄石共识——工业遗产的可持续发展之路[M].北京:科学出版社,2023.

[20] 政协大冶市委员会.中国青铜古都:大冶[M].北京:文物出版社,2010.

[21] 湖北省文化和旅游厅.阳新县要览[M].武汉:长江出版社,2021.

教学支持说明

为了改善教学效果,提高教材的使用效率,满足高校授课教师的教学需求,本套教材备有与纸质教材配套的教学课件和拓展资源(案例库、习题库等)。

为保证本教学课件及相关教学资料仅为教材使用者所得,我们将向使用本套教材的高校授课教师赠送教学课件或者相关教学资料,烦请授课教师通过邮件或加入旅游专家俱乐部QQ群等方式与我们联系,获取"电子资源申请表"文档并认真准确填写后发给我们,我们的联系方式如下:

地址:湖北省武汉市东湖新技术开发区华工科技园华工园六路

邮编:430223

E-mail:lyzjjlb@163.com

旅游专家俱乐部QQ群号:758712998

旅游专家俱乐部QQ群二维码:

群名称:旅游专家俱乐部5群
群　号:758712998

电子资源申请表

填表时间：_____年___月___日

1. 以下内容请教师按实际情况写，★为必填项。
2. 根据个人情况如实填写，相关内容可以酌情调整提交。

★姓名		★性别	□男 □女	出生年月		★职务	
						★职称	□教授 □副教授 □讲师 □助教
★学校				★院/系			
★教研室				★专业			
★办公电话			家庭电话			★移动电话	
★E-mail（请填写清晰）						★QQ号/微信号	
★联系地址						★邮编	

★现在主授课程情况	学生人数	教材所属出版社	教材满意度
课程一			□满意 □一般 □不满意
课程二			□满意 □一般 □不满意
课程三			□满意 □一般 □不满意
其他			□满意 □一般 □不满意

教材出版信息

方向一		□准备写 □写作中 □已成稿 □已出版待修订 □有讲义
方向二		□准备写 □写作中 □已成稿 □已出版待修订 □有讲义
方向三		□准备写 □写作中 □已成稿 □已出版待修订 □有讲义

请教师认真填写表格下列内容，提供索取课件配套教材的相关信息，我社根据每位教师填表信息的完整性、授课情况与索取课件的相关性，以及教材使用的情况赠送教材的配套课件及相关教学资源。

ISBN（书号）	书名	作者	索取课件简要说明	学生人数（如选作教材）
			□教学 □参考	
			□教学 □参考	

★您对与课件配套的纸质教材的意见和建议，希望提供哪些配套教学资源：